国家"双一流"一流学科
辽宁大学应用经济学系列丛书
—— 青年学者系列 ——

总主编◎林木西

中国国有资产管理体制改革研究
——基于国有资本性质和特点的视角

Research on the Reforming Management System
of State-owned Asset in China

From the Perspective of Nature and Characteristics of State-owned Capital

闵 乐 著

中国财经出版传媒集团

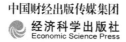

经济科学出版社
Economic Science Press

图书在版编目（CIP）数据

中国国有资产管理体制改革研究：基于国有资本性质和特点的视角/闵乐著.—北京：经济科学出版社，2017.9
（辽宁大学应用经济学系列丛书·青年学者系列）
ISBN 978 – 7 – 5141 – 8455 – 6

Ⅰ.①中… Ⅱ.①闵… Ⅲ.①国有资产管理 – 体制改革 – 研究 – 中国 Ⅳ.①F123.7

中国版本图书馆 CIP 数据核字（2017）第 231615 号

责任编辑：于海汛 贾 婷
责任校对：郑淑艳
版式设计：齐 杰
责任印制：潘泽新

中国国有资产管理体制改革研究
——基于国有资本性质和特点的视角
闵 乐 著
经济科学出版社出版、发行 新华书店经销
社址：北京市海淀区阜成路甲 28 号 邮编：100142
总编部电话：010 – 88191217 发行部电话：010 – 88191522
网址：www. esp. com. cn
电子邮件：esp@ esp. com. cn
天猫网店：经济科学出版社旗舰店
网址：http://jjkxcbs. tmall. com
固安华明印业有限公司印装
710×1000 16 开 16.75 印张 240000 字
2017 年 9 月第 1 版 2017 年 9 月第 1 次印刷
ISBN 978 – 7 – 5141 – 8455 – 6 定价：48.00 元
（图书出现印装问题，本社负责调换。电话：010 – 88191510）
（版权所有 侵权必究 举报电话：010 – 88191586
电子邮箱：dbts@ esp. com. cn）

总　序

本丛书为国家"双一流"一流学科辽宁大学"应用经济学"系列丛书，也是我主编的第三套系列丛书。前两套丛书出版后，总体看效果还可以：第一套是《国民经济学系列丛书》（2005年至今已出版13部），2011年被列入"十二五"国家重点图书出版物；第二套是《东北老工业基地全面振兴系列丛书》（共10部），在列入"十二五"国家重点图书出版物的同时，还被确定为2011年"十二五"规划400种精品项目（社科与人文科学155种），围绕这两套系列丛书还取得了一系列成果，获得了一些奖项。

主编系列丛书从某种意义上说是"打造概念"。比如说第一套系列丛书也是全国第一套国民经济学系列丛书，主要为辽宁大学国民经济学国家重点学科"树立形象"；第二套则是在辽宁大学连续获得国家社科基金"八五""九五""十五""十一五"重大（点）项目，围绕东北（辽宁）老工业基地调整改造和全面振兴进行系统研究和滚动研究的基础上持续进行探索的结果，从而为促进我校区域经济学建设、服务地方经济不断做出新贡献。在这过程中，既出成果也带队伍、建平台、组团队，遂使我校应用经济学学科建设不断地跃上新台阶。

主编第三套丛书旨在使辽宁大学的应用经济学一级学科建设有一个更大的发展。辽宁大学应用经济学学科的历史说长不长、说短不短。早在1958年建校伊始，便设经济系、财政系、计统系等9个系，其中经济系由原东北财经学院的工业经济、农业经济、贸易经济三系合成，财税系和计统系即原东北财经学院的财信系、计统系。后来院系调整，将经济系留在沈阳的辽宁大学，将财政系、计统系迁到大连组建辽宁财经学院（即现东北财经大学前身），对工业经济、农业经济、贸易经济三个专业的学生培养到毕业为止。由此形成了辽宁大学重点发展理论经济学（主要是政治经济学）、辽宁财经学院重点发展应用经济学的大体格局。实际上，后来辽宁大学也发展应用经济学，东北财经大学也发展理论经济学，发展得都不错。1978 年，辽宁大学恢复招收工业经济本科生，1980 年受人民银行总行委托、经教育部批准招收国际金融本科生，1984 年辽宁大学在全国第一批成立经济管理学院，增设计划统计、会计、保险、投资经济、国际贸易等本科专业。到 20 世纪 90 年代中期，已有西方经济学、世界经济、国民经济管理、国际金融、工业经济 5 个二级学科博士点，当时在全国同类院校似不多见。1998 年建立国家重点教学基地"辽宁大学国家经济学基础人才培养基地"，同年获批建设第二批教育部人文社科重点研究基地"辽宁大学比较经济体制研究中心"（2010 年改为"转型国家经济政治研究中心"）。2000 年，辽宁大学在理论经济学一级学科博士点评审中名列全国第一；2003 年，辽宁大学在应用经济学一级学科博士点评审中并列全国第一；2010 年，新增金融、应用统计、税务、国际商务、保险等全国首批应用经济学类专业学位硕士点；2011 年，获全国第一批统计学一级学科博士点，从而成为经济学、统计学一级学科博士点"大满贯"。

在二级学科重点学科建设方面，1984 年，外国经济思想史即后来的西方经济学、政治经济学被评为省级重点学科；1995 年，西方经济学被评为省级重点学科，国民经济管理被确定为省级重点扶持学科；1997 年，西方经济学、国际经济学、国民经济管理被评为省级重点学科和重点扶持学科；2002 年、2007 年国民经济学、世界经济学连续两届被评为国家重点学科；2007 年，金融学被评为国家重点学科。

在一级学科重点学科建设方面，2017 年 9 月，被教育部、财政部、国家发展改革委确定为"双一流"建设学科。辽宁大学确定的世界一流学科为"应用经济学"，其建设口径范围为"经济学学科群"，所对应的一级学科为应用经济学和理论经济学，遂成为东北地区唯一一个经济学科"双一流"建设学科。这是我校继 1997 年成为"211"工程重点建设高校 20 年之后,学科建设的又一次重大跨越,也是辽宁大学经济学科三代人共同努力的结果。此前,应用经济学、理论经济学于 2008 年被评为第一批一级学科省级重点学科,2009 年被确定为辽宁省"提升高等学校核心竞争力特色学科建设工程"高水平重点学科,2014 年被确定为辽宁省一流特色学科第一层次学科,2016 年被辽宁省人民政府确定为省一流学科。

在"211 工程"建设方面,应用经济学一级学科在"九五"立项的重点学科建设项目是"国民经济学与城市发展""世界经济与金融";"十五"立项的重点学科建设项目是"辽宁城市经济";"211 工程"三期立项的重点学科建设项目是"东北老工业基地全面振兴""金融可持续协调发展理论与政策",基本上是围绕国家重点学科和省级重点学科而展开的。

经过多年的学科积淀与发展,辽宁大学应用经济学、理论经济学、统计学"三箭齐发",国民经济学、金融学、世界经济三个国家重点学科"率先突破",由长江学者特聘教授、"万人计划"领军人才、全国高校首届国家级教学名师领衔,中青年学术骨干梯次跟进,形成了一大批高水平的学术成果,培养出一批又一批优秀人才,多次获得国家级科研、教学奖励,在服务东北老工业基地全面振兴等方面做出了积极的贡献。

这套《辽宁大学应用经济学系列丛书》的编写,主要有三个目的:

一是促进"经济学学科群"一流学科全面发展。以往辽宁大学主要依托国民经济学、世界经济学和金融学三个国家重点学科和省级重点学科进行建设,取得了重要进展。这个"特色发展"的总体思路无疑是正确的。进入"十三五"时期,根据"双一流"一流学科建设的需要,本学科确定了区域经济学、产业经济学与东北振兴,世界经济、国际贸易学与东北亚合作,国民经济学与地方政府创新,金融学、财政学与区域发展,政治经济学与理论创新等五个学科方向。到 2020 年,努力将本学科建成为立足于东北经济社会发展,为东北振兴和东北亚合作作出应有贡献的一流学科。因此，本套丛书旨在为实现这一目标提供更大的平台支持。

二是加快培养中青年骨干教师茁壮成长。目前，本学科已建成长江学者特聘教授、"万人计划"领军人才、全国高校首届国家级教学名师领衔，教育部 21 世纪优秀人才、教育部教指委委员、省级教学名师、校级中青年骨干教师为中坚，以老带新、新老交替的学术梯队。本丛书设学术、青年学者、教材三个子系列，重点出版中青年教师的学术著作，带动他们尽快脱颖而出，力争早日担纲学科建设。与此同时，还设立了教材系列，促进教学与科研齐头并进。

三是在经济新常态、新一轮东北老工业基地全面振兴中做出更大贡献。对新形势、新任务、新考验，提供更多具有原创性的科研成果，具有较大影响的教学改革成果，具有更高决策咨询价值的"智库"成果。

这套系列丛书的出版，得到了辽宁大学党委书记周浩波教授、校长潘一山教授和经济科学出版社党委书记、社长吕萍总编辑的支持。在丛书出版之际，谨向所有关心支持辽宁大学应用经济学建设和发展的各界朋友，向辛勤付出的学科团队成员表示衷心感谢！

林木西

2017 年国庆节于蕙星楼

目　　录

第一篇　国有资产管理的基础和理论

第二篇　国有资产管理与经济发展

第三篇　国有资产管理体制改革

导　　论

　　我国的基本经济制度是以公有制为主体、多种所有制经济共同发展，国有资产管理体制是社会主义基本经济制度的重要组成部分。巩固和发展公有制经济是国有资产管理体制改革的主要目标，通过完善各类国有资产管理体制，使各类国有资产实现最优化的配置和最充分的使用，更好地发挥国有经济在经济发展中的主导作用。通过对国有资本的研究，能够加深我们对政府与市场关系的理解，充分发挥市场在资源配置中的决定性作用和更好发挥政府职能，在经营管理国有资产时遵循市场经济规律，实现国有资产的保值增值。通过对国有资本性质的分析，明确国有资本在市场经济中的功能，能够坚定我们对中国特色社会主义的道路自信、理论自信和制度自信，毫不动摇地巩固和发展公有制经济，毫不动摇地鼓励、支持引导非公有制经济发展，巩固基本经济制度。完善国有资产管理体制是我国经济体制改革工作中的长期任务，实现公有制与市场经济的有机结合更是建设中国特色社会主义的一项核心课题。

第一节　　背景和意义

　　如果把市场经济中以企业为主体的经济活动比作一场游戏或竞赛的话，古典经济学认为政府是负责维护竞赛秩序的裁判员，通过提供法律制度和基础设施等来保障竞赛的顺利进行。如果政府拥有经营性资产或建立国有企业，那么政府又成了直接参与了经济活动的运动员。政府既当裁判员又当运动员，很多人担心恐怕这场竞赛会出问题。但是在现实之中，各个市场经济国家的政府都拥有一定数量的国有资产，有的国家的国有经济规模还很大①。没有实践证据表明国有经济的比重越小经济发展得越快，或者国有经济比重越大越有利于经济发展。目前我们并不确定国有经济的最优比重应该是多少，也不确定应该具体在哪些行业里布局多少国有经济，似乎在不同国家的不同发展阶段国有经济比重及布局的最优标准也是不同的。

西方经济学的传统观点认为国有经济是为了应对市场机制的失灵，国有企业是政府解决市场失灵的手段。市场是有效的资源配置手段但是市场在提供公共产品、防止自然垄断、保证社会公平、解决外部性问题以及保证宏观经济的稳定发展等方面是存在缺陷的。政府可以建立国有企业来进行生产公共产品和准公共品（如教育、卫生和基础设施）②，也可以采用私人企业生产政府合同采购的形式。有观点认为国有企业在公司治理方面具有缺陷因而缺乏效率③；但是国有企业的支持者认为私人企业为了追求利润而具有降低产品质量的道德风险（Baumol，1984；Hart，1996）④。

---

① 2010 年 11 月期《经济学人》期刊的调查显示，全球股票市场中大约 20% 的市值属于各国政府所有。2014 年福布斯全球企业 2000 强的数据显示，全球最大的 50 家企业中有 14 家是政府出资企业，其中 11 家是国有控股企业；最大的 100 家企业中有 22 家是政府出资企业，其中 16 家是国有控股企业；上榜的全部 2000 家企业中有 282 家拥有政府股东。

② 纯公共产品是指具备非竞争性和非排他性的产品，由于存在"搭便车"问题产品生产者无法对产品进行收费，因此私人厂商不会生产这类产品；准公共品是指具备一定的竞争性和排他性，市场中有私人厂商提供这种商品但是提供数量不足。赫伊津哈和尼尔森（2001）认为在公共产品和准公共品的生产中国有资本参与程度可以根据公共性程度来加以确定。Huizinga H & Nielsen S. Privatization, Public Investment, and Capital Income Taxation [J]. *Journal of Public Economics*, 2001, 82 (3): 399 –414.

③ Alchian A A. The Basis of Some Recent Advances in the Theory of Management of the Firm [J]. *Journal of Industrial Economics*, 1965, 14 (1): 30.

④ Baumol W J. Toward a Theory of Public Enterprise [J]. *Atlantic Economic Journal*, 1984, 12 (1): 13 – 20. Hart O, Shleifer A, Vishny R W. The Proper Scope of Government: Theory and Application to Prisons [J]. *Quarterly Journal of Economics*, 1997, 112 (4): 1127 –1161.

市场经济体制下具有规模效应的行业（如自来水、电力、石油等）会产生自然垄断。如果自然垄断的行业由私人经营，利润最大化的目标将会导致社会福利的净损失；如果对自然垄断企业实行国有，政府可以要求企业以社会福利最大化目标设定垄断产品的价格（Shapiro & Willig，1990）①。自然垄断行业也可以采用私人企业经营、政府规制的方式，由于国有部门和私有部门的信息结构不同，因此政府通过不同方式解决垄断问题的成本也不同。20 世纪七八十年代，很多国家试图通过私人所有加政府管制的方式实现原国有企业的功能，虽然一定程度上提高了经济效率，但是并没有达到预期的理想效果，在一些国家特别是发展中国家，引起民众比较强烈的反对（Vagliasindi，2008）②。

国有企业的建立也可能是为了国家安全和社会福利。有些经济领域由于其特殊的重要性而不能让非国有资本控制，例如关系国家安全的通信、金融、能源和军事工业等，如果由外国资本进入本国经济领域掌握和控制大量重要资源时，国有安全就会受到威胁。国有经济也有助于解决社会公平问题，在税收制度无法有效控制收入分配时，可以通过国有企业增加产出和降低价格来实现社会福利特别是低收入阶层福利的增加，从而实现国家公平目标③。

随着制度经济学的发展，人们开始从制度和交易成本的角度来思考国有企业的作用。劳尔森（Lawson，1994）认为在社会福利与公共财政体制并不完善的条件下国有资本较私人资本而言有更强的社会福利效率，但是随着制度的不断完善国有资本可以适时退出市场④。杰弗逊和

①　Shapiro C, Willig R D. On the Antitrust Treatment of Production Joint Ventures ［J］. *Journal of Economic Perspectives*，1990，4（3）：113 – 130.

②　Vagliasindi M. Governance Arrangements for State-owned Enterprises ［J］. *Social Science Electronic Publishing*，2008：1 – 38（38）.

③　Andrew D & Trebilcock J. State-owned Enterprises in Less Developed Countries：Privatization and Alternative Reform Strategies ［J］. *European Journal of Law and Economics*，2001，12：217 – 252.

④　Lawson C. The Theory of State-owned Enterprises in Market Economies ［J］. *Journal of Economic Surveys*，1994，8（3）：283 – 309.

罗斯基（Jefferson & Rawski，1999）认为国有企业以社会制度稳定替代品的形式长期存在可以不同程度地弥补市场发育不全造成的资源配置效率不足①。拉马穆尔蒂（Ramamurti，1999）认为政府在构建促进经济发展的法律、产权和资本市场等制度建设中起到至关重要的作用，国有企业作为政府与市场联系的纽带，有助于政府了解市场以推动促进提高经济绩效的制度建设②。

国有经济除了能弥补市场的缺陷以外，其对国民经济的发展具有促进作用。在经济发展初期通过设立国有企业可以保护国内幼稚产业和促进产业结构优化以免受外部冲击，实现国家和地区经济的发展（Andrew，2001）③。国有经济的发展对于宏观经济具有正的外部性，从产业关联角度来说国有经济具有产业"溢出效应"（Taylor & Warrack，1998）④。赫伊津哈和尼尔森（Huizinga & Nielsen，2001）从税收对经济影响的角度分析了国有经济的作用，他们认为过高的资本利得税会相应减少私人投资者的预期收益，若因私人退出而发生某类产品供给不足的现象，国有企业就应进入这一产业⑤。茅（Maw，2002）对国有企业的风险分担效应进行了分析，他认为在市场机制并不健全的国家产业中，收入和资本市场的不确定性会导致作为风险回避者的私有企业预期利润降低并使私有资本的投入不足，作为风险中性的国有企业可以与私有企业共同拉动高风险产业的发展⑥。宗寒（2010）认为国有资本不仅能够弥补市场失

① Jefferson G, Rawski T, et al. Ownership, Productivity Change, and Financial Performance In Chinese Industry [J]. *Journal of Comparative Economics*, 2000, 28 (4): 786 – 813.

② Ramamurti R. Why Haven't Developing Countries Privatized Deeper and Faster? [J]. *World Development*, 1999, 27 (1): 137 – 155.

③ Andrew D & Trebilcock J. State-owned Enterprises in Less Developed Countries: Privatization and Alternative Reform Strategies [J]. *European Journal of Law and Economics*, 2001, 12: 217 – 252.

④ Taylor D W, Warrack A. A Privatization of State Enterprise: Policy Drivers and Lessons Learned [J]. *International Journal of Public Sector Management*, 1998, 11 (7): 524 – 535.

⑤ Huizinga H & Nielsen S. Privatization, Public Investment, and Capital Income Taxation [J]. *Journal of Public Economics*, 2001, 82 (3): 399 – 414.

⑥ Maw J. Partial Privatization in Transition Economies [J]. *Economic Systems*, 2002, 26 (3): 271 – 282.

灵，而且是建设社会主义事业的物质技术基础和生产关系基础①。荣兆梓（2012）认为只有存在足够规模的国有资本才能保证有效的宏观调控，保障中国特色社会主义事业的顺利发展和更高水平的人民生活②。

经济增长是现代宏观经济学研究的核心问题。虽然国有经济管理有多重目标，但促进宏观经济的持续稳定增长是其中一个重要目标这应该是毋庸置疑的。从哈德罗多马模型到新结构主义经济学，经济学家们一直在寻找和解释经济增长的原因。虽然有无数经济学家从事经济增长的研究，但当前世界上很多国家仍然陷于经济增长的停滞中不能自拔。与此相对的情况是，中国近 40 年来一直保持着最快速的经济增长，然而理论学界缺少足够的理论来解释中国的经济增长。公有制与市场机制的相容问题是世界性的难题，中国不仅做到了并且实现了世界上最快的增长速度，"中国奇迹"需要新的理论来解释，"中国经验"需要抽象出理论来进行推广。中国改革开放以来的经济增长是在国有企业与市场经济并存并且国有经济占主导地位的情况下取得的，因此国有经济与经济增长的关系尤其国有资产管理对经济增长的促进作用是需要认真研究的理论问题。在经济新常态下，增长中高速、结构中高端同样需要发挥国有经济的作用，加快国有资产管理体制改革。

第二节　对象和方法

本书的研究对象主要有三个：第一个是资本的成本。资本与劳动力一样也是有价格的，资本的价格就是资本成本，资本成本与经济结构、经济增长以及经济周期的关系值得深入研究。第二个是国有资本的性质和特点。在现代市场体系中，资本的所有者性质不同对宏观经济发展有

---

① 宗寒：《正确认识国有经济的地位和作用——与袁志刚、邵挺商榷》，载《学术月刊》2010 年第 8 期。

② 荣兆梓：《国有资产管理体制进一步改革的总体思路》，载《中国工业经济》2012 年第 1 期。

何影响，特别是国有资本在市场经济体系中的优势。第三个是国有经济的布局、目标和策略研究，强调发挥市场机制的决定性作用，如何利用市场机制实现国有经济的布局优化。研究的主要目标有三个：一是资本成本与经济发展、结构优化和经济周期的关系；二是不同所有制资本的成本比较；三是发展国有资本的管理策略。

本书从一个新的角度解释国有经济与宏观经济的关系。经济发展需要经济结构的优化升级，经济结构优化升级的重要因素是资本成本水平的降低，国有资本通过降低社会平均资本成本的途径促进经济的发展。研究要解决的根本问题就是如何管理国有经济才能促进经济的平稳和持续增长。研究的重点难点是资本成本的计量。资本的成本并非直观易见，资本成本实际上是资本所有者所要求的最低收益率（类似劳动力所要求的最低工资），这个收益率标准与风险有关，预期风险越大的项目资本成本越高。利率是无风险资本的价格（成本），生产中使用的资本是有风险的，其价格（成本）不能直接被观测。本书研究的主要观点如下：

（1）投资的收益和资本的成本共同决定了投资和产出的规模；

（2）在投资机会集不变的情况下，决定产出规模的关键因素是资本的成本（而不是储蓄率即资本的数量）；

（3）技术进步是投资的结果，低成本的资本能推动科技更快地进步；

（4）发达国家与发展中国家的重要区别在于资本成本；

（5）资本成本的降低能推动产业的升级和经济结构的优化；

（6）制度等因素通过改变资本成本来影响经济发展；

（7）国有资本最大的优势是通过多样化和外部性收益内部化实现的较低成本；

（8）国有资本管理的依据是资本成本，通过调整社会资本成本实现经济发展和熨平经济周期。

具体研究方法是理论分析和实证检验相结合。理论研究是在结构经济学（发展理论）和微观金融学（投资理论）的基础上，构建解释宏观经济发展运行的新理论模型，利用上市公司的数据检验国有资本的成本水平，利用国别数据检验社会平均资本成本水平对经济增长速度的影响。人们在讨论经济发展时主要关注的是资本数量或资金数量而不是资本的成本，资本或资金数量的增加可以降低资本的成本，但却不一定如此，因为影响资本成本的因素很多。资本的成本决定了投资规模进而影响经济发展。国有经济的管理应当更多地利用市场机制，即使在弥补市场缺陷时也应该利用市场机制的工具，而不是简单地反市场机制。发现国有资本在市场经济中的优势所在，培育和利用这些优势才能做好国有经济的管理工作。

第三节　框架和内容

本书共分为三篇：首先介绍国有资产管理的基础和理论（第一、第二、第三章），然后分析国有资本与经济发展的关系（第四、第五、第六章），最后是我国国有资产管理体制的改革问题（第七、第八、第九、第十章）。各章节主要内容概括如下：

第一章介绍国有经济在市场经济中的功能和作用，有关国有经济管理的基本观点和研究情况以及关于国有企业效率问题的争论。第二章介绍国有资产管理的基础知识，包括国有资产及其管理的基本概念、国有资产管理体制的构成、国有资产管理的功能作用以及我国国有资产管理体制的改革历史。第三章介绍国有资产管理的相关理论和方法，包括当前我国国有资产管理体制改革的思路和国有资产管理的指标评价体系。

第四章介绍资本成本的概念，分析影响宏观资本成本水平的因素。第五章研究资本成本与经济增长的关系，首先从理论上分析，然后利用国别数据进行检验。第六章分析国有资本的性质和特点，首先对比国有资本与民间资本的不同特点，其次强调坚持公有制主体地位的重要性，然后微观分析国有企业的资本成本水平，提出国有资本管理的理论模型，最后利用上市公司的数据对国有资本的成本进行实证检验。

第七章从国有资产管理机构职能、国有资产规模数量和国有资本行业布局等角度分析我国国有资产管理体制的现状，提出当前国有资产管理体制改革亟待解决的问题并分析成因。第八章以国有资产管理指标体系为依据，在资本收益、资本安全、资本布局和资本运作四个方面对我国当前国有资产管理的绩效进行实证分析，并对国有企业的收益情况作了辩证分析。第九章是外国国有资产管理的借鉴，介绍并分析新加坡、意大利和英国等主要国家国有资产管理的体制和经验，从制度建设、国有资本优势和国有资本布局三个角度讨论外国经验对当前我国国有资产管理体制改革的借鉴意义。第十章是推进我国国有资产管理体制改革的对策和建议，提出当前国有资产管理体制改革的必要性和改革需要遵循的原则，提出着重放大国有资本在国计民生、国民装备、国家安全和国际竞争四个方面的重要功能，提出根据国有资本的特点来推动混合所有制的发展，充分发挥国有资本的优势并注意克服国有资本的弱势，实现国有资本与民间资本的取长补短和共同发展，最后提出国有资产管理体制的创新和协调发展构想。

第一篇

国有资产管理的
基础和理论

第一章

国 有 经 济

邓小平同志曾经说过这样一句话："计划经济不等于社会主义，资本主义也有计划；市场经济不等于资本主义，社会主义也有市场"①。同样的道理，市场经济不等于完全私有，市场经济也需要国有企业。实际上，全球股票市值中的大约20%属于各国政府所有②，市场经济体制国家拥有相当数量的大型国有企业③。

亚当·斯密创立的古典经济学使市场这只"看不见的手"的作用被各国发现并重视起来，欧美等国开始实行市场经济体制并相继完成了工业革命。这个阶段的政府被定义为"守夜人"的角色，主要职能是提供国防和警察等公共服务，很少直接参与经济活动。作为近代后发国家的德国和日本在工业化初期由政府创建了一些重化工业，不过当这些企业发展起来后随即交付给私人进行经营。20 世纪 30 年代的经济大萧条改变了人们对市场经济的认识，市场的缺陷使人们重新审视政府与市场的关系，以意大利为代表的一些国家开始建立国有企业或对濒危的私

---

① 《在武昌、深圳、珠海、上海等地的谈话要点》《邓小平文选》（第三卷）［M］. 人民出版社 1995 年版，第 373 页。

② Chinese Acquisitions：China Buys up the World, The Economist, Nov. 11, 2010, http：//www. economist. com/node/17463473.

③ 世界 500 强企业中，特别是世界前 100 强企业中，有相当一部分属于国有控股或参股企业。

人企业进行了国有化。第二次世界大战以后，国有企业在整个西方世界流行起来，以英法为代表的发达国家建立了大量的国有企业，涉及从公共事业到制造业等多个领域，同期的发展中国家为了实现经济独立和经济发展也创建了大量的国有企业。20 世纪六七十年代，国有企业在运行过程中逐渐暴露出政府失灵的问题，一些国有企业的低效运营受到诟病，同时宏观经济出现了"滞胀"问题。19 世纪 80 年代，英美掀起了"私有化"的浪潮，各国的国有企业数量和规模得到缩减。19 世纪 90年代，东欧和独联体国家也加入了私有化的行列。2000 年以后，各国开始发现私有化的效果并没有达到预期水平，私有化的进程开始放缓。2008 年国际金融危机以后，一些国家甚至重新开始了国有化，一些陷入困境的金融机构和大型企业被国有化或被政府注资。图 1 – 1 是市场经济国家的国有经济规模的大体变化示意图。

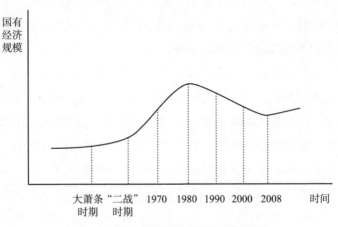

图 1 – 1　西方主要国家的国有经济规模

第一节　国有经济的功能

国有经济的具体形式可以是政府全资建立的国有企业，也可以是政府控股或是参股的股份制公司。国有经济是政府管理经济的一种形式，根本目的是为了实现政府的经济和社会目标。

一、提供公共产品

市场本身不能提供公共产品，只能由政府免费提供以满足居民的需要①。公共产品的提供一般有两种方式，一种是政府通过合约购买的方式委托私人企业生产，另一种就是政府建立国有企业直接生产。制度经济学的理论表明，在不考虑交易成本的情况下，合约外包和国有企业这两种公共物品的生产方式是没有区别的②。在现实世界中，由于不完全合约和激励机制等因素，由政府建立国有企业生产和外包给私人企业生产是有所不同的。政府在采购私人企业生产的产品时，合约对产品（或服务）的规定难以做到详尽，因此以利润最大化为目标的私人企业有动机和机会通过降低产品质量的方式来降低成本以实现更大的利润。私人企业的道德风险是政府建立国有企业生产公共物品的一个原因，但是私人企业在创新方面具有优势，即私人企业有强烈的动机通过创新来降低成本以提高利润水平，也有动机通过创新提升产品质量并重新与政府拟定更高价格的合约（Baumol，1984）③。相比较而言，国有企业的经营者不能全部得到降低成本或提升产品质量所带来的好处，因此，国有企业创新的动机会相对小得多。对于那些降低成本会对产品质量造成较大影响、质量创新不是很重要以及政府外包时腐败现象比较严重的行业，应采用国有企业生产的方式；对于能够确保产品质量不受成本降低所影响、质量创新很重要以及政府保护或补贴造成很大问题的行业，则应当

---

① 公共产品也称公共物品或公共品，是具有非竞争性和非排他性的特殊产品。一般的商品具有竞争性和排他性，即只能由商品的购买者来使用，但是像路灯这样的公共产品则不能限制他人使用，这就造成来所谓的"搭便车"问题，公共产品的提供者没办法限制未交费者的使用，因此没有私人厂商愿意生产公共产品即市场自身不能提供公共产品。

② Williamson O E. The Economic Institutions of Capitalism. Firms, Markets, Relational Contracting [J]. *American Political Science Association*, 1987, 32 (4)：61 – 75.

③ Baumol W J. Toward a Theory of Public Enterprise [J]. *Atlantic Economic Journal*, 1984, 12 (1)：13 – 20.

采用私人企业生产、政府合同采购的方式（Hart，1996）①。

二、解决垄断问题

　　垄断会导致社会福利的净损失，而市场本身不能阻止垄断的形成。电力、电信和能源等行业具有规模经济的性质，即生产规模越大生产的单位成本越低。在自由竞争的市场中，兼并重组和优胜劣汰会导致行业中最后只剩下一家企业垄断整个市场，这就是自然垄断。相比完全竞争的市场结构，垄断会导致更高的产品价格和更少的产品数量，这不仅减少消费者剩余也降低了整个社会的总福利。政府若将垄断企业作为国有企业经营，可以从福利和效率的角度而不是从企业利润最大化的角度来设定产品的价格，从而减少社会福利的无谓损失。政府为解决私人垄断经营问题也可以采用政府规制管理的方式，但在实际操作中可能会出现信息不对称问题。私人垄断还会抑制技术的进步，国有企业能降低生产者的道德风险，更有利于技术进步并且更倾向于保持产品质量以维护消费者权益。政府在自然垄断行业建立国有企业的另一个原因是这些产业的规模大、固定资本投入多、专用性较强、进入和退出障碍比较大、需要统一网络、规划和标准，私人企业可能无力投资和投入不足，特别是对于社会资本匮乏的发展中国家来说更是如此。

三、保证国家安全

　　国家安全包括能源安全、粮食安全和信息安全等。涉及国家安全的经济领域例如关系国家安全的通信、金融、能源和军事工业等行业不能由非国有资本控制特别是由外国资本控制。如果外国资本掌握和控制本国重要的经济资源，国家安全就会受到威胁。关系国民经济命脉的国防

---

　　① Hart O，Shleifer A，Vishny R W. The Proper Scope of Government：Theory and Application to Prisons ［J］. *Quarterly Journal of Economics*，1996，112（4）：1127－1161.

军工、石油电力、通信航运、矿产冶金和战略物资行业等必须由国有资本控制，高度涉及国家安全的领域如造币厂和军工厂要采用国有独资企业的形式。国有经济还能在经济危机时起到干预调节宏观经济以实现经济安全的作用。实践表明，国有经济在保证国民经济持续健康发展中发挥着重大作用，是抵御国际经济风险、维护国家经济安全的主要力量，是发展国民经济的重要支柱。在应对重大自然灾害和事件和定点扶贫以及支援边疆建设中，国有资本发挥了关键作用。

四、补贴正外部性

外部性（Externality）也可称为溢出效应或外部经济，是指经济主体的行动和决策使他人受损或受益但并未得到相应补偿，外部性可以分为正外部性和负外部性。正外部性指企业的经营活动对他人或社会利益有溢出效应，即企业的活动使他人或社会受益，而受益者不必为此支付任何费用，无偿地享受福利。高等教育、医疗和高科技等产业具有正的外部性，对 GDP 贡献不大但社会价值巨大，前瞻性战略性产业具有产业关联和技术溢出效应，对国民经济发展有至关重要的作用。具有正外部性的行业市场自发形成的均衡产量低于社会所需的最优数量①，因而需要政府进行干预，政府可以采取补贴民营企业的方式，也可以直接建立国有企业生产这类产品。有些具有正外部性的产业的收益不能补偿其直接成本，没有民营资本愿意投资，这时需要国有资本的投入。

五、促进经济增长

国有经济能够培育新的竞争优势以促进产业结构升级或者作为制度

---

① 企业根据其边际成本和边际收益来决定生产规模，正外部性行业的社会收益大于企业的收益，因而市场机制决定的具有正外部性行业的规模必然小于社会的最优规模，需要政府的投入来弥补市场投入的不足，国有企业便是政府干预的一种形式。

的替代和补充来完善市场基础设施，从而直接或间接地促进经济发展。发展经济学家认为经济的发展依赖于产业的不断升级。在产业升级过程中，企业需要获得有关生产技术和产品市场的信息，换句话说进入一个新的产业时企业需要投入资源寻找、搜集和分析这些信息。对于私人企业来说，产业升级是高风险、高回报的过程，没有人确定进入新产业是否能够成功。第一批进入新产业的成功者为潜在的后来者提供了免费且有价值的信息，但是当新的企业加入该行业与之竞争时，先行企业并不能获得垄断租金，这时国有企业的优势就体现出来了：国有企业在探索新的产业时能够得到来自政府的大力支持，既有信息上的也有财务上的支持；即使国有企业作为先行者失败了，他们失败的经历也为其他企业提供了有用的知识。也就是说，国有企业投资新产业的社会价值通常远远大于企业自身的价值，其投资成功的收益和失败的成本并不对称。技术密集型产业前期研发费用高并且具有很大的风险，国有资本能够弥补民间资本投入的不足①，技术研发的"溢出效应"能够促进产业的升级和优化，从而满足不断增长的市场需求并获得较高的持续发展速度并提升经济增长质量。

　　一个经济体产业升级的成功还要求有新型的金融、法制以及其他"软件"（或无形的）和"硬件"（或有形的）基础设施来促进生产和市场交易，使得经济到达生产可能性边界（林毅夫，2014）②。国有企业往往在投资时直接建设了相关的基础设施或者能够协调政府提供相关的基础设施，这种能力是私有企业无法做到的。斯蒂格利茨（Stiglitz，1989）的研究表明，当效率的产生需要大规模的、高度特质的、投资回收期长的资本时，或者当信息不完整、不对称地分布并且不能廉价地获得或传播时，抑或当议价者少以及当不一致和相互冲突的目标出现时，

---

　　① 作为风险回避者的私有企业追求利润最大化，但收入和资本市场的不确定性会导致该企业降低投资的预期利润并使其无法在短期内退出市场，此时作为风险中性的国有资本可以起到推动高风险产业发展的作用。

　　② 林毅夫：《新结构经济学》，北京大学出版社 2014 年版，第 1~18 页。

单纯依靠市场的交易可能会产生次优的结果①。市场发育不全可能造成资源配置效率不足，国有资本能够一定程度上弥补市场机制的不完善，国有经济是政府参与经济和干预经济的重要工具和手段。相对于财政、货币政策和税收等手段来说，利用国有资本干预经济具有成本优势，并且能够更有效地贯彻国家战略意图、实现宏观调控与解决私人资本垄断的问题。当市场没有形成完整的体系时，产品市场和资本市场的不确定性会导致民营企业的预期利润降低因而投资规模可能不足，国有资本可以带动高风险产业以至整个经济的发展。此外，国有企业还是政府与市场联系的纽带，有助于政府了解市场，推动法律、产权和资本市场等相关制度建设提高经济绩效。

六、熨平经济周期

市场经济存在着失业和通货膨胀等经济周期波动造成的矛盾和危机。在特殊时期调整国有经济规模可以挽救濒临倒闭的私人企业和金融机构以维护经济和金融稳定。国有投资可以作为扩大政府公共支出来弥补私人投资的不足（汉森，1947），成为总需求管理的工具之一②。当短期内货币和产品市场有效需求和供给间不平衡所引发的通货膨胀、失业及经济结构不平衡等问题，可以通过增加社会资本投入（特别是基础设施和基础产业）、平均成本定价和自然垄断产业规制的手段来实现对通货膨胀的治理，吸收就业和救助不景气企业（Andrew & Trebilcock，2001）③。在历史上的特殊时期，国有资本和国有企业确实起到了稳定经济和金融的作用，同时也挽救了危机中濒临倒闭的私人企业和金融机

---

① Stiglitz J. Markets, Market Failures and Development ［J］. American Economic Review, 1989，79（2）：197 - 203.

② 汉森：《经济政策与充分就业》，上海人民出版社 1959 年版，第 192 页。

③ Andrew D & Trebilcock J. State-owned Enterprises in Less Developed Countries：Privatization and Alternative Reform Strategies ［J］. *European Journal of Law and Economics*，2001，12：217 - 252.

构。例如，国有经济在战后法国基础产业重建、金融产业稳定和保护方面起到了非常大的推动作用（Berne，2004）①，意大利政府建立的工业复兴公司对于克服 20 世纪的经济危机也起到了重大作用。

第二节　国有经济的管理

一、国有企业与政府关系

虽然理论上国有企业属于全民所有，但实际上政府是国有企业的所有者，政府与国有企业的关系可以很紧密也可以比较松散。有的国有企业的经营活动直接由政府决定，甚至有的国有企业在形式上就是政府的一个部门，企业员工也是政府的雇员，如我国历史上曾经存在的铁道部和邮电局等。政府与国有企业这种"紧密"的关系被称作"政企不分"。有的国有企业相对独立，是所有权和经营权分离的法人实体，企业具有经营的自主权，但是政府作为企业的所有者直接行使重大事务的决策权，这种情况被称为"政资不分"。有的政府不直接行使国有企业的所有者职能，而是设立独立的国有资产管理公司，由这个公司代为行使国有企业所有者职能，这种情况被称为"政资分开"。政企不分和政资不分通常会带来政府干预企业经营的行为，最终会削弱国有企业在市场竞争中生存与发展的能力（荣兆梓，2012）②。

政资分开是我国当前推进国有资产管理改革的基本原则。"政资分开"不是政府简单地放任国有企业不管，而是在放松对国有企业直接管理的同时，加强对国有企业特殊规制的建设。世界银行和国务院发展研

---

① Berne M & Pogorel G. Privatization Experiences in France [DB]. Working Paper of SSRNE, No. 1195, 2004, 3 (1): 33-40.

② 荣兆梓：《国有资产管理体制进一步改革的总体思路》，载《中国工业经济》2012 年第 1 期。

究中心联合课题组（2013）建议政府的国有资产管理部门应该将自身
职能定义为政策的制定与监管，让国有资产管理公司来进行国有资产的
操作，并且指出国有资产管理公司必须有明确的授权范围，要独立、专
业地进行资产管理，并接受公开的经营业绩考核①。一般认为"政府—
国有资本运营公司—混合所有制企业"的三层结构是国有资产管理的有
效体制②，其中国有资本运营公司是重要的中间平台，其职责应该主要限
定于国有企业的绩效评估和加强国有企业的公司治理等制度建设。也有学
者担心国有资本运营公司经营时可能更注重满足政府的要求而非保护国有
股东的利益，因为国有资产管理公司的人员由政府任命，实现真正的
"政资分开"应该建立内部和外部评估机制以监督国有资产管理部门是否
专注于国有资产的保值增值目标（McNally，2002；Cheng，2008）③④。

二、国有企业与民营企业

国有资本能够弥补民间资本的不足，在民间资本不愿进入或者无力
进入的领域需要国有资本发挥作用。不过也有人认为政府的投资会"挤
出"私人投资，即国有企业与民营企业是竞争的关系，因此，有"国
进民退"或"国退民进"的提法。甚至有学者认为国有企业不仅自身
的经营效率低，并且由于预算的软约束而阻碍民营企业的发展，产生增
长拖累（刘瑞明，2010）⑤。还有观点认为追求国有资产保值增值的管
理目标可能会强化国有企业包括垄断领域国有企业的营利动机，造成国

---

① 世界银行国务院发展研究中心联合课题组：《2030 年的中国》，中国财政经济出版社
2013 年版，第 30～31 页。

② 国有资本运营公司也有人称之为国有资产管理公司或国有控股公司。

③ McNally C. China's State-owned Enterprises: Thriving or Crumbling? [A]. Asia Pacific Is-
sues [C]. Honolulu: East–West Center, 2002, No. 59.

④ Cheng W Q. State Assets Management Bureau: A Right Strategy? [J]. *Journal of Compara-
tive Asian Development*, 2008: 47–79.

⑤ 刘瑞明、石磊：《国有企业的双重效率损失与经济增长》，载《经济研究》2010 年第
1 期。

有企业利用行政垄断地位与民争利（荣兆梓，2012）①。不过，也有学者认为国有企业"挤出"民营企业只会发生在经济处于充分就业即资源完全被利用的阶段，而大多数的国家大部分时期都不处于这种情况，现实情况更多的是表现为政府的投资"挤入"私人投资，即政府投资的基础设施、主导产业等为私人投资提供了便利，从而增加了私人投资的水平（Chang，2007）②。著名经济学家斯蒂格利茨认为国有经济部门和民营经济部门不应被视为替代品的关系，而应该被视为互补品（Stiglitz，2003）③。

三、国有经济管理的主体

国有经济的管理者通常兼具国有资产出资人和监管者的双重身份，但是这两个身份实际上要执行不同的职能，出资人要行使对国有资产的"剩余控制权"和"剩余索取权"，而监管者要行使政府作为公共管理者的职责（陈昌智，2014）④。针对政府国有经济管理机构的双重身份问题，很多学者主张将出资人职能与监管者职能相分离，婵安（Chan，2009）认为政府的双重身份如果不进行分离会造成混乱，因为市场主体无法分辨其何时是代表政府干预市场，何时是代表所有者和投资者保护市场⑤。也有学者支持国有经济的管理机构将监管者和出资人的职能集于一身，因为如果剥离所有者职能将会割裂统一监管的职能，会淡化国

---

① 荣兆梓：《国有资产管理体制进一步改革的总体思路》，载《中国工业经济》2012 年第 1 期。
② Chang H J. State-owned Enterprise Reform [J]. *Policy Notes*，2007，22（6）：925–934.
③ Stiglitz J. Globalization and the Economic Role of the State in the New Millennium [J]. *Industrial & Corporate Change*，2003，12（1）：3–26.
④ 陈昌智：《完善国有资产管理体制　优化国有资本布局》，载《人民日报》，2014–3–19：20。
⑤ Chan H S. Politics over Markets：Integrating State-owned Enterprises into Chinese Socialist Market. Public Administration and Development，2009，29：43–54.

有经济管理机构对国有资本进行布局规划的能力（刘纪鹏，2014）①。
有的学者提出折中性的主张即竞争性领域国有资本与垄断性领域国有资
本应实行不同的管理体制，一般竞争性领域的国有资产管理应实行彻底
的政企分开和政资分开，而在垄断领域内实现"去政府化"是不可能
完全实现的，关键是在国有资本的公益性与营利性之间寻求平衡（荣兆
梓，2012）②。

发展国有资本投资运营公司是国有经济管理的一个重要发展方
向。建立具有竞争关系的多家国有资本运营公司，经营业绩的相互对
照能为国有经济管理部门的监管活动提供准确信息（胡家勇，
2002）③。按功能分类设立国有资本运营公司有利于实现国有资本不同
的主导作用，如成立公用事业类、公共保障类、战略类和竞争类四种
不同类别的国有资本投资运营公司（郭春丽，2014）④。国有资本运
营公司要想获得成功，必须承诺致力于促使国有（或混合所有制）
企业提高公司治理水平和加强对企业管理层的监督（Sam，
2013）⑤。

四、国有经济管理的目标

国有经济的管理除了追求国有资产的保值增值这一目标外⑥，还有
追求充分就业、物价稳定和经济发展等多个目标，这就是国有经济管理

① 刘纪鹏：《中国国资改革创新模式探索》，载《经济导刊》2014 年第 5 期。
② 荣兆梓：《国有资产管理体制进一步改革的总体思路》，载《中国工业经济》2012 年第 1 期。
③ 胡家勇：《构建国有资产管理新体制》，载《特区实践与理论》2002 年第 11 期。
④ 郭春丽：《国有资产管理体制改革的总体思路和实现路径》，载《宏观经济管理》2014 年第 10 期。
⑤ Sam C. Partial Privatization and the Role of State-owned Holding Companies in China [J]. *Journal of Management and Governance*, 2013, 17 (3): 767–789.
⑥ 一般来说，民营企业只有盈利这个单一的经营目标，也就是所谓的"所有者权益最大化"（Maxmization of Shareholder's Wealth）。国有企业的目标其实也是要所有者权益的最大化，国有企业的所有者并不像民营企业所有者那样只有财务增值这一个目标。

实际工作中的多重目标问题，也有人称之为"经济目标与社会目标的矛盾"、"市场目标与政府目标的矛盾"或者是"国有资产管理的目标多元化"。换句话说，国有资产管理既要完成国有资本保值增值的营利性目标，又要实现国有经济布局结构优化调整的公共政策目标。在现实世界中，国有企业的双重目标难以同时实现，如为了维持物价稳定和保障人民生活水平，某些产品不能跟随国际市场涨价，实现政府社会目标的同时必然有损国有企业的经济目标。社会发展目标属于宏观层面的目标，可测度性差并具有一定的时滞性；而市场收益目标则属于微观层面的目标，可测度性较强并且可以年度测量（袁境，2010）[1]。

如果政府无法选择是应该最大化企业的经济效益还是维护社会利益时，国有经济管理部门的职责将会缺少明确的划分，在管理国有企业时会陷入困境。针对国有企业多重目标的现实矛盾，有人认为国有资产管理不应该追求多重目标的实现，而是应该基于人民的利益严格坚持盈利和增值的目标，新加坡的淡马锡公司作为国有资产管理的成功样本，其高效运作的一个原因就是实行了彻底的政企分开和政资分开，只负责追求商业目标即资本的增值目标（Sam，2013）[2]。有效的国有经济管理既为提高国有企业效益和效率创造了宽松条件，又能确保国有企业实现政府的社会目标。在社会职能目标与自身经济目标之间做好平衡，让这两个目标在运营中互相独立但同时在绩效上互相补充，竞争性领域国有资本的增值能够为公益性的社会目标提供有益的补充（张晖明，2010）[3]。

五、国有经济的绩效评价

对国有经济绩效的评价要综合考核国有资本运营质量、效率和收

---

① 袁境：《国有资产管理中的政府目标与市场目标二重性探讨——"淡马锡"修宪的启示》，载《经济体制改革》2010年第5期。

② Sam C. Partial Privatization and the Role of State-owned Holding Companies in China ［J］. *Journal of Management and Governance*, 2013, 17（3）: 767-789.

③ 张晖明、张亮亮：《对国资职能和定位的再认识——从新加坡淡马锡公司的全称说起》，载《东岳论丛》2010年第4期。

益。如果国有资产管理的考核体系中只包含利润收入和资产规模作为标准，国有经济的管理者将弱化对资本利用效率的重视程度，而这恰恰是国有资本股东权益的体现。经济增加值考核强调资本成本的概念会使国有企业选择使用劳动替代部分资本，调整资本结构，增加股息的支付，并有助于国有企业的进一步国际化。对国有经济的管理从管企业为主向管资本为主转变已经越来越成为一种共识，关于国有资本的投资和运营，荣兆梓（2012）认为在抵御全球性金融经济危机等特殊情况下，应通过法律程序对国有资本进行调控或通过国有资本进行财政性投资以实现政府的特定目标①。

六、国有经济的产业布局

国有经济管理是经济管理体制的一部分，因而理论上国有资产管理的根本目标应当是经济增长和经济稳定。政府建立国有企业是为了弥补市场自身的缺陷，国有资本除了要生产公共品及公益品和解决自然垄断外，还要进入一般竞争性领域的前瞻性战略性产业，向提供国民装备的重点基础设施、能够提高国际竞争力的产业链关键环节和价值链高端领域集中。实际上，国有资本就是要进入民营资本不愿意进入但对国民经济发展又至关重要的行业领域。如何确定这些领域就是国有经济布局问题。经济学的基本原理告诉我们，市场是有效的资源配置方式，而国有经济布局依据其使命来看本身就是反市场的行为。市场中民营资本未进入某个特定领域一定是因为该行业领域的预期收益率没有达到其要求的水平，这有可能是两种原因造成的：一是该产业具有外部性，民营资本无法获取外部性收益（但是国有企业可以）；二是民营资本的成本太高，预期有收益但是没有达到民营资本所有者的要求标准。

加大国有资本对公共性和政策性行业的投入已经成为普遍的共

---

① 荣兆梓：《国有资产管理体制进一步改革的总体思路》，载《中国工业经济》2012 年第 1 期。

识，但学者们对于一般竞争性领域的国有资本还存在争论，争论的主要焦点在于国有资本是否应该退出一般竞争性领域。有观点认为如果将国有资本投入一般商品的生产领域将会形成跷跷板效应，即国有资本在一般商品生产领域投入过剩与在社会公共领域投入不足形成矛盾，因此国有资本应该通过各种途径退出竞争性领域（毛程连，2002）[①]。也有观点认为国有资本从一般竞争性领域逐步退出可以缩减有关政府部门的管理范围，有利于明确各个国有企业的使命和产业定位，更好地实现国有资本的功能和作用（黄群慧，2013）[②]。随着社会保障、资本市场和产权制度的不断完善，国有经济应进行适时调整，市场壁垒、主导产业选择、资本密集程度、产业竞争力等因素可以作为国有资本投资和运营的参考标准（郝书辰，2011）[③]。加强对世界产业演进趋势的研究、对战略性新兴产业的跟踪有助于对国有经济总体布局的研究（马荣敏，2011）[④]。

第三节 国有企业的效率

关于发展国有经济的问题素来争议不断，甚至可以说是针锋相对。反对国有经济的一个主要论点是国有企业相对缺乏效率。

一、公司治理

现代企业的特点是经营权与所有权的分离，公司治理是通过一系列

[①] 毛程连：《公共产品理论与国有资产管理体制改革》，载《当代财经》2002年第9期。
[②] 黄群慧：《新时期如何积极发展混合所有制经济》，载《行政管理改革》2013年第12期。
[③] 郝书辰、蒋震：《国有资本产业分布：理论界定及其演变逻辑》，载《经济社会体制比较》2011年第3期。
[④] 马荣敏：《优化国有资产结构，提高国有经济控制力》，载《人民日报》2011年10月26日。

的制度和安排来降低两权分离造成的代理成本，解决所有者和经营者之间的委托代理问题以实现所有者权益最大化的公司经营目标。

股权集中度是影响公司治理效果的一个重要因素。理论上，国有企业的所有权高度分散于全体国民，"搭便车"效应使得股东监督经理的动机很低，而民营企业的股权相对集中，更具备监督经理行为的动机和能力，因此，从公司治理的角度来说国有企业的效率要低于民营企业（Alchian，1965）①。实际上，民营企业的股权常常比较分散，而国有企业的股权集中度可能与理论分析正好相反，由于政府设有专门机构代表全体人民行使所有权，国有企业的股权相对比较集中（Yarrow，1986）②。因而在竞争性领域大公司的委托代理问题上，国有资本与民间资本面对同样的制度缺陷，股权分散带来的监督困难、股权集中带来的大股东侵占中小股东利益等公司治理问题并不因为资本性质的不同而有明显的不同（荣兆梓，2012）③。

虽然所有者缺位和资本所有者替身化是所有现代企业的普遍特征，私有企业同样面临着比较严重的委托代理问题，但是国有资本的委托代理层次更多、关系更复杂，因而产生道德风险的机会更多，会造成较高的代理成本（袁东升，2012）④。国有企业理论上属于全体国民但实际上只能由一部分人代为管理，因此，国有资本的收益并非国有资本管理者自己的利益，而民间资本的所有者就是其管理者，最大化资本收益也就是最大化资本管理自己的利益。因为国有资本的最高管理者也只是代理者，国有资本的所有者即全体国民无法像民间资本所有者对其代理人那样进行选择、监督和奖惩，所以国有企业面临着更严峻的公司治理问

① Alchian A A. The Basis of Some Recent Advances in the Theory of Management of the Firm [J]. *Journal of Industrial Economics*，1965，14（1）：30.

② Yarrow G. Privatization in Theory and Practice [J]. *Economic Policy*，1986，1（2）：324 – 377.

③ 荣兆梓：《国有资产管理体制进一步改革的总体思路》，载《中国工业经济》2012 年第 1 期。

④ 袁东升：《国有资产管理体制调整探究》，载《社会科学家》2012 年第 5 期。

题（刘恒中，1995）①。

二、经营管理

著名经济学家法玛（Fama，1980）认为企业产权的归属对于现代工业企业并不意味着什么②。弗农·沃策尔（Vernon - Wortzel，1989）的研究认为国有企业和民营企业在公司治理方面并无显著差异，企业在经营方面的表现更多地取决于经营目标的明确设立以及合适的企业管理文化③。

国有企业通常具需要追求利润以外的目标，经营时追求多重目标会干扰资本增值目标的实现，对国有企业的经营效率产生负面影响（Hart，1996；荣兆梓，2012）④⑤。国有企业在遇到经营困难时通常能得到来自政府或国有银行的支持，由此产生的软预算约束问题会降低国有企业的融资约束⑥，扭曲国有企业的投资行为。朱红军等（2006）认为国有企业拥有过分充足的现金流会造成国有企业的过度乃至不合理的投资，从而降低国有企业的投资效率和经营效率⑦。

凯和汤姆森（Kay & Thomson，1986）的研究表明在非竞争市场中

---

① 刘恒中：《国有资本雇佣制度与国有资产保值增值》，载《经济研究》1995 年第 9 期。

② Fama E F. Agency Problems and the Theory of the Firm [J]. *Journal of Political Economy*, 1988，88（2）：288 - 307.

③ Vernon - Wortzel H, Wortzel L H. Privatization: Not the only answer [J]. World Development，1989，17（5）：633 - 641.

④ Hart O, Shleifer A, Vishny R W. The Proper Scope of Government: Theory and Application to Prisons [J]. *Quarterly Journal of Economics*，1996，112（4）：1127 - 1161.

⑤ 荣兆梓：《国有资产管理体制进一步改革的总体思路》，载《中国工业经济》2012 年第 1 期。

⑥ 预算软约束是指向企业提供资金的机构（政府或银行）未能坚持原先的商业约定，使企业的资金运用超过了它的当期收益的范围，或者说当国有企业遇到财务上的困境时，借助政府的帮助能够得以继续生存。这种现象被亚诺什·科尔奈（Kornai，1986）称为"预算软约束"。

⑦ 朱红军、何贤杰、陈信元：《金融发展、预算软约束与企业投资》，载《会计研究》2006 年第 10 期。

的国有企业和私有企业都是缺乏效率的[1]。泰腾郎（1996）、马丁和帕克（1997）等提出的超产权论认为利润激励与经营者努力投入未必存在必然的正向关系，只有在市场竞争的前提条件下，利润激励才能发挥其刺激经营者增加努力与投入的作用[2]。制度经济学家拉丰（Laffont，2002）认为在合适的合约安排下，公有制与私有制同样有效率[3]。

三、效率标准

在评价和比较国有企业与民营企业的效率时，要注意两者是否可以直接进行对比，还要注意应当采用什么标准来评价国有企业的效率。哈特（1996）认为把垄断领域的国有企业与竞争行业的民营企业直接进行效率对比可能是不合适的，由于产品的异质性和可用样本较小，很难通过实证证明国有企业的效率比民营企业低，因此，认为不能说民营企业的效率就一定比国有企业高[4]。哈特（1996）还认为如果国有企业的目标不是利润最大化，那么对其经营效率的评价指标也应区别于民营企业。对国有企业的效率进行评价时既要考察其微观效率也要考察其宏观效率，既要考察内部效率还要考察外延效率，既要考察经济效率也要考察社会效率[5]。米尔沃德（2005）认为对国有企业经营绩效的评价不仅要考察其静态的相关会计信息所代表的效率评价指标，还要考察其动态效率即国有企业生产力的提高、技术的积累和科技创新进步所带来的外部性给整个国民经济带来的影响[6]。

① Kay J A, Thompson D J. Privatisation: A Policy in Search of a Rationale [J]. *Economic Journal*, 1986, 96 (381): 18 – 32.

② 刘芍佳、李骥：《超产权论与企业绩效》，载《经济研究》1998 年第 8 期。

③ Laffont J J, Martimort D. The Theory of Incentives: the Principal-agent Model [M]. Princeton University Press, 2002.

④ Hart O, Shleifer A, Vishny R W. The Proper Scope of Government: Theory and Application to Prisons [J]. *Quarterly Journal of Economics*, 1996, 112 (4): 1127 – 1161.

⑤ 齐艺莹：《国有资本效率论》，吉林大学博士学位论文，2005 年。

⑥ Millward R. Private and Public Enterprise in Europe [M]. Cambridge University Press, 2005.

　　刘元春（2001）认为国有企业的效率存在"悖论"，从微观的财务角度来看国有企业是缺乏效率的，但从宏观的角度来看是有效率的，全要素生产率却一直处于正增长状态；从国有经济所占比重的变化来看国有企业是缺乏效率的，但从宏观社会资源配置的角度来看国有企业是具有效率的①。国有企业效率的悖论说明发展中国家的国有企业在提供技术公共品和社会福利、稳定宏观经济及克服市场失灵发挥方面发挥着的巨大作用。毛程连（2002）认为国有资本的根本目标是生产公共品，因而对国有资本考核应该从整体经济效率、税基和公共品数量这样一个大循环的角度来进行②。黄群慧（2014）认为对公共政策性的国有企业不应要求有资本收益，主要考核政策性目标的履行情况③。

---

①　刘元春：《国有企业宏观效率论》，载《中国社会科学》2001 年第 5 期。
②　毛程连：《公共产品理论与国有资产管理体制改革》，载《当代财经》2002 年第 9 期。
③　黄群慧：《问路混合所有制》，载《中国经济和信息化》2014 年第 15 期。

第二章

国有资产管理

国有资产在国民经济中占有非常重要的地位，全球股票市值的大约1/5 由各国政府持有，世界 500 强企业中有很多国有企业或者是国家出资企业，主要分布于石油、化工、制造和金融等重要行业和关键领域。国有资产是实施国家战略的重要基础，国有资产管理是国民经济管理的一个重要组成部分。

第一节　国有资产及其管理

一、国有资产

国有资产即国家代表全体人民拥有所有权的各类资产，是属于国家所有的一切财产和财产权利的总称。广义的国有资产又称国有财产，是指国家通过投资、接受馈赠、凭借国家权力取得或依据法律认定的各种类型财产或财产权利；狭义的国有资产又称经营性国有资产，是投入社会再生产过程中从事生产经营活动并能够获得预期收益的各类资产，其存在于各类国有及国有控股、参股的企业之中，是国家作为出资者在企业依法拥有的资本及其权益。国家代表全体人民对各类国有资产拥有财产权，具体包括对国有资产的所有权、占有权、使用权、收益权和处置权。所有权是指各级政府对国家财产的支配权，又称最终产权或终极所有权；占有权是指行政事业单位和各类经济主体依法享有对国家财产的实际控制权；使用权是指为了满足社会生产、提供劳务或社会服务的需要而利用国家财产的权利；收益权是指获得国家财产使用成果的权利；处置权是指引起国有财产所有权主体、占有权主体变换的权利。

我国国有资产的形成主要通过以下几个途径：一是新民主主义革命时期的公营经济在新中国成立后自动转化而成的国有资产；二是依据法律取得的自然资源、没收官僚资本、征用和接管帝国主义在华资产等形成的国有资产；三是通过社会主义改造赎买民族资本形成的国有资产；四是国家投入资金形成的国有资产；五是接受外国馈赠、援助、转让形成的国有资产。国有资产依据其性质可以被分为经营性国有资产（含国有金融资产）、行政性国有资产和资源性国有资产三大类。经营性国有资产是指国家对企业各种形式的投资和投资收益所形成的资产，是投入到社会生产领域内属于国家所有的生产要素和经济资源；行政性国有资产是党政机关、事业单位和各人民团体持有的国有资产；资源型国有资产则是自然生成的资本价值及利益（如土地、矿藏、森林、海洋等自然资源）以及部分与投资有关、部分天然形成的资产（如国家文物古迹、风景名胜区和自然保护区等）。依据不同的分类标准，国有资产还可以分为有形资产和无形资产、境内国有资产和境外国有资产、自然界固有的国有资产和人工创造的国有资产、中央政府管理的国有资产和地方政府管理的国有资产。与国民经济管理相关的国有资产管理主要是指对狭义的经营性国有资产进行管理。

二、国有资产管理

国有资产管理是对所有权属于国家的各类资产进行组织、配置、协调、监督和控制等一系列活动的总称。国有资产管理可以具体分为四个方面的活动：一是国有资产的投资管理，即根据国民经济发展战略目标，合理确定国有资产投资的规模和结构，兴建各类国有企业，调控国民经济运行，实现国家宏观经济政策目标；二是国有资产的经营管理，即选择恰当的经营方式以提高国有资产的经济效益、社会效益及生态效益，通过考核经营者业绩等方式实现国有资产的保值增值；三是国有资产的收益分配管理，即国家作为资产所有者，依法取得国有资产的收益并对收益进行分配和处置；四是国有资产的产权管理，即根据国民经济运行的客观需要对国有资本的布局进行战略调整，对国有资产存量进行调整，清理低效无效资产，防止国有资产流失。

国有资产管理主体又称为国有产权主体，是指享有或者拥有国有资产财产权有关权利的国家、组织、单位、法人和自然人。国有资产管理主体即由谁来代表国家管理国有资产，目前在我国主要是各级政府的国有资产管理监督委员会。国有资产管理的客体，即国有资产管理的对象是所有产权归国家所有的资产，目前主要是以企业形式存在的经营性国有资产。国有资产管理的总体目标是国民经济快速健康协调发展，当前具体的管理目标是提高国有资产收益、保护国有资产安全、优化国有资本布局以及促进国有资本合理流动等。国有资产管理的手段包括法律手段、经济手段和行政手段，根据当前经济体制改革的总体要求，将主要运用经济手段以管资本为主加强对国有资产的监督管理。

第二节　国有资产管理体制

国有资产管理体制是国家管理国有资产的制度化体现，是国家资产管理机构的设立和职责划分，以及国有资产管理和经营方式方法等有关制度的总称。国有资产管理体制可分为宏观层面和微观层面两个方面，前者反映政府内部所有者权能关系，后者反映国家与企业之间的产权关系。人们在论及国有资产管理体制时，更多的是讨论政府管理国有资产时政府内部职权的划分。国有资产管理体制是国民经济管理体制的重要组成部分，适宜的国有资产管理体制应该能够提高国有资产的收益、充分发挥国有资产的功能以及能够保证国有资产的安全。

我国现行的国有资产管理体制分为三个层次：第一个层次是国有资产监管机构，指代表国家统一行使资产所有者职能的专职机构；第二个层次是国有资产授权经营机构，指在国有资产监管机构的授权下行使国有资产投资和运营职能的机构或企业法人；第三个层次是国有资产经营实施企业，指直接从事生产产品或者提供劳务的各类国家出资企业。我国的国有资产管理也可以依据国有资产监管机构的行政隶属划分为四个级别：第一个级别是中央人民政府即国务院；第二个级别是各省、自治区、直辖市、计划单列市人民政府；第三个级别是地级市、区、自治州人民政府；第四个级别是县及县级市人民政府。

各级人民政府与同级的国有资产监管机构之间是授权与被授权的关系，中央级国有资产监管机构与省、市、县级相应机构之间是指导与被指导的关系，各级国有资产监管机构与各级国有资产经营机构之间是授权与被授权的关系。各级国有资产监管机构对同级国家出资企业履行所有者和占有使用者职能，国家出资企业对国有资产监管机构负责，履行国有资产保值增值的义务。国有资产经营机构经授权对其控股和参股的国家出资企业行使所有者和占有使用者职责，国家出资企业依据法人财产自主经营，履行公司法人义务，对股东负责。国有资产经营机构之间以及各级国家出资企业之间是独立法人之间的关系，可以建立产权交易关系，通过产权交易促进自由竞争和资本流动，实现资产优化配置。

一、国有资产监管机构

国有资产管理机构是代表国家统一行使资产所有者职能的专职机构。国有资产监管机构作为政府直属特设机构，根据授权代表本级人民政府对监管企业依法履行出资人职责。《中华人民共和国企业国有资产法》第十一条规定："国务院国有资产监督管理机构和地方人民政府按照国务院的规定设立的国有资产监督管理机构，根据本级人民政府的授权，代表本级人民政府对国家出资企业履行出资人职责。国务院和地方人民政府根据需要，可以授权其他部门、机构代表本级人民政府对国家出资企业履行出资人职责。"

国有资产监督管理机构由各级政府设置，负责监督管理本级政府管辖的国有资产，履行国有资产所有者的职能，掌握国有资产管理的立法权、资产划拨权、处置审批权、收益调度权和监督权，负责包括国有资本金保值增值考核管理、产权界定、产权纠纷调处、产权登记、清产核资、资产评估、国有资产统计分析等以产权为核心的管理事项。国有资产监督管理机构要负责国有资产的保值增值、保障出资人权益和防止国有资产流失，向本级人民政府报告国有资产总量、结构、变动、收益等情况。国有资产监督管理委员会（以下简称"国资委"）受国务院委托依法履行出资人职责，是目前我国国有资产监管的主要机构。国有资产监管机构贯彻政企分开的原则，专司国有资产监管，不行使政府公共管理职能，只关心投资回报和企业是否履行社会职责。国有资产监管机构不干预企业自主经营权，不直接插手企业生产经营活动，主要采用市场化手段管理国有资产。

二、国有资产授权经营机构

国有资产授权经营机构是由国家依法独资设立的企业法人或机关法人，对国家授权范围内的国有资产具体行使所有者和占有使用者权利，以持股运作等方式从事国有资产的投资和国有资本的运营①。国有资产授权经营机构主要包括国有资本投资公司和国有资本运营公司，在国有资产监管机构的授权和监督下行使国有资产直接经营职能。

国有资产授权经营机构以国有资产的投资运营作为主要业务，通过持有和买卖股权（产权），以资本运营方式实现国有资产的优化配置和保值增值。国有资产授权经营机构不是行政部门，不具有任何行政职能，各级国有资产经营机构也不具有行政隶属关系。国有资产授权经营

---

① 企业股权形式的国有资产通常也被称作国有资本。

机构的基本职责是经营和运作企业股权形式的国有资产，要依据国家产业政策和国民经济战略布局，实现国有资本的优化配置和产业结构的优化调整，通过对国有产权的优化重组，提高国有经济的活力、影响力和控制力。国有资产授权经营机构通过对国有产权的运作，调整国有资本投入的数量，改变国有资产收益的收缴和留存比例，以及利用国家控股参股比例的变化，引导社会资金的流向和流量，带动其他所有制经济形式的发展，发挥国有资本在国民经济中的主导作用。

三、国有资产经营实施企业

国有资产经营实施企业即国家出资企业是指占有和使用国有资产、直接从事生产产品或者提供劳务的国有独资企业、国有独资公司、国有资本控股公司和国有资本参股公司。国有资产经营实施企业是国有资产经营机构的下属全资子公司和控股子公司，是依法建立的公司制企业法人。

国家出资企业的主要职责是依法经营，缴纳国有资产收益，对出资人和股东负责。国家出资企业要完善治理结构，设立监事会，实行民主管理，健全监督管理制度，建立健全财务会计等制度。截至 2015 年末，我国国家出资企业的资产总额超过 119 万亿元，其中所有者权益为 40 万亿元。这些国有资产主要分布在国防军工、石油电力、通信航运、矿产冶金和战略物资行业，即关系国民经济命脉的关键领域和重点行业。几乎全部的原油、天然气和乙烯生产、所有的基础电信服务、50% 以上的发电量、超过 60% 的高附加值钢材、70% 的水电设备、75% 的火电设备都是依靠国有资产创造出来的①。国有资产分布的领域，也是国家履行职能的领域，国有资产管理是国家履行职能的必要手段，应当符合国家履行职能的要求、反映国家职能活动范围并满足国家履行职能的需要。

---

① 白天亮：《国有新姿中国脊梁坚强挺立》，载《人民日报》，2013 年 4 月 15 日第 1 版。

第三节 国有资产管理的功能作用

一、国有资产管理在促进经济增长方面的作用

国有资产管理有助于实现国民经济资源的有效配置，把社会劳动按比例分配给物资生产领域的各个部门，使有限的资源（包括人力、物力、财力）达到最佳组合，实现社会经济效益的最大化。

（一）有效利用生产资源

加强国有资产管理，能够促进国家财力的有效利用。国有资产的投资管理可以提高资源的利用效率，促进资源的合理开发利用；国有资产的处置管理可以实现国有资产的重新组合和充分利用；国有资产的分配管理可以实现财力资源的优化配置。通过安排国有资产投资，可以调整产业结构，使有限的资源得到最合理的利用。对国有资产的收益分配进行管理也是优化资源配置的重要手段，国家通过组织国有资产收益可以调整国民收入初次分配格局。

（二）有效扩充资本数量

国家资本的投入可以直接增加资本总量，并可以通过国有资本的带动作用，吸引社会闲散资金以及外国资金来进行经济建设，增加社会资本总量。加强对国家出资企业的国有资产管理，可以提高经济效益，提供更多的税收和投资收益，使国家可用于经济建设的资本量得到增加。

（三）有效改进资本质量

国有资本用于固定资产更新、技术革新和高新技术产业的投入，可以有效地提高社会生产的技术水平，改进资本质量，推动生产力的进一

步发展，为社会生产创造出更多的物质财富。加强对国有资产存量的管理可以有效地发挥现有国有资产的作用，对国有资产存量进行优化重组，可以充分利用国有资产，使之产生最大的经济效益。

（四）优化国民经济结构

国有资本的有效投入、合理投入和节约投入对国民经济结构的优化和各产业部门的协调发展起着决定性的作用。通过国有资本投入可以促进西部大开发、东北地区老工业基地的振兴、中部地区崛起以及社会主义新农村建设，可以有效促进区域城乡协调发展。通过国有资本投入实施工业反哺农业、城市支持农村、促进城乡统筹发展，可以缩小城乡差距，提高社会公平程度。

二、国有资产管理在保障经济稳定方面的作用

加强对国有资产的管理，有助于实现社会总供给与总需求平衡的预期目标，实现物价稳定、充分就业和国际收支平衡。

（一）物价稳定

国有资产管理能够对总供给与总需求的平衡起促进作用。国有资本是社会总需求的重要组成部分，当总需求过多时减少国家资本金的投入可以减少总需求，使经济总量趋于平衡，进而实现物价稳定；当总需求不足时增加国家资本金投入，可以增加总需求使经济总量趋于平衡，进而实现物价稳定。国有资产管理对成本推动型通货膨胀也能起到抑制作用。当生产资料供不应求从而导致生产资料价格上涨时，增加对生产资料生产企业的国家资本金投入，加强对国家出资企业的经营管理，有利于增加生产资料的供给，促进生产资料的供求平衡，进而促使生产资料价格趋于稳定。加强对国有产权的转让交易管理，有助于稳定资本市场的价格。当股票市场因股票供给不足而导致股票价格过高时，转让出售部分国有股权，可以使股票市场价格趋于正常；当股票市场因股票供给

过多，而出现股市低迷时，买进部分股票可以活跃股市，刺激股票投资。

（二）充分就业

加强国有资产管理，可以有效地促进充分就业。增加国有资本金投入和兴建国有企业，可以提供更多的就业机会，使就业人口增加。加强国有资产存量的管理和充分利用，利用国有资产进行内涵扩大再生产，可以提高机器设备的利用率，增加就业数量。加强国有资产管理，调整国有资产投资结构，实施国有资产重组，积极发展基础产业，增加市场紧缺产品的生产，可以促进机器设备的充分利用和增加就业，解决结构性设备闲置和结构性失业问题。

（三）国际收支平衡

国际收支平衡是指一个国家在一定时期内对外贸易和金融收支总额的平衡。加强国有资产管理有助于促进国际收支平衡，通过加强对国有外贸企业的国有资产管理，提高经济效益，能够增加出口。经营和管理外汇资产，进口先进设备和技术，有利于国内生产能力的提高，从而增加总供给，促进国际收支平衡。对于发展中国家来说可以通过国有企业保护国内幼稚产业和促进产业结构优化以免受外部冲击，实现国民经济的外部平衡。

（四）促进公平

在税收制度无法有效控制收入分配时，国有资本可以通过国有企业的高产出和低价格实现低收入阶层社会福利的增加，从而实现国家公平目标。在社会福利与公共财政体制并不完善的条件下，国有资本较民间资本而言可以具有更强的社会福利效率。在市场经济制度并未完全建立时民间资本所具有的社会契约破坏动机会损害社会效率，而国有资产管理能够缓解这种社会效率损害所带来的负面影响。

三、国有资产管理在完善社会主义市场体制方面的作用

社会主义市场经济体制需要不断地完善，国有资产管理在这个过程中起着重要作用。生产力的发展要求生产关系与之相适应，对国有资产进行有效管理，有助于促进社会主义生产关系不断完善，并且为国家履行其政治职能提供物质基础。国有资产管理就是要坚持放大国有资产的功能和作用，强化其对社会主义市场经济体制的完善作用。

（一）确保国计民生

国有资产是发展国家事业和提高人民生活水平的保障。由于"搭便车"问题，市场本身不能提供具有非竞争性和非排他性的公共产品，这时需要国家来组织生产这些国计民生必需品。虽然政府可以通过订购的方式将公共产品的生产交给私人企业，但是由于不完全契约问题导致采购合同太复杂以至于现实中难以签订执行，因此，政府建立国有企业直接生产的方式更有效率。有些具有较大正外部性的项目，以及一些虽然对国民收入贡献很小但社会价值巨大的项目，也应由国有企业来进行提供。自然垄断型的产业往往需要大规模和长期的资本投入，民营企业无力投资或投资不足，即使有民间资本进行经营，其利润最大化的经营策略也难免会造成社会福利的损失以及抑制技术的进步。国有资产的投资运营时能够兼顾经济目标和社会责任目标，国有企业是解决消费者和厂商对自然垄断行业产品的信息不对称问题的有效手段，国有资本的社会责任目标能降低生产者的道德风险，更倾向于保持产品质量并维护消费者权益。

（二）壮大国民装备

国有资产管理为国民经济发展提供软硬两方面的装备，硬件主要指产业培育和升级，软件主要指对制度的替代和补充。国有资产管理通过建立竞争优势或完善市场基础设施的方式能够直接或间接地塑造产业竞

争力。技术密集型产业前期研发费用非常高且具有很高的风险，国有资本能够弥补民间资本投入的不足，在技术研发方面的"溢出效应"能够为产业和经济发展带来正的外部性，促进产业的升级和优化，从而满足不断增长的市场需求并获得较高的持续发展速度，并提升经济增长质量。当市场没有形成完整的体系时，产品市场和资本市场的不确定性会导致民营企业的预期利润降低因而投资规模可能不足，国有资本可以带动高风险产业以至整个经济的发展。市场发育不全可能造成资源配置效率不足，国有资本能够一定程度上弥补市场机制的不完善，国有资产管理是政府参与经济和干预经济的重要工具和手段。国有资产管理还是政府与市场联系的纽带，有助于政府了解市场，推动法律、产权和资本市场等相关制度建设提高经济绩效。

（三）保证国家安全

国有资产管理是保障国家安全的重要力量和手段。有些经济领域由于其特殊的重要性而不能让非国有资本控制，如关系国家安全的通信、金融、能源和军事工业等。如果由外国资本进入本国经济领域掌握和控制大量重要资源时，国有安全就会受到威胁。国有资本应当集中在能源、国防和通信等关键领域和行业，负担重要的能源和资源生产，并提供基础电信服务。军事工业需要国有资本的完全控制来保障国防安全。国有资产管理还能在经济危机时挽救民营经济，起到干预调节宏观经济以实现经济安全的作用。实践表明，国有资产管理在保证国民经济持续健康发展中发挥着重大作用，是抵御国际经济风险、维护国家经济安全的主要力量，是发展国民经济的重要支柱。在应对重大自然灾害和事件与定点扶贫以及支援边疆建设中，国有资产管理都发挥了关键作用。

（四）增强国际竞争力

国有资产管理促进国际竞争力的提高，一方面体现为国有企业的竞争力，另一方面也体现为国有经济主导的国家经济环境竞争力。经济发展所需的基础性行业通常具有规模大、固定资本投入多、专用性强的特点，由于进入和退出障碍比较大以及需要统一网络、规划和标准，民间资本实力不足而无力投资或投入不足，国有资本的投入能够保证这些行业获得足够的投入，形成较强的国际竞争力。利用国有资产管理对经济生活进行干预，能够纠正市场失灵，保障社会经济的平稳有序运行，这种对国民经济的稳定作用能够提高一个国家经济环境的竞争力。在经济衰退和危机时期，国有资产管理通过挽救危机中濒临倒闭的民营企业能起到稳定经济的作用，阻止经济危机的进一步扩大。市场经济越发达，社会化程度就越高，国家对经济的宏观调控就越重要，相对于财政、税收和货币政策等干预手段，国有资产管理具有其独特的优势。此外，单纯依靠市场机制难以实现国家的赶超目标，需要采取国家主导下的赶超战略，国有资产管理正是实施这一战略的重要制度安排。

第四节　我国国有资产管理体制的历史变革

一、新中国成立以来的国有资产管理体制变革（1949～1977年）

新中国成立初期的国有资产主要来自于政府没收的官僚资本和敌伪财产以及新中国成立前解放区公营经济所积累的资产。社会主义改造的胜利使我国的社会经济结构发生了根本变化，公有制成为社会主义经济的主体。我国在这个时期建立起了高度集中统一的国有资产管理体制。国有资产的所有权、占有权、支配权甚至使用权都由国家集中行使。国家通过政府直接组织整个社会的生产和流通，企业的人财物由政府统一调拨，产供销也由政府统一决策。市场的作用被完全否定，甚至计划外的市场交易都被视为非法。国有企业没有独立经营的自主权，利润全部上缴国家，亏损由政府承担，不是真正意义上的企业而是政府的行政附属机构。这个时期的国有资产管理体制与当时高度集中的计划经济体制相适应，国有资产管理的权力高度集中于中央政府，国有资产投资资金实行统收统支、无偿使用，国有资产管理的主要内容是对生产资料实行计划调拨和统一分配的实物管理。国有资产所有权、国家行政管理权与国有企业经营权高度集中，政府的社会管理者职能和国有企业出资人职能不加区分，没有专设的国有资产管理机构，国有企业按行政隶属关系"条条"管理。企业既没有生产经营自主权，也基本没有独立的经济利益，经营上只完成主管部门下达的任务，不考虑国有资产保值增值的目标和责任。

三年"大跃进"期间（1958～1960年），针对中央集权过度的弊端，我国对国有资产管理体制进行了改革，决定将中央部属企业、计划管理权限和基建审批权限下放到地方管理，并扩大地方在物资、资金和人事方面的权力。地方政府开始行使部分国有资产的管理权利，形成了中央专业部委的"条条"管理和地方政府的"块块"管理相结合的条块管理体制，即以地区综合平衡为基础、专业管理部门与地区政府相结合的国有资产管理体制。政府的指令性管理内容减少了，企业可自行决定短期生产计划并开始拥有招工等权力。国家与企业之间实行全额利润分成制，企业可用留成资金发展生产和发放福利，企业有权自行调整机构设置和调配职工。1961～1965年的国民经济调整时期，针对"大跃进"时期国有资产管理权力下放过度的混乱局面，中央上收了很多国有资产管理权力，重新实行高度集中统一的国有资产管理体制。1966～1976年的"文化大革命"期间，国有资产管理体制几乎成为"大跃进"时期的翻版。国有资产的投资和运营权限被大幅度下放给地方政府，与"大跃进"时期一样造成了很多混乱的局面，国民经济发展受到了很大影响。1976～1978年的拨乱反正对国有资产管理体制的一些混乱之处进行了纠正。

二、改革开放以来的国有资产管理体制改革（1978年至今）

改革开放初期的国有资产管理体制改革以微观层面的经营体制改革

为主，后来的改革以宏观层面的优化布局和完善国有资产管理体制为主。

（一）"放权让利"阶段（1978～1984年）

在改革开放前的国有资产管理体制下，国有资产的投资一直采用国家财政直接拨款给企业无偿使用的做法。随着市场机制的作用和发展，这种投资管理方式的弊端变得日益严重。由于没有自负盈亏的经济压力，企业不计成本地追求增加投资项目数量和规模而忽视投资效益，导致国有资产经营效率的长期低下。国有资产管理体制不完善造成物资浪费现象严重并导致财政负担重和经济发展缓慢。20世纪70年代末，国民经济已经陷入崩溃的边缘，国有资产传统的"条块"管理模式使得国有企业缺乏活力，国有经济的发展近乎停滞。"放权让利"阶段的国有资产管理体制改革以对国有资产的具体经营者进行扩权让利为重点，主要目标是提高经营者的积极性，主要方向是调整国家与企业的利益分配关系。

在这个时期，国有资产的投资逐步由财政拨款改为银行贷款（简称"拨改贷"），这样不仅扩大了企业的经济自主权，还把投资绩效与企业的经济利益直接联系起来。在国有资产的经营管理方面，开始扩大国有企业的经营自主权。在国有资产的收益分配方式上实行"利润留成""盈亏包干"和"以税代利、自负盈亏"三种形式。这一时期国有资产的管理以微观层面的改革为主，没有从国有经济优化配置的宏观角度进行结构和布局调整，还没有对国家的社会经济管理者和国有资产所有者双重身份进行区分。这一阶段探索的实践表明，仅仅通过放权让利的方式提高企业经营的积极性难以真正搞活国有经济，必须从宏观上改革国有资产管理的体制，建立起现代企业制度才能搞好国有企业。

（二）"两权分离"阶段（1984～1991年）

随着市场经济体系的建立和经济体制改革的深入，政企不分和国有资产管理"条块"分割的弊端显得日益严重，国有资产管理中忽视价值规律和市场作用的现象造成国有资产收益分配中平均主义严重，国有经济活力明显不足。国有资产管理体制改革开始从简单的扩权让利发展为对企业经营机制的改革，国有企业开始与政府机构实行分离，政府部门不再用行政手段直接决定企业的经营内容而是开始运用价格、税收、信贷等经济杠杆来调节国有企业的经营。

"两权分离"即国家的所有权与企业的经营权的分离。这个阶段的国有资产管理体制改革以承包经营责任制为重点。承包经营责任制的主要内容是在完成上交国家利润任务和完成技术改造任务后，企业职工的工资总额与经济效益挂钩，以此实现企业的自主经营和自负盈亏。承包经营责任制的推行，给予了国有资产的使用者更充分的经营自主权，同时企业所有权与经营权的适当分离，开始确立起企业的市场主体地位。国有资产的投资开始遵循资金有偿使用的原则，由财政拨款改为银行贷款。国有资产的收益分配从原来的"税利并存"改为"以税代利"，税后利润完全归企业所有。国有资产的产权管理方面，把国有资产的所有权管理职能与政府行政管理职能相分离，组建了国家国有资产管理局统一行使国有资产所有权管理职能。1986 年颁布的《企业破产法》对企业的破产边界、破产申请的提出等诸多方面进行了规定，对国有资产的流动和处置进行了规范。

（三）社会主义市场经济体制建立初期（1992～2002 年）

随着"三资"企业和乡镇企业等非国有经济成分的飞速发展，国有经济面临巨大的竞争压力，国有企业的经营普遍面临较大的困难。1992 年党的十四大指出国有企业应成为同市场经济相适应的、政企分开的独立的市场主体和法人实体。1993 年十四届三中全会提出国有资产管理体制的改革目标是国家统一所有、政府分级监管和企业自主经营，首次提出了政资分开的概念，提出政府的社会经济管理职能应与国有资产所有者的职能相分离。1997 年十五大提出"从战略上调整国有经济布局"，国有资产管理体制改革开始进入宏观层面，并由市场压力造成的被动调整转为顶层设计的主动调整。1999 年十五届四中全会提出要"按照国家所有，分级管理、授权经营、分工监管的原则，逐步建立国有资产管理、监督、营运体系和机制，建立与健全严格的责任制度"。2002年十六大提出"关系国民经济命脉和国家安全的大型国有企业、基础设施和重要自然资源等，由中央政府代表国家履行出资人职责，其他国有资产由地方政府代表国家履行出资人职责"。

国有资产经营体制改革在这一时期的重点是建立产权清晰、权责明确、政企分开、管理科学的现代企业制度，为了适应市场经济的要求，国有企业的经营机制开始进行转换，通过公司制改革和股份制改造，国有企业开始逐步转变成为独立的市场主体和法人实体。在国有资产的产权管理方面，依据现代产权理论，依法确立和理顺国有企业间的产权关系，开始实行国有资产的授权经营，将国有资产委托给国有企业集团或资产经营机构，授权其对相关国有企业的资产行使出资人的职责。被授权的企业和机构可以做出资产投资、资产收益和资产处置等经营决策。国有资产管理体制改革强调要从战略上调整国有经济布局，着眼于搞好整个国有经济，依据"抓大放中小"的方针对国有企业实施战略性改组，认为国有经济起主导作用，主要体现在控制力上，因而在国有资本运营管理中实行"坚持有进有退，有所为有所不为"的策略，在不影响国家控股的前提下，开始减持部分国有股，国有资本在各个行业中的投资也进行了调整和变化。

这个阶段是国有资产管理体制改革的深入期，国有资产的处置管理由原来的行政主导逐步转为以市场交易为主，这是国有资产的资源配置优化时期。企业产权制度的建立、公司股份制改造的开展以及资本市场的形成使国有资产管理体制的效率得到了有效提升。由于这个阶段我国的资本证券市场还比较不成熟，并购重组中出现了不同程度的国有资产流失问题。国有资产的授权经营强化和明确了国有企业的产权关系，推动了政企分开和出资人的职责到位，有利于增强国有经济的活力，但授权经营不能从根本上解决国有资产出资人缺位问题，政企不分的现象仍然存在。总的来说国有资产管理体制改革已经从搞活企业的微观层面上升到了国有经济进行战略性改组的宏观层面上，国有资产管理从管理企业为主过渡到管理资产为主。

(四) 深化国有资产管理体制改革 (2003 年至今)

由于已经明确了政府的出资人地位, 各级政府不再直接干预国有企业的经营管理和投资决策。2003 年, 国有资产管理体制改革的一个重大事件是成立了国有资产监督管理委员会, 标志着国有资产管理从管理企业为主转变为管人、管事、管资产的结合, 政府与企业由行政隶属关系向产权纽带关系转型。这个阶段开始强调国家的出资人职责和所有者权益, 实行政资分开, 强调国有经济的主导作用, 提出大力发展混合所有制经济。这一阶段的国有资产管理体制改革以建立和完善相关制度为主, 逐步建立起国有资本经营预算制度和企业经营业绩考核体系, 并进一步完善授权经营制度。国有企业股权激励的实施办法和国有资产监管信息公开的办法等也都有了比较详细的规范。股份制成为公有制的主要实现形式, 国有企业投资主体开始多元化, 国有企业逐步建立推行董事会制度。随着国有资本经营预算制度的建立和完善, 国有资本的收益分配制度也得到了规范。2008 年颁布的《中华人民共和国企业国有资产法》将国有资产管理体制的内容以法律的形式进行了确认。法律明确了国有资产出资人的职责和国有资产出资人的权益, 对国家出资企业的活动、管理者的选择与考核以及国有资本经营预算和国有资产监督等内容作了规定。2010 年, 国有资产管理开始实行经济增加值 (EVA) 的考核方式, 对国有企业经营者使用资本的效率和创造价值能力进行考察。经济增加值是国有企业营业利润减去资本成本后的净值, 国资委直属企业的资本成本率为 5.5%, 政策性企业的资本成本为 4.1%。

2013 年十八届三中全会进一步指明了国有资产管理体制的方向, 即以管资本为主加强国有资产监管, 组建国有资本运营公司和改组国有资本投资公司。2013 年 2 月, 国务院发布《关于深化收入分配制度改革的若干意见》, 开始实施国有资本经营预算和收益分享制度, 对国有资本收益的分配和使用进行了规定, 扩大了国有资本收益的上交范围,提高了国有资本收益的上交比例，国有资本收益更多用于社会保障等民生支出。2015 年 8 月 24 日，中共中央、国务院发布《关于深化国有企业改革的指导意见》，这成为当前深化国有企业改革和国有资产管理体制改革的纲领性文件，在此基础上国务院及相关部门相继发布了《关于国有企业发展混合所有制经济的意见》、《关于改革和完善国有资产管理体制的若干意见》、《关于加强和改进企业国有资产监督防止国有资产流失的意见》和《关于国有企业功能界定与分类的指导意见》等。总的来说，目前国有资产管理体制改革以国有资本的布局和结构优化为重点，是国有资产管理体制的完善阶段。

第三章

国有资产管理的方法和理论

第一节 国有资产管理的基础理论

一、现代企业制度理论

现代企业制度是适应现代化大生产和市场经济发展要求，以现代产权制度和公司法人治理结构为核心的企业组织形式。现代企业制度的规范形式是公司制即所有权与控制权相分离的法人企业，其典型形式是有限责任公司和股份有限公司。建立现代企业制度是我国国有企业改革的方向。现代企业制度的基本特征可以用"产权明晰、权责明确、政企分开、管理科学"这16个字来概括。

（一）产权明晰

产权清晰是指产权在法律上和经济上的清晰。产权在法律上的清晰是指有具体的部门和机构代表国家对国有资产行使占有、使用、获得收益和进行处置等权利，也就是说国有资产的边界要"清晰"。产权在经济上的清晰是指产权在现实经济运行过程中是清晰的，包括产权的最终所有者对产权所具有的极强约束力，以及企业在运行过程中能够真正实现自身的责权利的内在统一。国有资产管理体制改革要大力推进国有企业的公司制和股份制改革，通过引入各类投资者实现国有企业的股权多元化，并通过改制成为上市公司。根据企业的不同类型和功能定位，适当调整国有产权的比例，形成股东行为规范、内部有效监督、股权结构多元、运行高效灵活的经营机制。

（二）权责明确

权责明确就是国家作为企业的出资人能够按投入资本比例享有所有者权益，拥有重大决策权、资产收益权和选择管理者等权利并承担相应的责任。国有资产管理体制的改革要遵循企业发展规律和市场经济运行规律，坚持政企分开和政资分开，坚持责任、权利和义务相统一，坚持约束机制和激励机制相结合，让国有企业成为依法自主经营、自负盈亏、自担风险、自我约束和自我发展的独立市场主体。国有企业改革应当探索建立国家优先股和特殊管理股的制度，进一步明确国有股东的权利和职责。国有企业要自觉履行社会责任并争取成为表率。

（三）政企分开

政企分开即理顺政府与企业之间的关系，具体包括：一是政府与企业的地位分开；二是政府与企业人员的身份分开；三是政府与企业的职能分开；四是政府与企业的行为规范分开。国有资产管理体制改革要求建立健全的法人治理结构和完善的市场化运营机制。国有企业按照市场原则自主经营，自己决定员工的聘用、收入和职位调整，在市场经济中优胜劣汰。履行社会公共管理职能的部门与国有资产监管部门相分离，国有资产监督不干预企业的经营。国有企业根据战略定位和发展目标分为商业类和公益类进行管理，商业类国有企业根据市场原则实行商业化运作，只追求经济目标。

（四）管理科学

管理科学即建立起所有者、经营者和生产者之间，以及权力机构、决策机构、经营机构和监督机构之间既相互独立又相互制约的制衡关系，即通常所说的公司法人治理结构。国有企业改革要求建立健全公司法人治理结构和完善的市场化运营机制。国有企业推行职业经理人制度，董事会按市场化方式选聘和管理职业经理人，根据情况使用选任制、委任制、聘任制等不同选人用人方式，实行任期制和契约化管理。对企业的经理层实行退出机制，明确其责任、权利和义务，实时任期管理和目标考核。

二、现代产权制度理论

现代产权制度是构建现代企业制度的重要基础，是完善基本经济制度的内在要求。当前国有资产管理体制改革中面临的一些矛盾和问题，都直接或间接与产权有关。建立和完善现代产权制度能够保障国民经济实现持续快速健康发展以及社会经济的有序运行。十六届三中全会第一次提出现代产权制度的概念及基本特征，明确指出"这是完善基本经济制度的内在要求，是构建现代企业制度的重要基础"；十七大报告提出以现代产权制度为基础，发展混合所有制；十八届三中全会明确提出完善产权保护制度；《十三五规划纲要》指出"推进产权保护法治化，依法保护各种所有制经济权益"。现代产权制度的主要内容包括：

（一）归属清晰

市场经济下的产权具有多元性，实行归属产权和运营产权的分离。对于资产的终极所有者来说，凭借归属产权可以获得资产收益；对于资产的实际运营者来说，可以凭借运营产权获得运营收益。从一般的意义上说，产权指的是建立在一定生产资料基础上的财产归属权利和行为权利（运营权利）。古典产权是两者的统一，现代产权的特征是两者的分离，即资产归属产权和资产运营产权的分离。对资产的最终所有者来说，凭借归属产权（或终极所有权）可以获得资产收益，而对资产的实际运营者来说，凭借运营产权可以获得运营收益，二者相得益彰。

"产权清晰"实质上指的是"归属清晰",因为实际上需要"明晰"的主要是产权归属。在现代市场经济条件下产权是多元化的,相对说来需要"明晰"的主要是国有产权,即明确国有资产保值增值责任者的问题,因此要建立"分级所有、分级管理、授权经营、分工监督"的国有资产管理体制。国有资产管理体制改革应进一步优化国有资产监管的手段和方式,实现经营性国有资产的集中统一监管,实现国有资产的有效监管并提高监管的科学性和针对性。

(二) 权责明确

产权的行为性要求做到权、责、利的统一,各种具体的产权(如物权、债权、股权和知识产权等)都包括权责和利益的两个方面:权责规定了产权主体的权能和职责,利益规定了产权主体的收益,它们之间相互依存并相互制约。国家是国有资产的最终所有者,依据股权多少享有所有者权益,如收益权、重大决策权和选择经营者等权力,同时承担相应的责任;企业则享有运营资产的权利,成为独立的法人实体和市场竞争主体,实现自主经营、自负盈亏、自我约束和自我发展,并承担照章纳税、合法经营、资产保值增值等责任。在公司制条件下,国家作为出资人不能直接从事企业运营。国有资产管理体制改革必须要切实保障企业的法人财产权和经营自主权,不断激发企业的活力、创造力和竞争力。国有资产管理体制改革包括国有资产监管机构和职能的调整,以产权关系为纽带,落实国有资产监管机构的各项法定职责。

(三) 保护严格

保护严格即依法严格保护各种产权主体的资产不受侵犯。产权具有排他性,各产权主体都有独立行使该项产权的权利,不容他人侵犯。严格保护各种产权,既维护公有财产的权利,巩固公有制经济的主体地位,又保护私有财产的权利,支持非公有制经济的发展,坚持和完善公有制为主体、多种所有制经济共同发展的基本经济制度,实现经济社会的可持续发展。国有资产管理体制改革要加强对国有企业的监管,完善企业内部监督和外部审计体系和国有资产信息公开制度，切实防止国有资产的流失。

（四）流转顺畅

交易性和流通性是产权的重要特征，各种产权应在不同市场主体之间有偿转让或流转，从而实现资源的优化配置。产权可在流转中得到有效配置，资产可在流动中获得增值，从而重新调整利益分配格局。国有产权流转并不一定就是国有资产流失，虽然不排除在资产转让过程中出现过国有资产流失的现象，但严格说来并不是产权流转的问题，却正说明产权流转不规范，需要通过深化产权改革加以调整。产权顺畅流转需要解决五个问题：一是流转主体的多元化，即流转主体不仅是非国有经济，而且应该包括国有企业；二是流转形式的多样化，产权流转可以是局部流转也可以是整体流转，流转可以在非国有经济之间进行也可以在非国有与国有经济之间进行，可以通过控股和参股的方式进行，也可以通过非证券化的方式进行；三是流转程序规范化，特别在资产评估等环节进行严格规范；四是流转收入处置规范化，主要是妥善解决企业职工的安置问题，可以考虑将部分国有资产流转收入用于职工安置；五是流转机构的股份制，产权流转机构（如产权中心）最好实行股份制，同时逐渐形成区域联网乃至全国联网，以促进产权流转的顺畅进行。

三、公司治理理论

现代企业制度的主要特点是比较彻底地实现了所有权和经营权的分离，具体来说既有出资人所有权与法人财产权的分离，还有企业法人财产权与企业经营权的分离。所有权与经营权的分离产生了企业所有者与经理层之间的委托—代理关系。同产权关系一样，委托—代理关系是现代企业中的一种最重要的经济关系。凡是存在分权和授权的组织，在权力授予者与接受者之间都会出现委托—代理关系。公司治理是通过构造合理的企业内部治理结构和打造有效的治理机制来最大限度地解决公司各种治理问题，实现公司价值的最大化。

国有资产管理体制改革所关注的代理问题主要是研究资本所有者和经营管理者之间的委托—代理关系。所谓"代理问题"就是代理人为了自身的利益而侵害委托人的利益。代理人能够侵害委托人利益的主要原因是信息不对称，企业所有者不能像经理层那样掌握企业运行的各种信息，因此经理层可以凭借信息优势为使自己的利益最大化而不惜牺牲企业所有者的利益。事前信息不对称造成的机会主义行为被称作逆向选择，事后信息不对称造成的机会主义行为被称作道德风险。在现代企业的委托—代理关系中，为了解决代理问题可以采用两类制度安排：一是企业内部的制度安排即公司法人治理结构。企业所有通过董事会建立起对经理层的激励和约束机制，利用年薪制、股票期权等对经理层进行激励，使其节约成本努力工作。二是企业外部的市场安排。经理人市场或管理者市场的存在对经理层的行为具有很强的激励和约束作用，借助于经理人市场，所有者或委托人可以选择最优秀、最合适的经营者或代理人。进行企业所有权交易的资本市场能够产生价格信号反映出经营者的努力和称职程度，从而实现对经理层的激励和约束。

（一）公司法人治理结构

公司法人治理结构是公司制的核心。建立规范的公司法人治理结构，是建立现代企业制度的关键。党的十五届四中全会提出要形成各负其责、协调运转、有效制衡的公司法人治理结构。十八届三中全会提出健全协调运转、有效制衡的公司法人治理结构。我国公司法人治理结构主要包括：

（1）股东大会是公司的最高权力机构。有权选举和罢免董事会和监事会成员，制定和修改公司章程，审议和批准公司的财务预决算、投资以及收益分配等重大事项。

（2）董事会是公司的经营决策机构。其职责是执行股东会的决议，决定公司的生产经营决策和任免公司经理等，其成员由股东代表和其他方面的代表组成，董事长由董事会选举产生。

（3）总经理或经理层负责公司的日常经营管理活动。对公司的生产经营进行全面领导，依照公司章程和董事会的授权行使职权，对董事会负责。总经理由董事会聘任，而不是上级任命，董事和经理的人事和工资关系均脱离国家行政序列。

（4）监事会是公司的监督机构。由股东和职工代表按一定比例组成，对股东大会负责。监事会依法和依照公司章程对董事会和经理行使职权的活动进行监督，防止滥用职权。为了保证监督的独立性，监事不得兼任公司的经营管理职务。

（5）在我国建立现代企业制度，要发挥企业党委会的政治核心作用，保证党和国家方针政策的贯彻落实。同时，要发挥工会、职工代表大会的作用，充分保证广大职工的权益，不断增强职工群众的主人翁责任感，充分调动他们的积极性和创造性。

完善我国的国有资产管理体制要以董事会建设为重点建立和完善权责对等、运转协调并且有效制衡的决策执行监督机制，充分发挥董事会的决策作用、监事会的监督作用并且合理规范董事长和总经理行权行为。国有企业公司治理改革的主线就是要从"政府控制为主"向"企业自治为基础"转变，其中董事会在现代公司治理中发挥核心作用。董事会的机构建设与机制建设相辅相成，机构建设为机制建设创造条件，机制建设也带动机构的完善。通过制度建设让国有企业实现规范的公司治理，杜绝董事会形同虚设和"一把手"说了算的现象。国有企业的董事会和监事会应当有来自职工的代表，外部董事应占董事会中的多数，实现董事会内部的制衡约束。改进董事会和董事评价办法，强化对董事的考核评价和管理，对重大决策失误负有直接责任的要及时调整或解聘，并依法追究责任。

（二）公司外部治理机制

国有企业改革要完善对企业经营者的激励与约束机制。根据现代企业理论，风险与收益的对称关系在企业中表现为剩余索取权与剩余控制权的分配。如果经营者的行为及其努力程度无法完全预测，赋予经营者对剩余成果的索取权是使其为企业价值最大化而努力的最佳方式，或者至少通过参与企业剩余的分享来提高其对所有者利益的关心，这就是股权激励的基本含义。但股权本身并不能避免经理人员采取损害企业长远利益来获得股价的短期上升，或者放弃长期有利但对近期股价不利的发展计划。消除这种短期行为的有效办法，是在经理人员的报酬结构中引入反映企业价值增长的远期因素，因此，金融衍生市场中的期权被运用到企业的股权激励机制中。股票期权是给予经理人员在将来某个时间购买企业股票的权利，从期权中获利的条件是企业股票价格超过其行权成本即股票期权的执行价格，并且股价升值越大获利越多。经理股票期权正是适应这一要求而形成的特有的对管理者的激励机制。

在以现代企业制度为基础的市场经济体系中，运行良好的资本市场能够提供有效的外部公司治理机制解决股东与管理层之间的代理问题。股东通过资本市场来解决两权分离造成的委托—代理问题。

第一，完善职业经理人市场的竞争机制。股票的市场价格是一个企业经营近期经营状况的最直接反映。如果经理人努力为股东赢得利益，那么投资者购买该公司股票的愿望增强，公司的股票价格将不断上升；如果管理者为了自身利益损害股东利益的话，投资者会抛售该公司股票，股票价格下跌会降低敌意公司收购的成本，这实际上增加了竞争对手通过资本市场进行恶意收购的机会。在竞争激烈的经理人市场，一旦公司被收购，原有经理人员很难保住一席之地，因此公司经营的好坏与经理人的自身利益切实联系了起来，经理人也只能认真做好管理工作，完成董事会的目标。

第二，增强资本市场的股东监督职能。股权越集中，股东在公司治理方面发挥的积极作用越大，代理成本越低。一般而言，中小股东由于相关的利益有限，对公司经营监督的动机不强，公司监督治理通常是由大股东来完成的。大股东的持股比例越大，股权越集中，大股东的投票权和影响力越大，对经营管理层的监督力度越大，从而降低管理层的机会主义道德风险和委托代理冲突。外部资本市场对公司治理的影响机制表明，应当实行国有企业员工持股制度，员工持股有利于建立激励和约

束的长效机制，特别是对企业经营业绩和持续发展有直接或较大影响的
科研人员、经营管理人员和业务骨干应当适当持有股权。公司治理外部
安排的恶意收购机制表明，国有资产管理体制改革还应建立健全股权流
转和退出机制，健全完善国有资本合理流动机制。经营性国有资产集中
统一监管有助于实现国有股东对经营者的有效监管，应逐步将党政机
关、事业单位所属企业的国有资本纳入经营性国有资产集中统一监管
体系。

第二节　国有资产管理的方法

一、国有资产的产权管理

国有资产的产权管理是国有资产所有者和占有使用者或者其委托机
构以国有资产所有权和占有使用权为依据，对国有资产的占有、使用、
收益分配和转让处置以及对国有资本金投入形成的各种资产的运营过
程，进行计划、组织、协调和监督的总称。国有产权管理，可以划分为
直接管理和间接管理两类：直接管理是指国有产权管理主体，直接以国
有产权作为管理客体或对象实施管理，如国有产权的转让，出售管理国
有股的交易管理等；间接管理是指国有产权管理主体运用产权手段，对
国有资产的运营过程实施管理，如通过制定国有资产管理法律、法规和
政策制度，规定所有者、占有使用者、运营者和经营者的权利、义务和
责任，对国有产权实施间接管理。

国有产权管理的基础是落实产权制度，即确立出资者的产权主体的
法律地位，建立国有资产的授权经营体制，保障国家所有权和占有使用
权，落实企业的经营使用权，同时健全企业法人财产制度，即企业作为
法人财产的主体能够独立支配其财产并以法人财产自负盈亏、独立承担
财产责任。国有产权管理的目标一方面是提高资源配置效率，即通过产

权转让、出售划拨、股票交易等手段促进国有资产合理流动和优化组合，实现优化产业结构和国有资产的最佳配置；另一方面是实现国有资产的保值增值，即通过制定国有资产保值增值考核目标落实企业生产经营责任制和提高企业经济效益，确保国有资产的安全与保值增值。

二、国有资产的投资管理

国有资产的投资是指将国家的资金和财产投入到物质生产领域，进入商品和劳务生产经营过程的活动。国有资产的投资管理是指对投资主体的确认、资本金的筹集投资规模和投资方向的确定以及对投资过程进行决策、规划、组织、协调、监督和控制等活动的总称。

国有资产的投资管理能够奠定国民经济的物质技术基础，国有资本的投入规模和方向，直接影响着国有经济的发展速度和国有资产的运营效益。国有资本的投入是国有经济发展的前提，国有经济的发展壮大使国有经济在国民经济体系中发挥主导地位。国民经济的协调发展需要合理的产业结构，而合理的产业结构如果单方面依靠市场的自发调节则要经历很长的时间，通过国有资产的投资管理能够相对迅速地调整产业结构。国有资产的投资管理还有助于增加财政收入，国有资本的投入一方面是国家主权所有的一般生产条件与商品生产经营结合起来，为国家税收提供了财源，另一方面是生产资料和劳务相结合，为增加投资收益提供了条件。

三、国有资产的收益管理

国有资产收益是国家凭借国有资产所有权和占有使用权所应获得的投资回报的总称，包括经营利润、租金、股息、红利、资产占用费等收入形式。国有资产的收益管理是指对国有资产收益的所有权主体、占有使用权主体、监督管理权主体和经营执行权主体进行确认并将国有资产收益在国有资产所有者、占有使用者、监督管理者、经营执行者和生产者的利益主体之间进行合理分配而进行的组织、指挥、协调、监督和控制等活动的总称。

国有资产的收益管理的内容包括：一是合理确定国有资产收益在国家和企业之间的分配比例、国有资产收益上缴政府的比例、用于企业扩大再生产的积累和用于职工个人、集体消费的消费基金的比例；二是确保国有资产所有者获得投资收益，占有使用者获得红利收益，通过对国有资产收益进行科学的确认，确定国有资产收益的解缴渠道，监督国有资产收益的解缴，防止国有资产收益的流失；三是合理使用企业留利，企业留利的所有权仍属于国家，因此应当对企业留利的使用进行监督。

四、国有资产的处置管理

国有资产处置管理是指对国有资产所有权和国有资产占有使用权进行处置以及对国有资产形态变化等经营处置和技术处置所进行的组织、指挥、协调、监督和控制等活动的总称。国有资产处置按其内容可分为产权处置和经营性处置两类。产权处置是指对国有资产的管理权、经营权的处置，国家通过行政授权委托特定的管理主体和经营主体，对国有资产行使所有者赋予的管理权和经营权；经营性处置是国有资产经营者为提高国有资产经营效益，对国家授予其经营的国有资产进行配置、重组、处理等具体的支配活动。

国有资产的处置管理促进国有资产的合理流动，并确保国有资产的安全和防止国有资产的流失。国有资产处置管理的内容包括：一是为了优化产业结构，促进国有资产所有权和占有使用权的转移，使生产要素重新组合进而实现产业结构的调整；二是建立竞争机制，企业破产、拍卖兼并是市场竞争的结果，国有产权的流动有助于使企业感到市场竞争的压力，促使企业加强经营管理，提高经济效益；三是提高资产质量，企业要提高经济效益，必须保证资产处于完整高效运转状态，因此技术改造、维修养护、充分利用资产是国有资产处置管理的重要内容。

第三节　国有资产管理的改革思路

一、指导思想

我国的国有资产管理体制改革要坚持社会主义市场经济改革方向，坚持完善社会主义基本经济制度，尊重市场经济规律和企业发展规律，正确处理好政府与市场的关系。具体来说，第一，坚持高举中国特色社会主义伟大旗帜，坚持中国共产党的领导，坚持社会主义基本经济制度和市场经济改革方向。第二，坚持发挥市场机制在资源配置中的决定性作用，减少使用行政手段替代市场手段，坚持政企分开和政资分开的改革方向，推动履行社会公共管理职能的部门与企业脱钩，确立国有企业的市场主体地位。第三，坚持提升国民经济效率，促进国民经济持续稳定健康发展，要利用国有经济的影响力推动社会主义市场经济体系和现代企业制度的完善，进而推动中国特色社会主义事业的建设和发展。第四，坚持以管资本为主加强国有资产监管，推进国有资产监管机构职能转变，真正确立国有企业的市场主体地位，要放大国有资本的功能并且要实现国有资本和民间资本的取长补短和相互促进，推动国有企业与民营企业的共同发展。

国有资产管理体制改革的根本目标是要完善和发展中国特色社会主义制度，根本任务是解放和发展生产力，提升社会生产的数量和质量以满足整个社会的物质和文化需要。具体来说，当前我国的国有资产管理体制改革有以下几个目标：第一，巩固社会主义经济制度。随着经济社会的发展和技术文化等条件的改变，国家掌控和经营国有资产的方式必然要与时俱进，不断地改革以服务于社会主义事业的需要。第二，促进社会主义市场经济发展。通过国有资产管理体制改革健全国有企业的现代企业制度使其成为合格的市场主体，以符合我国基本经济制度和社会主义市场经济发展的要求。第三，实现国家治理的现代化。通过国有资产体制改革，培育更多具有核心竞争力和国际影响力的骨干企业，增强国有资本对社会经济的贡献程度，推动社会主义现代化事业的尽快实现。

完善国有资产管理体制是全面深化改革的一个有机组成部分，国有资产管理要促进国有经济的有效运行，规范和协调国民经济发展中所涉及的复杂社会经济关系，提升国有资产经营的效率。以管资本为主加强国有资产监管，要真正确立国有企业的市场主体地位，推进国有资产监管机构职能转变，改革国有资本授权经营体制，适应市场化、现代化、国际化新形势和经济发展新常态，不断增强国有经济活力、控制力、影响力和抗风险能力。

二、基本原则

国有资产管理体制改革要尊重市场经济规律和企业发展规律，正确处理好政府与市场的关系。以管资本为主加强国有资产监管，要真正确立国有企业的市场主体地位，推进国有资产监管机构职能转变，改革国有资本授权经营体制，适应市场化、现代化、国际化新形势和经济发展新常态，不断增强国有经济活力、控制力、影响力和抗风险能力。具体来说，当前我国的国有资产管理体制改革要遵循以下几个原则。

（一）坚持权责明确

实现政企分开、政资分开，依法理顺政府与国有企业的出资关系，实行所有权与经营权分离的现代企业制度。切实转变政府职能，依法确立国有企业的市场主体地位，建立健全现代企业制度。推动履行社会公共管理职能的部门与企业脱钩，实现经营性国有资产集中统一监管。

（二）坚持突出重点

按照市场经济规则和现代企业制度要求，以管资本为主，以资本为纽带，以产权为基础，提高资本收益、维护资本安全、管好国有资本布局、规范资本运作。注重通过公司法人治理结构依法行使国有股东权利。

（三）坚持放管结合

按照权责明确、监管高效、规范透明的要求，推进国有资产监管机构职能和监管方式转变。国有经济运行市场化与国有经济管理间接化相结合，增强国有经济活力，提高国有资本的投资和运营效率，切实防止国有资产流失，保证国有资产保值增值；建立科学的企业业绩考核指标体系，不断完善分类考核制度，提高国有资产管理考核指标的导向性和针对性。

（四）坚持协调发展

处理好改革、发展、稳定的关系，突出改革和完善国有资产管理体制的系统性、协调性，以重点领域为突破口，先行试点，分步实施，统筹谋划，做好相关配套改革措施。落实国有资产监管机构的各项法定职责，完善国有资产监管机构的职能。健全国有资产监管法规体系，围绕进一步规范政府、国资监管机构与国有企业之间的关系，健全国家出资企业投资管理、财务管理、产权管理、风险管理等专项管理制度。

三、实施路径

在明确了国有资产管理体制改革的指导思想和基本原则后，我国国有资产管理改革的具体推进可以通过以下几个路径来实施。

（一）推进国有企业的分类改革

根据国有资本的战略定位和发展目标以及国有企业在经济社会发展中的作用特点，将国有企业分为商业类和公益类，不同类型企业的改革内容、发展方向、监管重点和责任考核都要有所不同。商业类国有企业应当按照市场化要求实行商业化运作，主要目标设定为增强国有经济活力、放大国有资本功能和实现国有资产的保值增值。公益类国有企业在运营管理中可以引入市场机制以提高公共服务效率和能力，但必要的产品或服务价格可以由政府调控，主要目标设定为保障民生、服务社会、提供公共产品和服务。

（二）推进公司制和股份制改革

现代企业制度的规范形式是所有权与控制权相分离的法人企业，即有限责任公司和股份有限公司。股份制有利于集中社会各个方面的资金，实现资本的集聚，满足大型工程和建设项目对巨额资金的需求，有利于维护各方面的利益，调动各方面特别是广大劳动者投资创业的积极性，同时有利于实现政企分开和政资分开，避免政府对企业不必要的行政干预，使企业成为独立的市场竞争主体。国有企业公司制和股份制改革的工作重点是大力推动国有企业改制上市，在充分竞争行业和领域的国有企业，原则上都要实行公司制股份制改革，积极引入其他国有资本或各类非国有资本实现股权多元化。

（三）健全公司法人治理结构

公司治理是通过构造合理的企业内部治理结构和打造有效的治理机制来最大限度地解决公司各种委托代理问题，实现公司价值的最大化。国有企业在产权多元化的基础上，应建立股东大会作为企业的最高权力机构，充分发挥董事会的决策作用、监事会的监督作用，目标是形成股权结构多元、股东行为规范、内部有效监督、运行灵活高效的经营机制。国有企业公司治理改革的主线就是要从"政府控制为主"向"企业自治为基础"转变。

（四）完善对企业经营者的激励与约束机制

在国有企业管理人员的报酬结构中引入反映企业价值增长的远期因

素，可以使用股权和股票期权来对企业管理人员进行激励。同时利用职业经理人市场的竞争机制，推进国有企业委托代理问题的解决。公开上市交易形成的股票价格能够反映经营者管理企业的努力程度，特别是在公司面临敌意收购时，经营者必须努力工作以提高公司股票价格，因此公司经营的好坏与经理人的自身利益切实联系了起来，经理人只能认真做好管理工作，完成董事会的目标。国有企业也可以实行员工持股制度，特别是对企业经营业绩和持续发展有直接或较大影响的科研人员、经营管理人员和业务骨干应当适当持有股权。

（五）利用资本市场的股东监督职能

企业的股权越集中，股东在公司治理方面发挥的积极作用越大，委托代理问题相对越小。外部资本市场对公司治理的影响机制表明，国有企业应当推进股份制改革，推动国有企业上市。经营性国有资产集中统一监管有助于实现国有股东对经营者的有效监管，应逐步将党政机关、事业单位所属企业的国有资本纳入经营性国有资产集中统一监管体系。国有资产管理体制改革还应加快建立健全股权流转和退出机制，健全完善国有资本合理流动机制。

（六）完善各类监督机制

监督国有资产安全和防范国有资产流失的关键在于建立完善权责对等、运转协调、有效制衡的决策执行监督机制，包括内部监督、外部监督和社会监督机制。完善的内部监督应具备完善的企业内部监督体系，监事会、审计、纪检监察、巡视以及法律、财务等部门的监督职责明确。外部监督的目标是健全国有资本审计监督体系和制度，以及对企业国有资本的经常性审计制度，实现出资人监管、外派监事会监督和审计、纪检监察、巡视等监督力量高度整合，监督工作会商机制运行流畅。社会监督要实现国有资产和国有企业信息公开制度完善，设立统一的信息公开网络平台，依法依规、及时准确披露国有资本整体运营和监管、国有企业公司治理以及管理架构、经营情况、财务状况、关联交易、企业负责人薪酬等信息，使媒体舆论监督作用得到充分发挥，能够有效保障社会公众对企业国有资产运营的知情权和监督权。

四、国有资产管理机构的职能定位

国有资产监管机构作为政府直属特设机构，根据授权代表本级人民政府对监管企业依法履行出资人职责，贯彻政企分开的原则，专司国有资产监管，不行使政府公共管理职能，不干预企业自主经营权。国有资产监管以管资本为主，重点管好国有资本布局、规范资本运作、提高资本回报、维护资本安全，更好地服务于国家战略目标，实现保值增值。国有资产管理要遵循市场机制，规范调整存量，科学配置增量，优化国有资本布局结构。对国有企业依据其功能定位进行分类监管，在战略规划制定、资本运作模式、人员选用机制、经营业绩考核等方面，实施更加精准有效的监督和管理。综合考核资本运营质量、效率和收益，以经济增加值为主，并将转型升级、创新驱动、合规经营、履行社会责任等纳入考核指标体系。推动监管企业不断优化公司法人治理结构，规范董事会运作、严格选派和管理股东代表和董事监事，将国有出资人意志有效体现在公司治理结构中。加强和改进外派监事会制度，建立健全国有企业的责任机制。按照事前规范制度、事中加强监控、事后强化问责的思路，更多运用法治化、市场化的监管方式，改变行政化管理方式，优化监管流程，提高监管效率。建立健全国有资产监管的信息公开制度，通过统一的信息公开网络平台，依法及时准确披露国有资产的运营和监管情况。

五、国有资本授权经营体制

以提升国有资本运营效率、提高国有资本回报为主要目标，建立国有资本运营公司，通过价值管理和股权运作等方式，促进国有资本的有序进退，保证国有资产的保值增值。以服务国家战略、提升产业竞争力为主要目标，改组设立国有资本投资公司，通过开展投资融资、产业培育和资本整合等方式，推动产业培育和转型升级，优化国有资本的布局结构。政府授权国有资产监管机构依法对国有资本投资、运营公司履行出资人职责。国有资产监管机构明确对国有资本投资和运营公司授权的内容、范围和方式，依法落实国有资本投资和运营公司董事会职权。国有资本投资和运营公司作为市场化运作的专业平台，对其出资企业行使股东的权利和职责，依法维护股东权益。国有资本投资和运营公司按照责权对应原则切实承担起国有资产保值增值的任务，切实履行好出资人的职责，国有资本投资和运营公司对企业的投资以财务性持股为主，主要通过财务管控模式重点管好国有资本流动和增值，也可以对战略性核心业务控股，通过以战略目标和财务效益为主的管控模式，重点管好所出资企业执行公司战略和资本回报状况。

六、国有资本的布局和运营

国有资本的布局要坚持以市场为导向，实行有序进退、有所为有所不为。按照国有资本布局结构调整要求，国有资本应当向涉及国计民生和国家安全的重要行业和关键领域集中，向提供国民装备的重点基础设施和前瞻性战略性产业集中，向能够提高国际竞争力的产业链关键环节和价值链高端领域集中。优化国有资本的布局结构要提高国有资本的流动性，清理退出一批、重组整合一批、创新发展一批国有企业，根据市场优胜劣汰的原则建立健全市场化退出机制。及时处置低效无效资产，淘汰和化解落后产能和过剩产能，增强国有经济的整体功能和提升国有经济的运行效率。推动国有企业加快技术创新、管理创新和商业模式创新，使国有资本向拥有核心竞争力的优势企业集中。国有资本控股经营的自然垄断行业改革，应该根据其行业特点适时适当放开竞争性业务，实现国有资本和民间资本更好融合。国有资本收益分配时要综合考虑经济社会发展的规划和产业政策的落实情况。国有资本收益和国有企业股权可以根据需要部分划转社会保障基金管理机构，用于弥补养老等社会保障资金的缺口。

七、国有资产管理的协调发展

健全国有资产监管法律法规体系，做好相关法律法规的立改废释工作，出台相关配套法规，为完善国有资产管理体制夯实法律基础。推进政府职能转变，实现政企分开和政资分开，进一步减少行政审批事项，明确区分政府公共管理职能与国有资产出资人管理职能。自然垄断型行业实行网运分开和特许经营，行政性垄断行业实行成本公开并充分发挥社会监督作用。国有资产管理体制改革的同时，做好价格机制改革，主要由市场发现和形成价格，规范和限制政府定价行为。在国有资本流动过程中，要完善国有企业退出的相关政策，明确国有企业改制重组过程中产权关系和责任，做好社会保障工作和转岗培训工作。按照依法依规、分类推进、规范程序、市场运作的原则，逐步将党政机关和事业单位所属企业的国有资本纳入经营性国有资产集中统一监管体系。经营性国有资产要实行集中统一监管，具备条件的进入国有资本投资和运营公司。

第四节　国有资产管理的评价指标

一、设定原则

适应国有资产管理体制改革的要求，设计指标体系要考虑到以管资本为主并结合国有资本的性质特点和功能作用。具体来说，国有资产管理指标体系的构建要遵循以下几个原则。

（一）相关性原则

评价内容应与国有资产管理体制改革的目标要求密切相关，所设置指标应有助于评价国有资产管理的绩效情况，既要体现数量信息又要反映出质量情况，能够比较全面系统地覆盖国有资本的收益、安全、布局和运作等内容。设置指标体系时既要考虑到涵盖影响国有资产管理的主要方面，还应考虑指标之间的系统性和联系性。

（二）可操作性原则

设置评价指标时应对获取指标数据的成本和指标使用的收益进行权衡。选择指标时要考虑到有关数据是否能够被容易地获取，如果获取指标数据所花费的时间和经济成本过高，应寻求成本较低指标予以替代。此外，指标体系过于全面将使评价没有侧重，应当围绕管资本来设置国有资产管理的指标体系。

（三）客观稳定原则

所设置指标应该能够比较客观地反映管资本为主的国有资产管理的情况和绩效，尽量采用客观性的统计和财务数据来进行指标的评定，控制定性指标主观评定带来的不确定性，更多采用标准客观的定量指标。国有资产管理指标体系应具有稳定性，短期内不宜频繁改变。稳定性有利于相关指标的跨期分析比较，但也不是一成不变，指标体系的具体内容也可以随经济环境、产业结构和国家战略的改变而进行增减变化。

二、指标体系

管资本为主的国有资产管理体制重点在于监管国有资本的运营状况，因此评价指标从国有资本收益、国有资本安全、国有资本布局和国有资本运作这四个方面来进行选择，见表 3-1。

表 3 – 1　　　　　　　　　　国有资产管理指标体系

序号	一级指标	二级指标
1	资本收益	总资产报酬率 净资产收益率 国有资本保值增值率
2	资本安全	营业收入变化率 财务杠杆比率 资产收入率
3	资本布局	国有资本的行业分布 关键领域控股比例 前瞻性行业国有资产占比
4	资本运作	成本利润率 管理费用率 世界 500 强数量

（一）资本收益

资本收益是国有资产管理绩效评价的重要部分。国有资本需要实现必要的收益，才能巩固和发展国有经济的基础，实现国有资本的各项功能。同时，资本收益也是资本安全、资本布局和资本运作等国有资产管理活动的重要参考标准。国有资本的收益源自于国有企业所创造的收入，并且资本收益最终累积为国有企业的所有者权益。反映国有资本收益水平的主要是各种比率性指标：总资产报酬率反映国有企业创造收入的能力，是国有企业利润总额与资产总额的比率，从总体上反映国有企业的经营绩效；净资产收益率反映国有资本实现当期收益的能力，是国有企业利润总额与所有者权益的比率，反映国有资本的运营效果；国有资本保值增值率反映国有资本价值的总体增长能力，是国有企业所有者权益的增长比率，反映国有资本总体上的发展状况。

（二）资本安全

国有资本安全是实现国有资产管理目标的保障。国有资本安全一方面表现为国有资本的稳健运营，避免风险造成国有资本的损失；另一方面体现为防止国有资产流失的监管能力，切实防止对国有资产的非法侵占和国有资产的浪费。国有企业的经营风险可能造成国有资本的损失，从而危及国有资本的安全。国有企业营业收入波动率和财务杠杆比率两个指标来反映国有资本的风险水平。营业收入的不确定性可能造成利润的减少进而造成资本的损。财务杠杆比率是企业资本与企业负债的比率关系，一方面反映企业利润变化对国有资本收益影响程度的大小，另一方面反映国有企业出现财务困境的可能性，通常用来评价资本的安全程度。对国有资产流失的考察主要关注国有资产收入的流失，因此使用资产收入率即营业收入与资产总额的比率来评价国有资产流失的状况，国有资产收入流失得越多，资产收入比就越小。

（三）资本布局

国有资本布局是国有资产管理的重要内容。国有资本布局应该围绕国家战略目标和国家产业政策的总体要求进行，国有资本重点投资的方向和领域由国有资本的性质决定。通过观察各行业的国有资本数量占国有资本总量的比例即国有资本的行业分布，可以分析国有资本的总体行业布局情况；通过分析各行业内的国有资本数量与该行业企业资本金总量的比例即国有资本在该行业内的比重，也可以得出国有资本的布局结构特点。国有资本布局要服从国家战略目标、保障国家安全，国有资本应向关系国家安全、国民经济命脉和国计民生的重要行业和关键领域以及重点基础设施集中。关键领域国有资产的控股比例可以反映国有资本服务国计民生的情况。在战略性前瞻性行业领域中的国有资本运营情况可以反映国有资本在产业培育和产业升级中的带动作用，使用战略性前瞻性行业中国有资产所占行业资产的比重用来反映国有资本进行产业培育和产业扶持的能力。

（四）资本运作

资本运作是实现国有资产管理目标的途径和手段。通过资本运作即投资融资、股权运作、价值管理等市场化运作手段，重组整合优质国有资产，提高国有企业的竞争力和国际影响力；同时处理低效无效资产和落后产能，提高国有资产的运营效率和效益。资本的良好运作体现为企业的竞争力水平，企业的成本利润率是反映企业竞争力的重要指标，是企业运营成本与营业收入的比率，成本利润率越高说明企业资产的效益水平和核心竞争能力越强。企业的管理费用率是反映企业的运行效率的指标，是企业管理费用与营业收入的比率，用来反映国有资本的整合能力和整合效果，成功的资本整合能够降低企业的管理费用率。国际影响力也是国有资本运作的目标和结果，国有企业进入世界企业 500 强的数量可以用作反映国有资本运作能力的指标。

三、评定方法

合理的权重构成是影响评价结果的重要因素，分配权重是指标体系评估的一个基本步骤。指标体系中的权重反映各个指标的相对重要程度。在多指标的评价体系中，需要根据指标的重要程度不同来确定各个指标的权重数值。设置指标权重的主要方法有专家排序法、专家咨询法（Delphi）、层次分析法、秩和比法（RSR）、主成分分析法、因子分析法和相关系数法等。这些方法可以概括为主观赋权法和客观赋权法两大类。专家排序法和专家咨询法等主观赋权法需要依靠专家对指标内容的评价来设定指标的权重，因子分析法和相关系数法等客观赋权法是通过数理的运算来确定不同指标的权重。

指标评价体系的综合评分是由各个指标的分值及其权重综合计算所得。首先按照评价标准对每个指标进行做出合理判断，得出各个具体指标的分值。由于下层指标是上层指标的分解与细化，而上层指标是下层指标的汇总及综合，因此要得到较高层次指标的评价结果，需要对较低层次的指标做出评价，再根据指标所占权重计算上一层指标的评价分数，由此计算出整个指标体系的综合得分。

第二篇

国有资产管理与
经济发展

第四章

理解资本成本的概念

第一节　公司财务中的资本成本

资本成本在传统上是个微观概念，主要用于微观金融领域的公司财务管理。资本成本从字面上理解就是企业筹集和使用资本所需支付的成本。对于资本成本有两种理解：一种理解是实际成本即企业为了筹集和使用资本所实际发生的支出，如发行费用和股息支出等；另一种理解是机会成本即资本所有者的要求回报率就是企业的资本成本①。

从企业的角度来说，如果一个企业没有向股东支付现金股息，那么这个企业是在免费使用股东提供的资本吗？股东获得回报有两个途径：一是获得股息收入；二是股票溢价。企业的所有者对其投入企业的资本有一个最低的回报率要求，如果达不到这个要求就会撤资转投他处。企业可以不向其股东支付现金股息，但是必须让股东相信未来股价的上涨能给股东带来足够的收益②。如何让股东相信企业的股票价格会上涨

---

① 广义上来说，企业的资本包括债权资本和股权资本，由于债权资本所有者并不参与企业的投资决策，因此我们主要关注的是股权资本成本。

② 企业有了盈利但不支付股息，这在公司财务上被称作"内部融资"——股东认为企业未来投资的收益率将大于股东所要求的收益率，因此决定将股息留在企业。

呢？这依赖于企业的经营状况，具体地说就是企业的资产收益率要不低于资本所有者的要求回报率。只有企业的收益率高于投资者要求的回报率，企业的价值在投资者看来才会增加，企业因此才能获得资本的投入。我们可以这样说，资本成本是企业为了吸引所需资金而在投资时所必须达到的报酬率，或者说企业的资本成本就是投资者的要求回报率。

资本的成本实质上就是企业使用资本所需支付的价格。跟普通商品的价格一样，资本的成本水平是由市场力量决定的，但是资本不像普通商品那样具有直观的价格，资本成本是隐性成本或者说机会成本，它并不是真实发生的财务支出，不能简单地等同企业的实际支出。莫迪格莱尼和米勒（Modigliani & Miller，1958）系统化地提出了资本成本理论，他们认为资本成本是一项可以被接受的实物资产投资所能带来的最低预期收益率[①]。资本成本的水平由公司的经营风险决定，经营风险越大资本成本水平就越高。资本成本并非会计成本而是一种机会成本，其具体数值与投资者的预期有关，因此，围绕资本成本在微观领域的应用有很多研究，成果集中在资本成本的估算方法和影响因素方面，如资本结构、公司治理和信息披露等因素与资本成本的关系等。

资本成本是现代财务管理的核心，是公司筹资决策、投资决策、股利分配决策以及评价经营绩效的重要参照标准。投资决策是企业根本意义上的决策，资本预算（Capaital budgeting）投资决策时使用的方法，即在进行投资之前需要对项目进行考察，只有项目的预算收益高于或等于资本成本才可以进行投资。对于微观企业来说，其资本成本通常由债权成本和股权成本所构成，由于股东是企业根本意义上的投资者，因此股权资本成本是研究的重点。股权成本等于股票投资者的资本机会成本、通货膨胀率及风险补偿率之和。股权成本是形成股票价格的基础，股票价格是股东认购股票的愿付代价，理论上等于股票未来能够带给股东现金流的现值之和。

---

① Modigliani F，Miller M H. The Cost of Capital，Corporation Finance and the Theory of Investment [J]. *American Economic Review*，1958，48（3）：261 - 297.

第二节　宏观经济中的资本成本

　　研究宏观经济时，人们常使用资本的数量、货币的数量或者利率水平，鲜有提及资本的成本，例如发展经济学中著名的索洛模型使用的是人均资本的数量①，而资本成本的高低并不在考虑之列。亚当·斯密（1776）论述过资本的数量，他认为生产者能够雇佣的工人数量必然和其资本成某种比例，同理整个社会的所有成员雇佣的工人数量，也必定同整个社会的全部资本成某种比例。凯恩斯（1936）也没有使用资本成本的概念，他只是说投资的成本就是利息率，贷款利率越低投资的需求就会越高。

　　在比较各个国家和地区的经济发展时，人们经常发现生产要素禀赋相似的地区经济发展水平却有很大差距，资源、劳动力和资本这三种生产要素数量相似的国家，经济发展水平和速度迥异的情况并不少见，从劳动力素质或者说人力资本的角度可以进行解释，但是很少有人从资本成本角度进行的分析。微观资本成本概念带给宏观经济分析的一个启发就是资本成本影响投资的规模（见图 4 – 1）。企业只有投资于预期收益超过其资本成本的项目才能增加企业的价值、增加资本所有者的财富，边际递增的资本成本和边际递减的投资收益决定了市场存在着最优的投资规模。根据梅耶（Mayers，1984）提出的融资琢序理论（Pecking financial order theory），企业会首先使用融资成本较低的债权资本和内部股权资本（留存收益），然后才会选择成本相对较高的外部股权融资，因此企业的边际资本成本会随着投资规模的增加而增加（见图 4 – 1）。企业在投资时会首先选择预期收益最高的项目，然后再选择收益次高的

---

　　① 索洛模型的结论是资本数量的增加并不能提高产出水平，因此只能用外生的技术进步来解释经济增长，至于怎样能够实现技术进步，索洛模型则无法解释。后来的很多经济学家试图在索洛模型的基础上通过增加解释变量的方式来寻找经济增长的源泉。

项目，因此可以假定企业投资的边际收益率会随着投资规模的增加而下降。因为投资收益随着投资规模扩大递减而资本成本随着投资规模扩大递增，所以并非企业的投资规模越大其所有者的收益就越大，当投资超过一定规模时，递减的预期投资收益将不足以弥补递增的资本成本，因此，必然存在使得资本所有者权益最大化的投资规模，也就是边际投资收益等于边际资本成本那一点（q）。

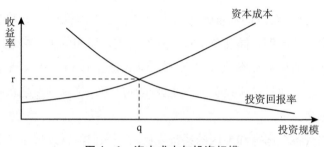

图 4-1　资本成本与投资规模

对于宏观经济来说，其投资行为仍然是由具体的微观主体做出的，资本成本的变化会影响微观主体的投资规模，自然也会影响宏观经济的规模。在其他条件不变的情况下，当资本成本降低时，投资和产出的规模会增加；当资本成本提高时，投资和产出的规模会下降。为了解释经济发展水平和速度的差异，经济学家们还使用技术水平、企业家才能、制度和文化等多个外生变量，但是经济周期或经济危机的发生为这些经济理论提出了一个问题，在生产要素的数量没有减少、制度和文化等外生变量也没有变化的情况下，产出的数量怎么可能变化呢？凯恩斯从总需求的角度做出过一个解释，本书将从资本成本这个供给的角度尝试解释经济增长以及经济周期现象。

第三节　利率与资本成本

我们不能简单地把利率等同于资本的成本。利率是借贷资金的价格，借贷双方签订契约时约定的收益（成本）水平是利率；而股权投资不是借贷关系，企业无需对股东还本付息，也没有约定收益水平。实际生活中的利率有很多种类，例如，存款利率、银行间隔夜拆借利率、国债利率和公司债利率等，人们通常所指的利率是短期的、无风险的利率，代表了对通货膨胀和延迟消费的补偿，并不包含风险补偿的成分。资本收益是有很高风险的，因此资本成本是无风险利率和风险酬金的加总，风险酬金即投资者承担风险所获补偿。像贷款利率或公司债券利率这样的利率是包含风险报酬成分的，但是债权的风险与股权类资本的风险是不同的，因此，也不能用长期利率来代表资本成本的水平。不过利率水平与资本成本水平还是密切相关的，在风险酬金水平不变的情况下，利率越高，资本成本水平越高。

市场分割理论表明，金融市场并不是一个统一的无差别的市场，而是由于期限长短和风险大小的不同被分割为多个相互独立的市场，不同市场上的利率（收益率）分别由各个市场的供给和需求决定，各个市场之间不能无成本地实现资金的自由转移。人们在谈论利率时通常指的是无风险的利率即短期国债的收益率，而短期国债的收益率水平并不能代表企业融资成本的水平，现实中也经常出现国债利率水平很低但是企业融资成本很高的情况①。

一般认为，利率水平是货币供给和货币需求决定的均衡价格，货币需求相对稳定，因此利率主要是由货币供给决定的。现代银行体系能够创造信用，中央银行可以通过货币政策来调整货币的供给量。货币数量的变化能够通过以下几个途径影响资本成本：一是货币供应量的变化会影响无风险的利率水平，这会直接改变资本的成本；二是货币数量的变化会使居民产生"货币幻觉"，由此产生购买力的变化会影响企业的收入和利润，进而影响投资者的预期风险；三是货币数量变化产生的通货

---

① 当投资者预期未来市场具有较大的不确定性或者对市场信心不足时，会倾向于对回避风险（即对风险的估值提高），投资者会将资金从风险市场转移到无风险市场，这时国债收益率下降、企业融资成本提高。

膨胀会增加投资者的预期风险。货币供应量的增加会推高证券市场的价格，股票价格的提高能够降低企业获取资本的成本。

第四节 风险与资本成本

使用资本的成本等于资本提供者要求的回报率。投资者要求的回报由两大部分构成：延迟消费所需的购买力增加和承担风险所需的补偿。比较来看，对延迟消费的补偿数值较小并且相对稳定，而风险补偿数值较大且不太稳定（见表4－1），因而影响资本成本的主要因素是风险。

表4－1 2004～2013年无风险利率与风险溢价水平 单位：%

年份	2004	2005	2006	2007	2008	2009	2010	2011	2012	2013	平均
无风险利率	2.03	2.25	2.35	3.21	3.93	2.25	2.48	3.30	3.25	3.00	2.81
风险溢价	6.19	6.00	6.11	5.84	7.10	5.85	6.05	7.05	6.85	5.90	6.29

资料来源：中国人民银行官方网站①和纽约大学网站②。

风险是指实际结果与期望结果的偏差程度，具体来说就是资本所有者实际收益与其预期收益的偏差程度。风险是个事前（Ex-ante）概念，而不是事后（Ex-post）概念。风险实际上应该叫做预期风险。例如，一个项目预期收益是100元，结果真的赚到100元，实际结果和预期结果一样，是不是说这个项目没有风险呢？当然不是，风险是指实际结果没有产生时，投资主体预计的实际结果与期望结果偏差程度及概率，所以说恰巧实际结果与期望结果一致，不代表这个项目没有风险。

① http://www.pbc.gov.cn/publish/zhengcehuobisi/631/1269/12692/12692_.html.
② http://www.stern.nyu.edu/~adamodar.

奈特在 1921 年就论证了利润作为对企业家承担不确定性的报偿[①]，希克斯于 1946 年提出了"风险折现"和"风险补偿"的概念[②]，即在进行投资决策时要使用风险调整后的收益率，即在市场利率的基础上增加风险溢价部分。预期的风险越大，资本所有者（投资者）的要求回报率会越高，企业的资本成本也相应越高。当预期风险相同时，投资者必然选择收益较大的项目；而在预期收益相同时，投资者通常选择风险较小的项目。因此，投资者的要求回报率与其预期的风险是线性相关的，即投资者的要求回报率取决于风险的大小。期权的定价模型明确了风险是有价格的，即风险越大投资者的回报率应该越高。

资本所有者面临的风险来自其实际收益率于预期收益率的不同，那么投资者的收益率为什么会有变化，造成投资者实际收益率有别于预期收益率的因素有哪些呢？下面进行分析。

一、宏观经济环境

宏观经济环境的变化会影响企业未来收益的不确定性，投资者的要求回报率会发生改变，进而影响企业的资本成本[③]。当宏观经济恶化时，企业的预期收入将面临更大的不确定性，投资者要求增加风险报酬，企业融资需要付出更大的成本；当宏观经济环境向好时，投资者预期的风险水平变小，投资者要求回报率降低，企业的资本成本也会下降。

资本所有者的收益根本上来自所投资企业的经营利润，因此可能影响企业收入和成本的因素都会带来资本收益变化风险。影响企业成本的宏观因素包括能源和原材料价格变动、劳动力成本的变化、科学技术的进步、税收等政府政策的影响以及自然灾害等；影响企业收入的宏观因

---

① 奈特著，安佳译：《风险、不确定性与利润》，商务印书馆 2010 年版。

② 希克斯著，薛蕃康译：《价值与资本》，商务印书馆 1962 年版。

③ 宏观经济环境影响企业投资规模基于两方面的原因，宏观经济环境不仅影响资本成本也影响投资机会，例如当宏观经济恶化时，居民信心下降导致支出减少因而企业投资的预期回报率会下降，同时资本成本增加，这两种作用都会导致投资规模下降。

素主要有居民收入水平的变化、国际经济环境的变化、人口结构的变化、消费偏好的改变等。

二、公司治理

代理问题会增加资本所有者收益的不确定性。现代企业实行所有权和经营权分离的制度，如果经营者不是所有者的尽职代理人，没有以资本所有者权益最大化为经营目标，那么即使处于稳定的宏观环境中，资本所有者的收益也是有风险的。解决代理问题需要有效的公司治理，例如对经营者的监督机制、对经营者的激励安排等，公司治理的有效程度是影响资本收益风险的重要因素。

大股东侵占小股东利益也被称为第二类代理问题。由于股权集中导致经营者即代理人依附于大股东。表面上的委托人与代理人之间的代理问题实质上就变成了大股东与小股东之间的代理问题，大股东能通过高价购买关联企业的原材料或低价卖给关联企业产品等"掏空公司"的方式侵害小股东的利益。因此，作为小股东的资本所有者可能面临着更大的风险。低效的公司治理会增加公司的非系统风险，因此会提高公司的股权资本成本（Garmaise，2004）[1]。

三、资本市场

从理论上来说，资产的价格由资产本身能够产生的现金流大小以及投资者的要求回报率决定。由于对现金流的预期水平无法进行准确的预估[2]，即使投资者有明确的要求回报率水平，资产的价格也不是确定的。实际上，资产的价格更多地受到资本市场上短期供求力量的影响。

---

① Garmaise M & Liu J. Corruption, Firm Governance and the Cost of Capital [Z]. UCLA, Working Paper, 2004.

② 除了国债以外，大多数资产的预期现金流是不确定的，特别是对于股权类资产来说更是如此。

理论上企业资本所有者的收益取决于企业未来无穷期的利润，但实际上鲜有投资者能一直持有股票，大多数的投资者会通过在二级市场上出售的方式结束投资①，因而未来股票的市场价格就成为资本所有者收益的决定因素。

　　由于资本市场的价格水平能够影响投资者的预期收益，资本市场价格水平的波动程度就会影响投资者的预期风险，因而资本市场的波动水平就会影响企业的资本成本。股票的市场价格是由市场上供求双方的力量决定的，影响供求双方力量变化的因素有很多，如投资者的信心、利率水平和政府政策等。

第五节　影响宏观资本成本的因素

一、储蓄率

　　经济学理论中的资本常被定义为资本品即用来生产其他产品的产品。社会总产出由消费品和资本品共同构成，自然地国民总收入中没有被消费的那一部分就被认为是资本。可是，现实的经济不一定是均衡的，未被消费掉的收入也不一定成为资本，机器设备这样的资本品可能被闲置，没有用来生产其他产品。很多宏观经济理论中的资本是基于市场出清的假设，即资本价格可以自由浮动以使得资本的供给等于需求，但是资本市场上的信息是不对称的，储蓄未必就一定转化为投资，就像供给不一定等于需求一样。

---

　　①　与股票不同，债券具有到期期限，但是对于长期债券来说，也鲜有持有到期的投资者，因此预期债券市场的价格也会影响到债券持有人的收益率。即使持有至债券到期也要承担对定期获得债券利息再投资的风险。

二、交易成本

科斯提出的交易成本概念，解释了为什么会有企业的存在（Coase，1937）①。银行和基金等金融机构的存在反过来解释了资本的交易成本。金融是资金供求双方的交易行为，如果没有信息不对称等原因带来的交易成本，作为资金提供者的居民和资金需求者的企业就可以直接交易，不需要银行等中介机构，更不需要证券发行包销等服务。

一般认为交易成本包括商品信息与交易对象信息的搜寻成本；取得交易对象信息与和交易对象进行信息交换所需的信息成本；针对契约、价格、品质讨价还价的议价成本；进行相关决策与签订契约所需的决策成本；监督交易对象是否依照契约内容进行交易的成本以及违约时所需付出的事后成本。资本的载体金融产品与普通商品不同，具有高度的同质性，因而交易时的议价成本很小；如果有交易所及相关法规的保障，监督成本和事后成本也会较低；但是由于购买金融产品获得的是未来的收益因此交易时的信息成本和决策成本较高。作为资本需求者的企业和资本提供者的投资者之间的信息不对称，成为资本交易成本的主要来源。交易成本越高，投资者所要求的回报率就越高，企业的资本成本越高。

三、制度

制度指人际交往中的规则及社会组织的结构和机制。制度经济学是经济学中一门新兴的分支，主要研究制度对于经济行为和经济发展的影响，以及经济发展如何影响制度的演变。有效的制度能够分散降低风险，因而投资者会有较低的要求收益率，企业可以获得较低的资本成本。有效的制度能够降低交易成本，降低投资者的要求回报率和企业的

---

① Coase R H. The Nature of the Firm [J]. *Economics*，1937，4（16）：386－405.

资本成本。新制度经济学提出的产权保护和金融体系的发展程度对经济增长的影响，也可以理解为这些制度降低了资本成本进而刺激了经济的发展和产出的增加。

有的制度能够降低投资者的预期风险，从而降低企业的资本成本，例如股份制不仅能够集聚个人难以提供的大额资本，并且能够有效地分散风险；有的制度能够降低交易成本，从而降低资本成本，如交易所的建立能够增加资本的流动性并且保障交易，从而降低投资者和企业的交易成本；有的制度能够降低企业的代理成本，如股票期权的发明，能够使经营者与所有者目标保持一致。有的制度会影响资本投资的预期风险，从而影响资本成本的总体水平。完善的金融系统能够降低企业的资本成本从而促进经济的更快增长（Rajan & Zingales，1998）[①]。法律执行薄弱的国家和地区金融机构常常通过收取较高的利率来弥补因承担高风险而可能造成的损失。

第六节　资本成本的估算

资本成本的估算是现代财务理论中的一大难题。目前估算企业的资本成本主要有两个办法；一是风险定价模型，即风险补偿方法；二是隐含资本成本模型，即基于股利或现金流折现值等于股票价格的内含报酬率方法。风险补偿定价模型主要基于历史数据，隐含资本成本模型主要基于预测数据。估算一个国家整体的资本成本水平目前还没有成型的方法。

一、资本资产定价模型

风险补偿定价模型中的代表是资本资产定价模型（Capital Asset Pri-

---

① Rajan R and Zingales L. Financial Dependence and Growth [J]. *American Economic Review*, 1998, 88 (3): 559–58.

cing Model，CAPM），它是当前理论和实务中应用最广泛的方法。格雷厄姆和哈维（Graham & Harvey，2001）就资本成本、资本预算和资本结构对美国上市公司所进行的调查显示，73.49% 的公司使用资本资产定价模型估算股权资本成本[①]。资本资产定价模型可以用下面的公式来表示

$$E(R_i) = R_f + \beta(R_m - R_f)$$

其中，$E(R_i)$ 是预期的资本成本；R_f 是无风险利率；β 是 Beta 系数，反映个别资产的风险程度；R_m 是期望的市场平均回报率；$\beta(R_m - R_f)$ 表示因承担风险而得到的回报，即风险报酬或风险溢价（Risk premium）。资本资产定价模型也可以用图 4-2 来表示。

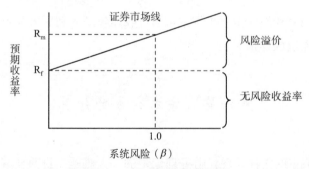

图 4-2　资本资产定价模型

从这个模型中可以看出，资本成本的水平是由无风险的回报和风险带来的溢价报酬两部分构成。无风险回报是资本成本的下限，反映了投资者对延迟消费的补偿要求，以一国短期国债的实际收益率或者银行基础利率作为代理。风险溢价反映了投资者因为承担风险而得到的额外补偿，风险溢价是投资者对风险的估价，风险越高风险溢价的部分就越大。

---

① Graham J R，Harvey C R. The Theory and Practice of Corporate Finance：Evidence from the Field［J］. *Journal of Financial Economics*，2001，60（2-3）：187-243.

　　资本资产定价模型是由夏普（Sharp，1964）[1] 和林特纳（Lintner，1965）[2] 一起创造发展的，是基于马克维茨的资产选择理论来研究证券市场价格如何决定的模型。资本资产定价模型假设所有投资者都按理性进行投资，对期望收益、方差和协方差等的估计完全相同，投资人可以自由借贷。资本资产定价模型研究的重点在于风险资产收益与风险的数量关系，即为了补偿某一特定程度的风险，投资者应该获得多得的报酬率。资本资产定价模型的提出对金融领域的研究和实务工作的贡献巨大，但同时也得到了很多批评特别是其基于历史数据的估算方法得到了质疑，如埃尔顿（Elton，1999）认为已实现收益与期望收益之间的相关性非常弱，用已实现收益替代期望收益存在着潜在的偏差[3]。

二、隐含资本成本模型

　　隐含资本成本（Implied cost of capital）模型实质上是一种逆向工程（Easton，2007）[4]。资产的理论价格是资产预期现金流的现值之和，因此在假设资产市场价格就是其合理价格的情况下，就能够反推出资产现金流的折现率即资本成本。具体来说，隐含资本成本就是通过市场价格与会计数据（会计收益、盈余与股利的预测数据）来倒推出市场所隐含的预期报酬率，其实也就是企业的资本成本。隐含资本成本估算技术建立在预测数据的基础之上，而非根据历史数据进行推算。就技术层面而言，隐含资本成本是要解读市场价格所蕴含的、投资者所要求获得

　　① Sharpe W F. Capital Asset Prices：A Theory of Market Equilibrium under Conditions of Risk [J]. *The Journal of Finance*，1964，19（3）：425 –442.

　　② Lintner J. The Valuation of Risk Assets and the Selection of Risky Investments in Stock Portfolio and Capital Budgets [J]. *Review of Economics and Statistics*，1965，47（1）：13 –37.

　　③ Elton E J. Expected Return，Realized Return and Asset Pricing Tests [J]. *Journal of Finance*，1999，54（4）：119 –122.

　　④ Easton P. Estimating the Cost of Capital Implied by Market Prices and Accounting Data [J]. *Foundations & Trends in Accounting*，2007，2（4）：241 –364.

的预期报酬水平，邹颖（2013）认为其更加符合资本成本的"预期"特性①。

隐含资本成本模型在理论上更能准确估算资本成本的水平。隐含资本成本模型基于股票价格与投资者要求回报率之间的数学关系，即均衡条件下投资者未来收入的现值等于投资者当前的支出也就是资产价格：

$$P = \sum \frac{FV}{(1 + r)^t}$$

其中，P 是股票价格；r 是投资者要求的回报率即资本成本。隐含资本成本（Implied cost of capital）估算技术是指根据股票定价模型，利用市场价格与会计数据（会计收益、盈余与股利的预测数据）来倒推出资本成本的水平。这种技术的主要代表有奥尔森（Olson，1995）的剩余收益估价模型（RIVM）、奥尔森和于特纳（Olson & Juettner，2005）的非正常盈余增长估价模型（AEGVM)②。

隐含资本估算方法的缺点：一是所需条件较多，不仅需要企业的股票公开上市而且需要有对该企业未来收益的市场预测值，因而能采用这种方式估算的企业数量较少；二是估算结果不稳定，因为股票的价格经常随机波动，这导致由此估算出来的资本成本水平也不断变化，不利于企业的财务决策使用③。

三、估算宏观资本成本

上述两种方法都是用来估算具体企业的资本成本，并不适用于估算一个国家整体的资本成本。目前并不存在直接可以使用的宏观资本成本数据，也没有宏观资本成本的估算方法。实际利率是资金的提供者在扣

---

① 邹颖、汪平：《隐含资本成本估算技术：模型推演、评述与展望》，载《经济与管理研究》2013 年第 2 期。

② Ohison J A, Juettner – Nauroth B E. Expected EPS and EPS Growth as Determinant of Value [J]. Review of Accounting Studies, 2005, 10（2）: 349 – 365.

③ 企业的资本预算、融资结构和股利分配等财务决策都要依据资本成本作为参考标准，如果这个标准值经常变动将给财务决策带来不便。

除通货膨胀因素后得到的实际回报，即资金的购买力真正增值部分。世界银行数据库中实际利率指标的数值为各国的借出利率（Lending rate）与 GDP 平减指数的差值。风险溢价是资金的提供者因为承担风险而获得的报酬。世界银行数据库中风险溢价指标的数值为各国银行的私人贷款利率与短期国债收益率即无风险利率的差值。股票指数变化率反映了股票资产的平均价格变化率。世界银行数据库中股票指数变化率使用的是标准普尔公司制定发布的全球各国股票指数，具体数值为每个国家股票指数的年变化率百分比。

实际利率和风险溢价的水平在一定程度上可以代表宏观资本的成本，其数值越大，表明该国的资本成本越高。股票指数反映了一国股权资产的平均价格。资产价格在理论上是资产未来现金流以资本成本为折现率计算出来的现值，所以资产价格与资本成本成反比，当股票指数变化率为正时，表明资产价格上涨而资本成本水平下降。

李治国（2002）认为根据厂商与投资者行为，可以在总量水平上推导出的两种估算平均资本成本的方法[①]。第一种方法基于边际收益等于边际成本的法则，即均衡状态下资本的边际成本等于资本的边际收益。第二种估算方法是考虑资本的机会成本。拥有资本的厂商在继续保留资本时要考虑三个方面的机会成本：真实利率、折旧率和资本价格变化。在均衡状态下，资本的使用者成本等于这些机会成本之和。

---

① 李治国、唐国兴：《中国平均资本成本的估算》，载《统计研究》2002 年第 11 期。

第五章

资本成本与经济增长

第一节　经济增长问题

经济增长一直是经济学研究的核心问题。人类追求更美好的生活，体现在经济方面就是要享有更多的产品和服务，这就是经济学家要解决的经济增长问题。解决一个问题首先要分析其成因，然后根据成因提出若干解决方案，最后择优选取最佳方案来解决问题，具体来说就是社会产出为什么会增加，怎样才能促进社会产出平稳迅速地增加。

古典经济学家亚当·斯密认为经济增长源于劳动的专业化分工，李嘉图强调国际贸易对经济增长的贡献。到了 20 世纪，经济学家开始用数理模型研究经济增长问题。哈罗德—多马模型认为一国经济增长取决于资本的积累，人均资本存量越高，则增长速度越快；索洛模型则指出经济的长期增长决定于技术的进步。内生经济增长理论强调知识和技术在长期增长中的作用，将增长的研究拓展到了多个层面：舒尔茨（Schultz, 1961）认为技术进步源于人力资本积累；阿罗（Arrow, 1962）的"干中学"模型用知识积累的内生性解释技术进步；卢卡斯（Lucas, 1988）提出通过教育积累人力资本的内生模型。近年来对经济增长的研究，已经不仅是对生产要素的分析，更多地讨论制度、文化等制度性因素的影响：熊彼特（Schumpeter，1934）强调企业家精神在经济增长中扮演的角色；诺思和托马斯（North & Thomas，1973）认为制度的变迁为技术革命铺平了道路，是经济增长的决定因素。新制度经济学的研究更是将腐败（Mauro，1995）、民主（Barro，1996）、产权保护（Acemo-glu，2005）等多种制度变量纳入经济增长的模型[①]。

一、投资和产出

衡量经济增长的一般标准是社会产出的数量和价值，经济发展的实质就是更高质量和更多数量的产品及服务。产品及服务是生产出来的，生产要素不会自动转化为产品，因此，研究产品生产的决策过程是非常必要的。生产过程是资本和其他要素的结合，生产的基本组织和决策单位是企业。作为自主决策的市场主体，企业根据其获得资本的成本和预期获得的收益做出生产决策。一个企业是否生产以及生产多少取决于预期收益率与资本成本之间的关系，当企业所面临投资机会的预期收益率大于获取相应资本所需支付的成本时，企业就会增加投资或者说扩大其生产规模。反过来，如果企业发现其生产的收益率不足以弥补融资支付的成本时，就会缩减生产的规模。宏观经济的生产也是一样，社会总体投资机会集（IO）和资本成本水平（CC）决定了社会生产的总体规模及其变化。如图 5-1 所示，横轴是社会产出规模（Y），纵轴是投资收益率和资本成本水平（R），假设产出的初始规模是 Y_1，如果发生了技术进步，投资生产的收益率会提高，即投资机会集曲线（IO）向右移动至 IO′，社会生产的规模扩大产出增加（Y_1 至 Y_2），也就是技术进步促进经济增长。

---

① 布莱恩·斯诺登、霍华德·文著，佘江涛、魏威、张凤雷译：《现代宏观经济学：起源、发展和现状》，江苏人民出版社 2009 年版，第 1~30 页。

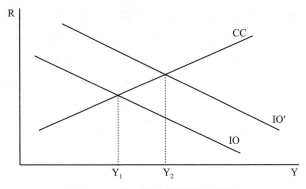

图 5-1　技术进步促进经济增长

像股份公司这样的制度安排会使获得资本所需成本降低，资本成本曲线（CC）会向左移动至 CC′，这时生产的规模也会增加（Y_1 至 Y_2），这是资本成本下降促进经济增长（见图 5-2）。

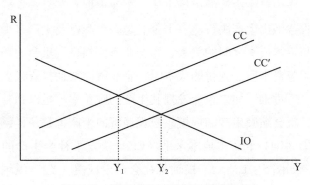

图 5-2　资本成本下降促进经济增长

人们过去比较多地关注投资机会对于经济增长的作用，但在经济全球化和信息技术快速进步的背景下，知识和生产要素的快速传播将使各国企业面临的投资机会趋同，这样资本成本的差异对于经济增长的影响将会更加重要。当一国的资本成本总体水平发生变化时，势必会引起投资总体水平的变动，进而影响宏观经济活动的活跃程度，促进经济加速增长。因此，资本成本不仅是个微观概念，其对宏观经济也有重要的影响。货币政策的作用实际上就反映出资本成本能够对宏观经济产生的影响①。

二、创新和技术进步

创新和技术进步通常被视为经济增长的关键因素。创新和技术进步具有一定的随机性，但又不是完全随机的。很显然，发达国家比发展中国家有更多更快的创新和技术进步，因而创新和技术进步并不是外生于经济发展的。

创新和技术进步有两种来源：一是在试错中发现；二是投资的结果。试错型创新是不同的经济主体尝试采用不同的生产活动模式，在优胜劣汰中，实现创新和技术进步；投资型创新是有意识地投入资源来实现创新和技术进步，实质上是一项投资活动。试错型创新更多地体现在运营模式等制度层面，投资型创新更多见于技术和设备等科技层面。较低的资本成本更能促进创新和技术进步。投资技术的风险更大，投资回收期更长，这两个特点使得技术投资对资本成本的敏感程度更强。

三、利率与经济增长

利率是资本成本的重要组成部分，最早研究利率与经济增长关系的是麦金龙（McKinnon，1973）② 和肖（Shaw，1973）③，他们提出的金融深化和金融压抑理论认为发展中国家金融管制造成的低利率降低了投资效率，影响经济发展的速度。提高实际利率引起投资效率提高所带来

---

① 本文倾向于从相对根本的角度即生产方面研究经济增长的问题，并放弃了古典经济增长模型中关于投资等于储蓄的假设，认为资本成本水平决定投资的大小，进而决定经济增长。

② McKinnon R I. Money and Capital in Economic Development [M]. Brookings Institution, 1973.

③ Shaw E S. Financial Deepening in Economic Development [M]. Oxford University Press, 1973.

的经济增长被称为效率效应，降低实际利率所引起投资规模增加带来的经济增长被称为投资效应，盖尔伯（Gelb，1989）利用 34 个不发达国家的金融数据的实证研究表明效率效应大于投资效应，较高的实际利率能够促进增长。

商德文（1996）[①] 和宾国强（1999）[②] 利用改革开放初期的统计数据发现，我国的实际利率与实际经济增长率之间存在着金融深化理论所描述的正相关关系。沈坤荣（2000）认为 1990 年以后由于我国转入了市场经济体制，提高实际利率对经济增长的促进作用即效率效应已经不再明显，相反降低实际利率的投资效应更加突出[③]。彭志远（2002）认为经济周期处于繁荣阶段时政府为抑制经济过热往往减少货币供应量导致实际利率较高，因此实际利率往往是顺周期的，如果直接将把实际利率和经济增长的数据进行回归，极有可能夸大了麦金龙和肖的金融压抑和深化理论[④]。根据索洛模型所描述的经济稳态条件，实际利率与经济增长具有内在联系，但二者之间并不存在因果关系。伍戈（2010）研究发现我国的宏观经济周期与实际利率从 2003 年开始存在逆向变动趋势，即当实际利率降低时，市场微观主体的资金成本下降导致投资消费活动增加[⑤]。黎志刚（2014）认为短期内提高实际利率水平能够显著带动经济增长，但是从长期来看，高的实际利率不利于经济增长[⑥]。王志强（2014）认为较低的长期利率对经济增长有促进作用[⑦]。

---

① 商德文、王惠平：《关于实际利率对经济增长的正相关作用的分析》，载《当代经济研究》1996 年第 1 期。
② 宾国强：《实际利率、金融深化与中国的经济增长》，载《经济科学》1999 年第 3 期。
③ 沈坤荣、汪建：《实际利率水平与中国经济增长》，载《金融研究》2000 年第 8 期。
④ 彭志远：《经济增长和实际利率的关系分析》，载《北京科技大学学报（社会科学版）》2002 年第 3 期。
⑤ 伍戈：《实际利率与宏观经济：中国的若干典型特征》，载《国际经济评论》2010 年第 6 期。
⑥ 黎志刚、尚梦：《利率市场化、实际利率与经济增长的关系研究——基于 ARDL 模型的分析》，载《经济问题》2014 年第 5 期。
⑦ 王志强、李青川、贺敏达：《利率期限结构与经济增长的非线性关系研究——基于平滑转换模型的实证分析》，载《国际金融研究》2014 年第 4 期。

四、风险与经济增长

风险是资本成本的主要构成部分，风险越大资本成本越高。风险会阻碍投资活动进而影响经济增长，伯南克（Bernanke，1983）的研究发现风险水平与经济增长之间存在着显著的负相关性[1]。巴罗（Barro，1996）也证实了风险对经济增长具有负面的影响作用，当风险超出一定的界限以后对经济增长的降低作用会急剧增加[2]。股票市场的收益率变化是风险水平的直接体现，珐玛（Fama，1990）利用1953~1987年美国股票市场与经济增长的数据研究发现，股票收益率对于经济增长具有比较强的解释能力[3]。莱文和泽沃斯（Levine & Zervos，1996）利用1976~1993年47个国家的数据研究发现股市风险与经济增长之间没有显著的相关关系[4]。崔（Choi，1999）的实证研究发现G7国家中多数国家的股票收益率与经济增长之间具有显著的因果关系[5]。梁琪（2005）的研究发现股市的风险水平与经济增长的指标之间互为因果且具有负相关关系[6]。

[1] Bernanke B. Irreversibility, Uncertainty and Cyclical Investment [J]. *Quarterly Journal of Eocnomics*, 1983, 98: 85 –106.

[2] Barro R J. Inflation and Growth [J]. *Federal Reserve Bank of St. Louis Review*, 1996, 78: 153 –169.

[3] Fama E F. Stock Returns, Expected Returns, and Real Activity [J]. *Journal of Finance*, 1990, 45: 1089 –1108.

[4] Levine R, Zervos S. Stock Markets, Banks, and Economic Growth [J]. *American Economic Review*, 1996, 88 (88): 537 –558.

[5] Choi J C, Hauser S and Kopecky K J. Does Stock Market Predict Real Activity? Time Series Evidence from the G –7 Countries [J]. *Journal of Banking & Finance*, 1999, 23: 1771 –1792.

[6] 梁琪、滕建州：《股票市场、银行与经济增长中国的实证分析》，载《金融研究》2005年第10期。

第二节 一个实证检验

理论分析表明，资本成本越低越有利于经济发展，接下来对资本成本与经济增长的关系进行实证检验，待检验的假说设定为：在投资机会集不改变的情况下，资本成本越低，经济增长越快。

一、模型设定

在参考有关经济增长模型的基础上，以反映资本成本的指标作为解释变量，建立计量模型的基本形式如下

$$GDP_{i,t} = \alpha_i + \beta_1 \times CoCa_{i,t} + \beta_2 \times X_{i,t} + \varepsilon_{i,t}$$

其中，被解释变量 $GDP_{i,t}$ 为一个国家的经济增长的速度，用 GDP 增长率衡量；$CoCa_{i,t}$ 为该国的资本成本水平，具体用实际利率（RI）、风险溢价（RP）和股票指数的变化率（SP）来衡量。$X_{i,t}$ 为一组控制变量，以控制其他因素影响经济增长的效果，包括人口增长率（$POP_{i,t}$）和初期发展水平（$GNI_{i,t}$，以购买力平价计算的人均国民收入）。α_i 表示对经济增长存在影响的未观测因素 $\varepsilon_{i,t}$ 表示随机干扰项。模型中主要变量的定义及说明见表 5 – 1。

表 5 – 1　　　　　　　　模型变量及定义

变量代码	变量名称	变量说明
GDP	经济增长速度	以本国货币计量的国内生产总值的年增长率
CoCa	资本成本	分别用股票指数变化率（SP）、实际利率（RI）和风险溢价的平均值（RP）来衡量一国资本成本的水平
GNI	初期发展水平	期初人均国民收入，以购买力平价汇率折算成美元
POP	人口增长因素	用人口年增长率衡量

二、变量选取

(一) 被解释变量

经济增长通常是指在一定的时间跨度上，一个国家产出收入水平的持续增加。经济增长率的高低体现了一个国家或地区在一定时期内经济总量的增长速度。人们通常用不变价格（扣除通货膨胀影响）计算的 GDP 来衡量经济增长的速度。世界银行数据库提供的数值是各国以本国货币计量的每年国内生产总值的增长率，这种以本币计量的方法避免了汇率变动造成 GDP 数值的变化。

(二) 解释变量

资本成本是企业使用资本的成本，是股权融资成本和债权融资成本的加权平均数。资本成本并不像价格或利率那样可以直接观测，需要进行估算。从企业角度估算的资本成本实质上就是从投资者角度估算的资产预期收益率。目前估算资本成本最常用的资本资产定价模型（CAPM）

$$E(R_i) = R_f + \beta(R_m - R_f)$$

其中，$E(R_i)$ 是预期的资本成本；R_f 是无风险利率；β 是 Beta 系数，反映个别资产的风险程度；R_m 是期望的市场平均回报率；$\beta(R_m - R_f)$ 表示因承担风险而得到的回报，即风险报酬或风险溢价（Risk Premium）。从这个模型中可以看出，资本成本的水平是由无风险的回报和风险带来的溢价报酬两部分构成。无风险回报是资本成本的下限，反映了投资者对延迟消费的补偿要求，以一国短期国债的实际收益率或者银行基础利率作为代理。风险溢价反映了投资者因为承担风险而得到的额外补偿，风险溢价是投资者对风险的估价，风险越高风险溢价的部分就越大。

因为并不存在直接可用的资本成本数据库，需要使用其他变量作为代理。世界银行数据库中相关的指标包括各国每年的实际利率（RI）、贷款利率的风险溢价（RP）以及股票指数的变化率（SP），将这三个指标选用作为代理资本成本水平的变量。实际利率（RI）是资金的提供者在扣除通货膨胀因素后得到的实际回报，即资金的购买力真正增值部分。世界银行数据库中实际利率指标的数值为各国的借出利率（Lending Rate）与 GDP 平减指数的差值。风险溢价（RP）是资金的提供者因为承担风险而获得的报酬。世界银行数据库中风险溢价指标的数值为各国银行的私人贷款利率与短期国债收益率即无风险利率的差值。股票指数变化率（SP）反映了股票资产的平均价格变化率。世界银行数据库中股票指数变化率使用的是标准普尔公司制定发布的全球各国股票指数，具体数值为每个国家股票指数的年变化率百分比。

上述实际利率和风险溢价的水平可以代表一国债权资金的使用成本，其数值越大，表明该国的资本成本越高。因此，实际利率和风险溢价在理论上与经济增长率负相关，模型估计的系数符号为负。股票指数反映了一国股权资产的平均价格。资产价格在理论上是资产未来现金流以资本成本为折现率计算出来的现值，所以资产价格与资本成本成反比，当股票指数变化率为正时，表明资产价格上涨而资本成本水平下降。因此，作为解释变量的股票指数变化率与经济增长速度正相关，模型估计系数的预期符号为正。

（三）控制变量

在对不同国家的经济发展水平进行解释时，一般会选择人口增长率、人口出生率、预期寿命、经济开放程度（进出口总额占 GDP 的百分比）、贸易条件、政府投资水平、私人投资水平、教育程度（居民平均受教育年数、中学以上学历比例等）、初期发展水平（人均国民收入等）、通货膨胀率以及投资者保护和法制等因素作为控制变量（Barro，2000）①。这些变量有的具有内生性，与经济发展互为因果关系，例如

---

① Barro R. Inequality and Growth in a Panel of Countries ［J］. *Journal of Eoconomic Growth*，2000，5（1）：5－32.

预期寿命等；有的与经济发展的绝对水平有关，但与经济的相对增长速度关系不大，例如开放程度等；有的变量较难获得，使用这类数值会减小研究样本的空间，并且数值具有较大的主观性，如制度性因素。因此，仅选择人口增长率（POP）和初期发展水平（GNI）。皮凯蒂（2014）在《二十一世纪资本论》中指出经济增长中有近 1/3 的部分来自于人口的增长，而且各国的经济发展过程中存在着明显的赶超效应[①]。

（四）数据

因为 1990 年以前的数据缺失较多，为了提高研究样本的数量，选择 1990~2013 年的数据进行研究。使用非平衡面板数据以增加观测值数量，模型估计时最多涵盖了 175 个国家和地区、3156 个观测值。所有数据资料均来源于世界银行网站数据库（http：//data. worldbank. org/）。

三、估计方法

在处理面板数据时，根据对模型参数的不同设定有混合估计模型、固定效应模型以及随机效应模型三种方法可供使用，F 检验、Hausman 检验可以在统计意义上提供判断的依据。企业的最优投资规模不仅是由资本成本决定，也是由其面临的投资机会共同决定。投资机会受技术进步等外生因素的影响，而技术突破则随着时间而变化。为了检验资本成本对于经济增长的作用，需要控制不同时期投资机会变化产生的影响，因此本文采用时点固定效应模型，F 检验和 Hausman 检验均支持建立时点固定效应模型估计。

经过检验发现被解释变量（GDP）、解释变量（RI、RP、SP）和控制变量人口增长率（POP）都是零阶单整的，但是控制变量初期发展水平（GNI）存在单位根，因此将 GNI 调整为相对发展水平，调整方法为

---

① 托马斯·皮凯蒂著，巴曙松译：《21 世纪资本论》，中信出版社 2014 年版，第 73~110 页。

将一国人均收入转换为该国人均收入与世界平均水平差距的比例。调整后的所有变量都是零阶单整，因此，数据是平稳的，不存在伪回归的问题。进行统计分析的基本方法是使用 EViews 6.0 计量软件对数据进行分析，相关数据的整理是通过 Excel 软件实现的。为了避免资本成本各指标之间可能存在的相关性，在检验过程中，每次分别用不同的资本成本指标进入计量模型。

四、实证结果

因为资本成本影响投资进而影响经济增长可能需要一个时滞，利用当期的资本成本和滞后一期的资本成本分别建模，发现使用滞后一期资本成本的模型拟合优度更高，解释效果更好一些，因而表5-2报告的就是解释变量滞后一期的面板数据回归结果。

表5-2中方程（1）的估计结果表明，在不使用任何控制变量时，股票指数变化率（SP）的系数在1%的显著水平上显著为正，这意味着股票市场指数的提高即资本成本水平下降会促进当地的经济增长。这证实了前文中的假说，即资产价格的提高意味着投资者要求报酬率也就是企业资本成本水平的下降，最优投资的规模随之扩大，促进了经济的更快增长。

表5-2中方程（2）的估计结果表明，在不使用任何控制变量时，实际利率（RI）的系数在1%的显著水平上显著为负，这表明实际利率水平越低当地的经济增长速度越快。这同样证实了前文中的假说，即较低的实际利率意味着企业相对较低的资本成本水平，企业投资的最佳规模会随之增大，促进经济的更快增长。

表5-2中方程（3）的估计结果表明，在不使用任何控制变量时，风险溢价（RP）的系数并不显著，并且系数符号与预期不符。这意味着风险溢价的水平并不能显著地影响一国经济增长的速度，以风险溢价作为资本成本水平对经济增长速度的影响并没有被证实。

表5-2中方程（4）~方程（6）增加了反映人口增长率（POP）和

初期发展水平（GNI）的控制变量，模型估计系数的符号和显著性与前
三个方程一致，股票指数变化率（SP）和实际利率（RI）的系数在
1%的显著水平上显著为正，而风险溢价（RP）的系数仍然不显著。作
为代理资本成本的三个指标中有两个能够显著证实资本成本对经济增长
速度的促进作用。通过对比各个方程的拟合优度可以发现，股票指数的
解释能力较强，实际利率的解释能力稍差。不同模型解释能力的差异与
之前的理论分析一致，股票指数反映的是资本成本的总体水平，而实际
利率只反映出资本成本中无风险部分的成本水平，而不能反映风险部分
的资本成本水平。

表 5 – 2　　　　　　　　资本成本与经济增长的计量模型

解释变量	（1）	（2）	（3）	（4）	（5）	（6）
	被解释变量：经济增长率（GDP）					
常数项	3.2295 *** (33.1924)	4.2351 *** (36.7856)	3.7432 *** (16.3138)	2.9087 *** (24.1382)	2.9473 *** (20.0879)	2.3901 *** (8.5118)
SP	0.0136 *** (5.7986)			0.0133 *** (5.8916)		
RI		− 0.0185 *** (− 3.3962)			− 0.0197 *** (− 3.9121)	
RP			0.0228 (1.2980)			0.0202 (1.3528)
POP				0.6230 *** (10.0367)	0.9053 *** (13.0278)	0.9285 *** (7.6526)
RGNI				− 0.5304 *** (− 6.4169)	− 0.3143 *** (− 3.6410)	− 0.1153 (− 0.791)
样本国家	84	175	94	83	170	90
观测数	1373	3156	1576	1349	3031	1433
拟合优度	0.22	0.05	0.05	0.28	0.11	0.08

注：括号内为 t 值，*** 、** 、* 分别表示在1%、5%、10%的显著性水平上显著。

为了保证估计结果的稳健性，本书又利用相对长期的移动平均数据

对模型进行了估计。模型中的相关变量都进行了三年移动平均的处理，估计结果如表 5 – 3 所示。对数据进行移动平均处理可以反映资本成本对于经济增长速度相对长期的影响，方程（1）和方程（2）与表 5 – 2 中的估计结果基本相同，股票指数变化率（SP）和实际利率（RI）的系数仍然在 1% 的水平上显著，其中股票指数所代表的资本成本总体水平对经济增长的影响作用增强了，其回归系数从 0.0136 增至 0.0229，无风险部分的资本成本对经济增长的影响作用没有明显变化。风险溢价（RP）系数在 10% 的水平上显著，但问题是其系数符号与预期相反。风险溢价（RP）的数值为贷款利率与短期国债收益率的差值，这个差值理应反映出银行系统对信用风险的估价水平，其值越大资本成本越高，但是我们也要看到这个差值有可能受到当地金融机构的发展水平的影响，另外这个银行贷款溢价程度还有可能受到较大的顺周期影响，当经济繁荣贷款需求旺盛时，银行系统会提高个人贷款的溢价。关于这个指标为何没能如预期那样反映出资本成本水平，需要进一步的研究。

表 5 –3　　　　　　　资本成本与经济增长（移动平均数据）

解释变量	被解释变量：三年平均经济增长率（GDP）					
	（1）	（2）	（3）	（4）	（5）	（6）
常数项	3.1057 *** (33.1590)	4.3280 *** (46.2270)	3.7748 *** (20.4815)	2.9547 *** (24.0581)	3.1081 *** (24.9570)	2.4520 *** (9.6669)
SP	0.0229 *** (6.1908)			0.0182 *** (5.1912)		
RI		– 0.0191 *** (– 3.4160)			– 0.0234 *** (– 4.2559)	
RP			0.0324 * (1.9369)			0.0237 (1.4848)
POP				0.6407 *** (9.0762)	0.8924 *** (15.1033)	0.9199 *** (8.3755)
RGNI				– 0.6202 *** (– 8.4936)	– 0.4004 *** (– 5.6387)	– 0.1819 (– 1.4581)

续表

被解释变量：三年平均经济增长率（GDP）						
解释变量	(1)	(2)	(3)	(4)	(5)	(6)
样本国家	83	174	92	82	168	89
观测数	1171	2777	1355	1145	2666	1233
拟合优度	0.17	0.04	0.04	0.27	0.13	0.08

注：括号内为 t 值，***、**、* 分别表示在1%、5%、10%的显著性水平上显著。

如前所述，资本成本包括无风险部分和有风险部分。资本成本的总体水平以及无风险部分的资本成本对经济增长的作用已经被数据所证实，现在需要进一步考虑有风险部分，即风险对经济增长的影响。风险溢价（RP）的水平值可能受到其他因素的影响，但是其数值的波动性仍然可以反映出资本面临的不确定性。贷款利率溢价的波动性能够一定程度上反映资本投资的风险水平，其波动性越大说明资本预期收益率的不确定性越大，投资的要求回报相应就越高，企业的资本成本也就越高。因此风险溢价的标准差（RPSD）也可以用作一国资本成本水平的代理。通过将风险溢价（RP）的数值进行处理，计算出其五年数值的标准差，生成反映风险资本成本的新系列（RPSD），将之作为解释变量重新与年度和三年移动经济增长率（GDP）进行回归，表5-4的估计结果显示 RPSD 的系数在1%的水平上显著为负，表明风险水平与经济增长负相关，这意味着风险越大企业的资本成本越大，最优投资规模相对变小，经济增速放缓。表5-4中两个方程中解释变量的估计系数还表明，风险部分的资本成本对长期的经济增长的解释能力可能更强。

表5-4　　　　　　　风险溢价与经济增长

被解释变量	GDP	GDP3
常数项	3.3147 *** (22.9514)	3.4334 *** (31.0674)

续表

被解释变量	GDP	GDP3
RPSD	−0.0363 *** (−2.8872)	−0.0667 *** (−7.0371)
POP	0.4908 *** (6.4824)	0.4611 *** (7.9384)
RGNI	−0.4548 *** (−5.2791)	−0.4732 *** (−7.2803)
样本国家	102	102
观测数	1612	1599
拟合优度	0.16	0.18

注：括号内为 t 值，*** 、** 、* 分别表示在 1%、5%、10% 的显著性水平上显著。

  利用世界银行提供的 1990～2013 年国别数据，通过面板模型时点固定效应的估计方法，实证检验了资本成本与经济增长之间负相关的关系。股票指数变化率与实际利率相比具有更大的估计系数和拟合优度，说明在促进经济增长方面资本成本总体水平比单纯的利率有更强的影响和作用。计量分析的结果证实了理论假说，即在投资机会集不改变的情况下，较低的资本成本能促进经济更快地增长。

第六章

国有资本的性质和特点

第一节 国有资本与民间资本

经济学上的生产是资本与劳动力等生产要素的结合，现代经济的生产组织方式主要是以两权分离为特征的公司制，两权分离即企业的所有权和经营权分离，企业的所有者不直接参与公司的经营活动，而是由其代理人——职业经理人负责经营管理。站在职业经理人的角度来看，不论企业的所有者是谁，都应该尽职地去努力实现公司的经营目标。企业资本的性质即资本来源于个人还是国家，除了可能对代理问题造成影响以外，对企业经营还有没有其他的影响？下面就论述不同所有制资本的差别，具体来说就是国有资本和民间资本的各自特点。

一、国有资本的优势

国有资本的第一个优势是能够克服外部性，使外部成本内部化。从本质上来说，国有资本的所有者是全体人民，这种特殊的属性把一些对于私有企业来说的外部成本转换为内部成本，因此，能够自动地克服环境污染和垄断等负外部性带来的问题，发挥公共品生产和保护国家安全等正外部性。例如，私人资本在生产过程中给环境带来的成本不需其个人承担，因而会造成社会福利的损失（虽然负外部性可以通过监管来克服，但是监管有成本并且存有漏洞），但是对于全民所有的国有资本来说，环境污染的成本并非外部成本，而是必须要承担的内部成本。在实际中我们也发现在对环境影响较大的采矿和电力等行业，国有资本参与的企业普遍具有更好的环保设施，实现了更高的环保标准的生产。同样道理，国有资本也不会滥用垄断地位攫取垄断利润，因为攫取垄断利润必然会损害其他行业利益和整体社会福利，而这并不符合全体人民即国有资本股东的利益。在市场经济中，还有一些具有正外部性的行业，由于存在"搭便车"现象而影响投资收益率，私人资本所有者不愿提供这些产品，但国有资本的特殊所有者属性能够使这些外部收益内部化，因此，国有资本能够提供具有公益性质和保卫国家安全性质的产品。

国有资本的第二个优势是综合收益。除了获得资本增值的财务收益以外，国有资本还能够得到税收、经济发展、制度改进等间接受益。国有资本由国家政府代表全体人民进行管理，国有资本除了自身增值增加政府直接收入外，还能通过缴税的方式增加政府收入以及协助政府实现在社会管理方面的目标。国有企业不仅直接向政府上缴税收，还能带动上下游企业的发展，为政府扩大税基，进一步增加政府的税收收入。国有资本投资于基础设施，为经济发展创造条件，政府不仅获得税收这样的间接财务收益，还有助于政府实现促进经济增长的管理目标。在法制和市场机制不甚健全的发展中国家，政府利用国有资本实施社会管理功能在成本上更具有优势。

国有资本全民所有和综合收益的特点衍生出国有企业的优势就是能主动承担更多的社会责任，即企业在追逐利润，谋求自我生存与发展的同时，维护社会和公众利益，承担社会发展的责任，如保护环境的责任、保护雇员的利益和保护消费者的权益等。

国有资本的第三个优势是其收益的风险较低。在公有制占主体地位的我国，国有经济几乎遍布所有的行业。经济理论证明，分散化可以降低风险（Markowitz，1952）[1]。具体来说，资本投资和企业经营时受到

---

[1] Markowitz H. Portfolio Selection [J]. *The Journal of Finance*，1952，7（1）：77－91.

各种不确定性因素的影响，实际收益与预期收益产生偏差，即为资本所有者面临的风险。不同行业企业面临的不确定性因素以及同一宏观不确定性因素对不同行业企业造成的影响不完全相同，这就使得分散化能够降低风险。如当能源价格波动时，煤矿、发电厂和制造业企业的实际收入与预期收入产生偏差的方向和程度并非完全一致，因此同时投资这三类企业比单独投资一类企业所面临的风险要小。我国国有经济广泛的分散化极大地降低了国有资本面临的风险。当企业面临破产清算威胁时，破产的可能性越大，投资者要求回报率就越高，债权成本和股权成本就越高，这被称作破产的间接成本。行使国有资本所有权职能的政府拥有税收权和铸币权，在国有资本遭遇风险遇到困难时，具备强大的再注资能力，因而国有企业具有相对较低的破产清算风险。理论和实践都表明资本的要求回报率与其风险水平正相关，风险较小的国有资本具有相对较低的要求回报率。

国有资本较低的要求回报率（从企业的角度来说，就是国有企业较低的成本）衍生出国有资本另外两个显著优势——前瞻性的长期投资和较强的科技创新能力。企业在进行投资决策时要进行资本预算，即计算投资带来的预期收益是否大于投资成本，资本成本就是资本预算时使用的折现率。资本成本越高，未来收入的现值越低，短期收益的价值越高。因为国有资本的成本较低，远期收益也具有可观的价值，因此，国有资本更擅长于具有前瞻性的长期投资。科技创新需要大量长期地投入，并且风险较高，没有大量的低成本的资金投入不足以支持重大的科技创新，国有资本恰好在这方面具有民营资本不可比拟的优势。我国的高铁技术、深潜技术和太空技术的发展就是很好的证明①。

---

① 金碚（1999）总结了国有资本的特点：第一，国有资本具有更大的风险承受能力，出现经营、财务等困难时容易取得政府支持，国有化能增加企业抵御风险的能力。第二，国家可以通过建立国有企业来实现一定的社会政策目标。第三，国有资本的强大融资功能，成为企业和产业成长的有力推动力。国有企业特殊的融资渠道包括财政拨款、财政补贴、财政担保、国际金融市场发行主权债券、接受外国政府贷款等。荣兆梓（2012）认为个人投资者对自己投资的盈亏更为敏感，导致民间资本的投机性更强，其投资行为以短期收益为目标，管理国有资本的政府则更重视长期收益，这是国有资本相对于民间资本的比较优势。

二、国有资本的弱势

国有资本的第一个弱势是较长的委托代理链条。现代企业普遍实行所有权和经营权的两权分离，企业所有者委托企业经营者作为代理人，但是国有企业的委托代理链条明显过长，带来相对较高的代理成本。国有资本的最终所有者是全体人民，全体人民显然无法直接行使对国有资本的所有权，需要由政府代表人民来管理全民所有的国有资本，政府通过国有资产管理部门来行使具体的所有权，雇用国有企业的管理者进行国有资产的具体经营。如此长的委托链条，代理成本自然较高，较高的代理成本可能降低国有企业的绩效以及国有资本的收益率。

国有资本的第二个弱势是缺少众多分散的决策主体。市场机制依靠众多独立的分散决策主体，通过竞价产生价格信号，生产效率较高的资产能够获得较高的市场定价，从而实现资源的有效配置。虽然国有企业的数量众多，且都是独立经营的法人实体，但是国有资本的控制者数量较少，不能形成有效的国有资本市场，无法产生有效率的国有资本价格信号。

上述国有资本的两个劣势衍生出国有企业的两个弱势——缺少客观的评价以及缺乏有效的监督。现代企业制度的一个重要特点就是企业的经营水平能够反映在资本市场的价格变化上。当缺少资本市场的价格信号时，不易判断企业经营的绩效。虽然财务报表可以在一定程度反映出企业经营情况，但是报表中的财务指标只能反映已经发生的收支情况，并不能反映企业决策对未来业绩的影响，不能反映企业经营的前景如何，也不能反映企业经营风险的水平。利用资本市场还可以对企业经营进行有效监督。一方面资本所有者可以利用公开的市场价格对经营者实施股权激励计划，另一方面资本市场使企业被收购可能性与股票价格密切相关，即管理层需要通过努力经营提高股价以降低被恶意收购的可能性。由于国有资本缺少足够的市场参与主体，不能充分利用资本市场提供的评价和监督机制。

三、民间资本的优势

民间资本具备较高的运营效率、配置效率和强大的创新能力。资本的价格取决于未来的现金流数量和资本的成本。资本（特别是权益资本）的未来现金流是不确定的，市场参与者越多，对未来现金流的平均估计值就越接近于真实期望值。资本的成本实质上是投资的机会成本，市场的规模和范围越大，投资者越容易锚定其投资的机会成本。民间资本众多分散的决策主体形成资本交易的市场，提供了不可或缺的流动性，投资者可以比较容易地进入和退出投资，资本的运营效率是资本配置效率的基础。众多民间资本的所有者在市场中竞相出价，形成资本的价格信号，能够自动地指导金融资本流向最有效率的部门和企业。不仅如此，资本市场价格的信号还能成为评价企业经营状况的参考标准和监督企业经营的重要手段。

众多的市场参与者使试错求解成为可能，是模式创新的主要来源。顶层设计固然重要，但试错法也是解决问题的重要方法，很多重要的创新来自于试错性探索。在竞争激烈的行业中，众多民间资本所有者为了获得竞争优势，尝试各种新的模式试图获取超额收益，尝试者越多，通过市场的优胜劣汰机制越能够产生更优的创新模式。例如，我国互联网行业中的阿里巴巴模式、手机行业中的小米模式等。对于民间企业，特别是民营小微企业来说，代理问题很小甚至不存在，这也是民间资本的一个重要优势。

四、民间资本的弱势

民间资本除了无法克服外部性以外，分散化程度低和投资者的非理性行为也是民间资本的劣势。民间资本的总体规模很大，但每个投资者的规模非常有限，因而在实践中其投资分散化程度低所以风险偏大、要求回报率偏高。投资者只会投资于预期回报大于其要求回报率的项目，因此要求回报率高必然导致民间资本可投资的项目减少，这使得民间资本的投资规模小于社会最优规模。要求回报率高还导致民间资本过度追求短期利益。投资者的有限理性使资本市场并非总是有效的，市场产生的价格可能偏离合理的价格和价值水平。受到情绪的影响，个人投资者对资本的要求回报率的波动可能很大。羊群效应可能使价格的偏离程度加深以及偏离长期存在。这可能导致资源的错配，造成投资的浪费或不足，严重时还能引起宏观经济波动甚至是经济危机。

表 6-1 是国有资本和民间资本优势劣势分析的总结。推动混合所有制改革首先要明确国有资本和民间资本的各自的优势劣势所在，才能有针对性地设计混合所有制改革方案，真正实现取长补短、相互促进、共同发展。

表 6-1　　　　国有资本和民间资本的优势劣势分析

	国有资本	民间资本
优势	克服外部性、社会综合收益、社会责任、较低的资本成本、长期投资、科技创新	价格机制、自动配置、市场的评价和监督机制、模式创新、代理成本低
劣势	代理成本高、双重目标、缺乏客观的评价机制、监督困难	要求回报率高且不稳定、强调短期收益、羊群效应、经济波动

第二节　国有资本与社会主义

公有制为主体是社会主义的内在要求，资本的特性决定了资本主义私有制生产方式的问题，而这个问题需要通过公有制来解决。国有经济的重要地位和作用源自于国有资本的独特优势，国有经济是建设社会主义事业的物质技术基础和生产关系基础，只有存在足够规模的国有资本才能保证有效的宏观调控，保障中国特色社会主义事业的顺利发展和更高水平的人民生活。公有制为主体是社会主义国家性质的根本保证，本节将从私有资本和国有资本的特点出发，可以从一个新的角度阐述资本

主义社会的剥削问题和基本矛盾，论证坚持公有制为主体是经济发展的
内在要求和必然结果。

一、谁应该对剥削负责

资本主义社会特别是早期资本主义社会的剥削问题有目共睹，马克
思在 19 世纪深入地考察了工人阶级的生活状况，寻找资本家剥削工人
的秘密和无产阶级贫困的原因。在研究的过程中马克思强调要使用"抽
象力"，即用抽象思维能力探求事物的本质和规律[1]。马克思的剩余价
值学说准确地揭示了资本主义社会的本质和规律，然而由于理论比较抽
象，并不是所有的人都能够理解和接受。20 世纪以来的金融学理论研
究取得了很多进展，利用现代财务和投资的分析方法可以从一个新的角
度来解释资本主义社会的剥削现象。

在私有制的资本主义社会里为什么存在资本对劳动的剥削？资产阶
级在无偿占有劳动者剩余价值时是否具有主观意愿？剥削行为与资本家
个人的道德品行有关吗？这些是理解剩余价值学说时首先要明确的问
题。马克思曾经表示剥削和占有剩余价值不能归咎于具体的个人，他在
《资本论》第一版序言中说"为了避免可能产生的误解，要说明一下。
我绝不用玫瑰色描绘资本家和地主的面貌。不过这里涉及的人，只是经
济范畴的人格化，是一定阶级关系和利益的承担者。我的观点是把经济
的社会形态的发展理解为一种自然史的过程。不管个人在主观上怎样超
脱各种关系，他在社会意义上总是社会关系的产物。同其他任何观点比
起来，我的观点是更不能要个人对这些关系负责的。"[2] 也就是说，资
本家是资本的人格化，资本家只是资本功能的具体执行者，剥削是资本
主义制度造成的，"不能要个人对这些关系负责"。那么，问题来了。
如果资本家不是"坏人"，那他们为什么还要占有劳动者的剩余价值

---

[1] 卫兴华：《资本论简说》，中国财政经济出版社 2014 年版，第 16 页。
[2] 《马克思恩格斯全集》第 23 卷，人民出版社 1972 年版，第 12 页。

呢？我们应该如何解释剥削劳动者的是资本主义的私有制度而不是具体的资本所有者呢？

二、专业分工与剩余价值

生产需要资本与劳动的结合，生产出的产品要在资本所有者和劳动者之间进行分配。资本占有劳动的剩余价值，是指除了维持劳动力基本生活以外的产品全部被资本占有。也就是说，产出中相对过多的部分被分配给了资本所有者，为什么资本所有者要在分配中得到这么多，这可以用投资者的要求回报率这个概念来解释。

资本所有者对资本增值的要求在金融学里被称作投资者的要求回报率。投资者对其资本投入的要求回报率由投资活动的风险决定。金融学将投资定义为资本所有者当期支出一定的现金流以获取未来预期现金流的活动。未来现金流收入的不确定性，就是投资者所面临的风险。当预期风险相同时，投资者通常会选择预期收益较大的项目；当预期收益相同时，投资者往往会选择风险较小的项目。因而风险越大，投资者的要求回报就越高。举例来说，企业债券有一定的信用风险，而政府债券基本上是无风险的，投资者必然期望企业债券的预期回报比政府债券高。若企业债券的预期收益与政府债券相同，投资者只会购买政府债券而不愿购买企业债券，因为投资者都不愿意无偿地承担额外风险。因此，投资者的要求回报率与投资风险是线性相关的。如果一项投资的预期收益率达不到投资者的要求回报率，投资者就不会投入资本。

投资的风险可以被分成系统性风险和非系统性风险两类。系统性风险也称市场风险，指的是宏观的、对所有投资都造成影响的风险，比如政府提高税率或实行紧缩型货币政策等。非系统性风险也称为公司具体风险，指的是只影响部分公司的风险，如地震、原材料成本上升或消费者偏好改变等。非系统性的风险是可以通过多元化、分散化配置的投资组合而被降低甚至消除的。这是因为非系统性风险只对部分投资产生影响，当一部分投资的实际回报小于预期时，其他投资的实际回报并不会同样幅度地减少，或者有可能高于预期，这样组合在一起的不同投资的综合回报率就比较接近于预期回报率，也就是说风险比较小。

　　专业化分工在极大地提高生产效率的同时也提高了投资的风险水平。专业化分工越细，社会生产中涉及的交换越多，投资所面临的非系统性风险就越大，如国际贸易时的信用风险、外汇兑换的风险和代理问题引发的风险等。私有资本在理论上也可以通过分散配置的组合投资方式降低非系统性风险，但在实际上其能够实现的资产分散程度是很有限的。一方面，虽然私有经济的总体规模可以很大，但是具体到每个人所拥有的资本规模相对很小，即使是最富有的私人投资者，其投资的范围也是相对狭窄的；另一方面，私人投资时面临着专业化与分散化的矛盾，作为个人不可能同时兼具各个行业的专业知识，只有在其擅长的专业领域内才能寻找到更好的投资机会，但这同时必然丧失了资产分散配置的好处。因此，生产社会化带来的非系统性风险在私有制的条件下难以很好地通过资产分散化被消除，较高的风险导致资本所有者较高的要求回报率。

　　生产社会化还使资本所有者和劳动力的所有者处于越来越不平等的地位。资本是同质的且具有高度流动性，如果某一投资项目的预期收益达不到资本所有者的要求，其可以比较容易地将资本转投至其他的行业和项目。即便找不到其他能够满足要求回报率的投资项目，资本还可以转为消费资金。然而，劳动力的所有者则有很大不同。专业化分工以后，劳动力的流动性大大降低了，因为不同专业所需技能的差异越来越大，劳动者难以转行就业。况且劳动力只有在出售以后，即与资本结合进行生产以后才能获得消费资料。资本主义"资本雇佣劳动"的生产方式实质上是由资本所有者决定是否进行生产，资本所有者成为生产和分配的决策者。产品的分配必须首先满足资本的增值要求，如果不能满足投资者的要求回报，生产活动将不会被进行，劳动者只能处于被动接受的状态。资本的要求回报率越高，劳动者所得到的产品越少。因此，产品在资本和劳动者之间分配的比例主要由资本的要求回报率决定。这样，资本较高的增值要求就占有了劳动者的部分劳动产品，在满足了资本所有者的要求回报后，劳动者只能在分配中得到仅够维持生存和发展的工资水平。

在实际生活中不乏从无产者转变成为有产者的"白手起家"者，他们了解被榨取剩余价值的痛苦和不平；也不乏乐善好施的有产者，他们积极从事博爱的慈善事业。但是这些资本所有者无一例外的还是要占有剩余价值，这种无法"超脱"的社会关系不是具体的人决定的，而是资本要求增值的特性决定的。马克思指出："资本只有一种生活本能，这就是增值自身，获得剩余价值，用自己的不变部分即生产资料吮吸尽可能多的剩余劳动。"①

三、资本主义的基本矛盾

马克思主义认为社会化大生产和生产资料私人占有之间的矛盾是资本主义的基本矛盾。如何理解这二者之间的矛盾性，以及基本矛盾如何决定了资本主义的必然灭亡和社会主义的必然胜利，这也是马克思主义研究的基本问题。对于这些问题，现代金融学的发展为我们提供了一种新的分析思路和解释方法，也就是利用风险与回报的研究框架来分析问题。在对剩余价值理论和资本主义基本矛盾进行论述的同时，也将自然地得出公有制必须占主体地位的结论。

专业化分工促进了生产效率的提高，带来了生产的不断社会化，然而资本主义的生产资料私有制难以通过广泛的资产分散化来解决专业化带来的非系统性风险问题，因此，社会化大生产与生产资料私人占有制之间存在着基本矛盾。在私有制的社会中，资本较高的增值要求使资本所有者占有了相对过多的社会产品，而劳动者的所得只占国民收入的一小部分，甚至劳动者得到的是仅仅能够维持生活的最低工资。当资本的收益率超过劳动收入的增长率时，日趋严重的贫富分化将带来社会公平问题。不仅如此，资本的较高的增值要求还会造成资本主义社会的失业

---

① 《马克思恩格斯全集》第23卷，人民出版社1972年版，第260页。

问题以及经济波动问题。

现代企业管理理论认为企业经营的目标不是收入最大化也不是利润最大化，而是所有者权益的最大化。企业经营者是资本所有者的代理人，资本成本是企业投资的底线，只有投资于预期收益超过其资本成本的项目才能增加企业的价值、增加资本所有者的财富。企业的资本成本是企业所有者要求获得的最低收益率水平，而非实际发生的会计成本。例如，根据预期风险的水平，资本的所有者要求其资本年收益率达到10%，若该企业投资于预期收益率为8%的项目，企业所有者的权益就面临损失，或者企业经营者遭到直接解雇，或者企业面临股东的撤资。因此，企业的投资会严格按照投资者要求的回报率，即企业的资本成本作为标准来筛选投资机会。

企业的投资机会是边际收益递减的，企业在投资时会首先选择预期收益最高的项目，然后再选择收益次高的项目，因此，企业投资的边际收益率会随着投资规模的增加而下降（见图6-1）。投资需要资本，企业会首先使用融资成本较低的债权资本和内部股权资本（留存收益），然后才会选择成本相对较高的外部股权融资，因而企业的边际资本成本会随着投资规模的增加而增加。因为投资收益随着投资规模扩大递减而资本成本随着投资规模扩大递增，所以并非企业的投资规模越大其所有者的收益就越大，当投资超过一定规模时，递减的投资收益将不足以弥补递增的资本成本，因此，必然存在使得资本所有者权益最大化的投资规模（见图6-1），也就是边际投资收益等于边际资本成本那一点（q）。

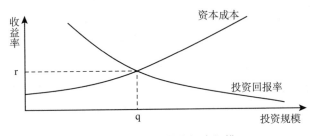

图6-1 企业的最优投资规模

在投资机会不变的情况下，资本所有者的要求回报率越高，企业的资本成本就越高，有的项目因为预期收益率满足不了资本较高的增值要求而得不到投资，那么企业乃至社会的投资规模将会低于最优水平。换句话说，私有制资本过高的增值要求必然导致低于充分就业水平的投资规模，被占有了剩余价值的劳动者还要承受失业的压力。

现实中的投资机会并非一成不变，技术的进步将使投资回报率曲线将会右移，带来经济的增长。经济增长理论认为技术进步是推动经济增长的重要力量，但技术进步本身具有偶然性和外生性。在技术进步较快的时期，乐观情绪会降低私人资本所有者对风险的估价，降低其对资本的要求回报率，因而投资的规模会进一步增大，经济增长会加速，就业问题会得到缓解；当技术进步陷于停滞时，悲观情绪会提高资本所有者对风险的估价从而提高资本的成本，这会加重投资规模不足的内在问题，加剧经济的波动。从经济发展的历史来看，当出现诸如互联网等新技术更新时，资本主义的经济发展会加速，而一旦新技术的更新速度减缓，资本主义的经济就会出现泡沫化，接踵而至的就是经济危机。凯恩斯主义的总需求管理，即通过政府的财政政策能够缓解私有经济体制的问题，但这只是治标不治本的方法。

私有资本相对较高的增值要求不仅会造成失业问题，同时还将带来资本的过剩。具有较高要求回报率的资本增值较快，但其投资机会却在减少。资本增值后找不到符合其要求回报率的实业投资目标，就会在金融市场上通过杠杆化、衍生证券化等金融创新为自己制造获得高额回报的机会，如果这些金融创新并不是以服务实体经济为目的，结果必然是泡沫的破灭和市场的崩溃。如美国的住房抵押次级贷款就是私人资本所有者为获取高额的回报将资本借贷给不具备购房能力的居民，最终引发席卷全球的金融和经济危机。再如 20 世纪末的亚洲金融危机也是由过剩的私有资本所引发，私有资本为了满足其较高的增值要求，不惜攻击他国的汇率体制，引发他国的经济和社会灾难。

四、坚持公有制的主体地位

专业化分工和生产社会化增大了投资的风险，私有制资本过高的增值要求造成了对劳动者的剥削并引发了资本主义的基本矛盾。这些资本主义私有制内生的问题，只有通过实行社会主义的公有制才能从根本上解决。社会主义国家代表全体人民所有的资本几乎遍及所有行业和领域，其广泛的分散化能极大地降低生产社会化带来的非系统性风险。例如，煤炭的市场价格下降造成煤炭开采投资的收益减少，但是火电生产投资的收益却比预期增加了，因而国有资本极大地消除掉了非系统性的风险，使投资的总体收益与预期相比变化不大，即风险比较小。

不仅国有资本的投资风险比较低，国有资本运营时的双重目标也使得国有资本所有者可以要求较低的资本增值率。政府作为国有资本的直接所有者，除了获得投资的财务收益外，还能得到诸如税收增加和社会管理等间接收益。国有企业不仅向政府直接纳税，还能通过带动上下游关联的民营企业发展，间接增加政府的财政收入。国有资本的投资还有助于政府社会管理职能的实现，如国有企业在促进就业，维持物价稳定等方面的积极作用，这也是国有资本所有者的间接收益，节省了政府相关的支出，也相当于增加了政府的收入。对于私人资本所有者来说，除了直接的资本增值以外，很少有其他间接的收益。

从我国的实际数据上来看，国有资本对增值的要求确实小于私有资本。根据估算，我国2004～2013年资本市场平均要求回报率为9.10%①。所谓市场平均要求回报率是指控制了非系统性风险之后的资本增值要求，对于无法有效分散化的私人资本来说其要求回报率会比这个数值更高②。

---

① 数据来源自中国人民银行网站和 Damodaran 网站（http：//www. stern. nyu. edu/～ad-amodar）。

② 宜信财富与联办财经研究院发布的《2014 中国财富报告：展望与策略》显示民间融资平均年利率 36.2%，摘自《新京报》2015 年 2 月 25 日 http：//www. bjnews. com. cn/finance/2014/02/25/306292. html。

相比之下，我国政府对国有资本增值的要求仅为每年 5.5% [①]。国有资本与私有资本在增值要求上的差异，还可以从企业的角度来考察。企业在生产时会使用资本和劳动两种生产要素的组合，其组合方式即资本与劳动比例由要素价格决定。资本所有者对资本增值的要求就是企业使用资本的成本，劳动者对收入的要求就是企业支付的工资成本。当资本的成本相对较低时，企业就会选择更多的资本更少的劳动，反之就会选择更少的资本和更多的劳动。截至 2013 年底，我国企业资产总计约为 850 万亿元，其中国有企业资产总额 110 万亿元，国有企业的资产占比约为 22%，但是国有企业的就业人数只占全部企业的 3.4% [②]。国有及国有控股企业的人均占有资本 20.51 万元，而私营企业人均占有的资本仅为 9.88 万元 [③]。这些数据表明了国有资本的要求回报率显著低于私人资本的要求回报率。理论和数据都证明了国有资本具有明显较低的增值要求，国有资本只需要在分配中获得合理份额，而不需要占有劳动者的剩余价值。

社会主义公有制不仅能够解决了资本占有剩余价值的问题，还可以从根本上消除了资本主义社会面临的基本矛盾，避免周期性经济危机的发生，保持国民经济平稳的运行。因为国有资本的要求回报率小于私有资本的要求回报率，所以对不同所有制的企业来说其资本成本是不同的，其投资规模也是不同的。国有企业因为具有比较低的资本成本，可以实现相对较大的投资规模（见图 6-2）。不仅如此，国有投资还避免了私有制度下贪婪、恐惧等情绪因素对个人决策的影响，减少了资本成本水平的变动带来的经济活动的波动性。如果把经济增长理解为社会产品的不断增加，那么国有资本相对更大的投资规模将带来更高的经济增长速度。因此，社会主义公有制更有利于促进国民经济快速的增长、实现相对充分的就业以及维持经济活动的平稳。马克思主义认为在资本主

---

① 2009 年 12 月 31 日国务院国有资产监督管理委员会令第 22 号《中央企业负责人经营业绩考核暂行办法》，附件 1《经济增加值考核细则》。

② 数据来自第三次经济普查数据以及中国统计年鉴。

③ 根据中国统计年鉴计算。

义发展过程中,当生产的社会化和社会分工达到一定的程度,"国家不得不承担起对生产的领导"①。

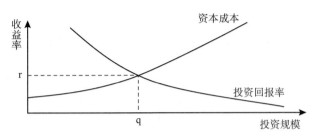

图 6 - 2 国有资本的优势

在现代资本主义社会里,股份公司和投资基金等制度创新能增强私有资本的分散化配置能力,政府也建立了一些国有企业以克服一些市场失灵的问题,同时利用凯恩斯主义的宏观调控政策缓解一些投资不足的问题。但是其总体上的私有制无法从根本上改变资本高风险、高增值要求的本质,不断加强的专业分工和生产专业化依然在提高私有资本难以克服的非系统性风险,私有制的资本不可避免地仍要占有劳动者的剩余价值,并且不能避免引发周期性的经济危机。

在明确公有制优势的同时也应看到,市场是配置资源的有效方式,坚持公有制并不意味着实行完全公有制的计划经济,要看到市场的创新机制和竞争机制对于国民经济的重要作用。要让市场在资源配置中起决定性作用,实行有中国特色的社会主义制度,坚持公有制为主体,同时允许非公有制经济的存在,鼓励、支持和引导非公有制经济发展。既要利用市场配置资源的效率优势,又要避免私人资本的局限,必须坚持以公有制为主体,发挥国有经济的主导作用。因而在我国的经济改革和发展过程中,必须坚持两个"毫不动摇",即毫不动摇地坚持和完善公有制为主体、多种所有制经济共同发展的基本经济制度,必须毫不动摇地

① 《马克思恩格斯选集》第3卷,人民出版社1995年版,第628页。

巩固和发展公有制经济；必须毫不动摇地鼓励、支持和引导非公有制经济发展。

在发展公有制经济时，要注意国有企业的收益水平低于私有企业并不是国有企业经营效率低下的证据，而恰恰是国有资本成本优势的体现。私有资本的要求回报率高，私人企业自然不会投资于收益较低的项目，而国有资本的要求回报率低，国有企业就可以投资于收益相对较低的项目，因此国有企业的投资收益率低于私有企业是合理的结果。国有经济占国民经济的主体地位，国有企业的平均收入增长率在理论上与国内生产总值（GDP）的增长比率相当，因为收入需要在资本所有者和劳动力所有者之间分配，因此，国有资本的收益率低于经济增长率是正常的，国有企业相对较低的资本成本必然对应着较大的投资规模和较低的收益率。如果按照资产收益率作为评价标准而做出国有企业私有化的决策将是令人失望的，因为私有化之后的利润率上升必然是以投资规模减小为代价，这个过程必将伴随着大幅裁员以及生产的减少。

五、小结

投资的风险越大，资本对增值的要求越高。生产的社会化提高了投资的风险水平，但是私有资本难以通过分散配置的方式降低非系统性风险。生产的社会化还强化了资本所有者和劳动力所有者的不平等地位，"资本雇佣劳动"的生产方式决定了劳动者只能处于被动接受的状态。因此，资本较高的增值要求必然导致产品的大部分被分配给了资本的所有者，这就是资本占有劳动者剩余价值的过程。

资本主义私有制妨碍资本通过分散配置降低生产社会化带来的风险，导致了资本主义的基本矛盾。在市场经济中，企业的投资机会是边际收益递减的，而企业获得的资本是边际成本递增的，投资机会和资本成本共同决定了企业的投资规模。私有资本较高的增值要求决定了私有企业相对较高的资本成本，因而造成资本主义的相对较低的投资规模，带来失业问题以及资本相对过剩的问题。这些问题在技术进步较快的时期能够得以隐藏，而在技术进步停滞时期，资本主义必然爆发经济危机。

遍布国民经济各个领域的国有资本能够极大地消除非系统性风险，同时国有投资的间接受益也能降低了国有资本的增值要求。经济数据也表明了国有资本在增值要求方面显著低于私有资本。理论和实际数据都表明，公有制经济占主体地位的我国，近几十年来国民经济一直保持高速稳定的增长，其中国有资本起到了根本的作用。坚持公有制主体的同时也不能忽视市场机制在资源配置中的效率以及非公有制经济的作用，因此必须坚持公有制占主体的有中国特色社会主义的道路。

第三节　国有企业的资本成本

资本成本的概念对于国有企业来说同其他所有制企业一样重要。合适的财务决策要保证投资能创造出等于或者超过资本成本水平的价值，满足了投资者的要求回报率才算是保护了投资者的利益，企业的竞争力实质上是企业所具备的超过资本成本的价值创造能力。从宏观上看，国有企业一方面要满足政府股东的要求回报率，另一方面也要确保国有企业的长远可持续发展，国有企业经济附加值（EVA）考核中的关键因素是国有股权资本成本的正确估算，在对公益性国有企业的管制当中资本成本也起着非常重要的作用。

20 世纪八九十年代国有企业普遍遭遇了利润亏损、员工下岗等比较严重的经营困境，国有经济陷入困境的重要原因是当时国有资本的短缺，即"有限的国有资本难以支撑庞大的国有经济的盘子"（吴敬琏，1997）[1]，这也可以理解为当时的资本成本较高。2000 年以后，经过市场化改革的国有企业逐步适应了市场机制经营状况得到了明显的改善，人们对国有企业的资本成本也有了新的认识。因为国有企业能够获得来

---

① 吴敬琏、张军扩、吕薇等：《实现国有经济的战略性改组：国有企业改革的一种思路》，载《交通企业管理》1997 年第 5 期。

自政府的隐性保险，因而此有较低的经营风险决定了国有企业较低的资本成本（辛清泉，2006）①。但是也有观点认为政府对国有企业的保护容易演变为政府对国有企业的干预，这会增加国有企业经营环境和经营行为的不确定性，从而提高国有企业的资本成本。国有产权可能影响公司治理，代理成本导致国有企业融资时需要支付额外的成本，从而提高国有企业的资本成本。不仅是股权资本成本，债权资本成本也受到所有权性质的影响，银行在向企业提供贷款时可能存在"所有制偏好"，国有产权会降低企业的债权资本成本（徐明东，2012）②。不同性质的投资者具有不同的个体风险偏好，投资者的风险厌恶程度决定了其要求的风险溢价水平，吉利（2012）利用 2004～2009 年 A 股上市公司数据证实了国有产权显著影响企业的股权资本成本，国有股权的预期回报低于其他股权，即国有资本成本低于民间资本成本③。

国外学者也认为国有企业的优势就是可以获得成本较低的资本（Koppell，2007）④。国有化和私有化之所以发生，就是因为政府和私人具有不同的风险偏好，因而对同一企业的估价会有所不同，而估价之所以不同是因为政府和私人使用了不同的资本成本（Rosa，2010；Christensen，2010）⑤⑥。

国有资本为什么具有相对较低的成本，对此各界有不同的看法。本书认为，这并不是因为政府补贴的结果，而是国有资本的本质特点所

———————

① 辛清泉、林斌：《债务杠杆与企业投资：双重预算软约束视角》，载《财经研究》2006 年第 7 期。

② 徐明东、田素华：《转型经济改革与企业投资的资本成本敏感性——基于中国国有工业企业的微观证据》，载《管理世界》2013 年第 2 期。

③ 吉利、邓博夫、毛洪涛：《会计准则国际趋同、国有股权与股权资本成本》，载《会计与经济研究》2012 年第 5 期。

④ Koppell J. Political Control for China's State-owned Enterprises：Lessons from America's Experience with Hybrid Organizations [J]. *Governance：An International Journal of Policy，Administration，and Institutions*，2007，20（2）：255 - 278.

⑤ Rosa J and Pérard E. When to Privatize? When to Nationalize? A Competition for Ownership Approach [J]. *Kyklos*，2010，63（1）：110 - 132.

⑥ Christensen P，Rosa L and Feltham G. Information and the Cost of Equity Capital：an Ex-ante Perspective [J]. *The Accounting Review*，2010，85（3）：817 - 848.

致。由于国有资本几乎遍及所有行业和领域，其广泛的分散化能极大地降低生产社会化带来的非系统性风险。例如，煤炭的市场价格下降造成煤炭生产的收入减少，但是因为成本下降火电生产的收入却比预期增加了，对于同时投资煤炭生产和电力生产的国有资本来说，其总体收入没有太大变化，因而国有资本的预期风险比较小，其要求的回报率自然比较低。不仅国有资本的投资风险比较小，国有资本运营时的双重目标和间接收益也使得国有资本所有者可以要求较低的资本回报率。政府作为国有资本的直接所有者，除了获得投资的财务收益外，还能得到诸如税收增加和社会管理等间接收益。国有资本的投资还有助于政府社会管理职能的实现，如国有企业在促进就业，维持物价稳定等方面的积极作用，这也是国有资本所有者的间接收益，节省了政府相关的支出，也相当于增加了政府的收入。结合国有资本的上述特点，国有资本的所有者在预期风险很小并且还有间接收益的情况下，对资本增值的要求自然比较低。

根据现行的中央企业经济增加值考核指标体系，国资委使用的资本成本水平为 5.5%[1]，即国有资本所有者对资本增值的要求仅为每年 5.5%，基本相当于私人投资者对无风险投资的要求回报率，如货币市场型基金的平均收益率约为 3.5%，低风险的债券型基金的平均收益率约为 7.5%[2]，个人投资者对于股权投资的要求回报率远远高于 5.5%。根据估算，我国 2004～2013 年资本市场平均要求回报率为 9.10%[3]，所谓市场平均要求回报率是指控制了非系统性风险之后的资本增值要求，对于分散化能力有限的私人资本来说其要求回报率要更高一些[4]。

---

[1] 2009 年 12 月 31 日国务院国有资产监督管理委员会令第 22 号《中央企业负责人经营业绩考核暂行办法》，附件 1《经济增加值考核细则》。

[2] 数据来自东方财富网。

[3] 数据来自中国人民银行网站和 Damodaran 网站（http：//www.stern.nyu.edu/~adamodar）。

[4] 宜信财富与联办财经研究院发布的《2014 中国财富报告：展望与策略》显示民间融资平均年利率 36.2%，摘自《新京报》2015 年 2 月 25 日 http：//www.bjnews.com.cn/finance/2014/02/25/306292.html。

从我国国家统计局的数据来看，不同所有制企业的平均净资产收益率与上述资本成本水平基本相当。

从企业生产的角度也可以用数据证实国有企业的资本成本较低。企业在生产时使用资本和劳动两种生产要素的组合，其组合方式即资本与劳动比例由要素价格决定。资本所有者对资本增值的要求是企业使用资本的成本，劳动者对收入的要求是企业支付的工资成本。当资本的成本相对较低时，企业就会选择更多的资本更少的劳动，反之就会选择更少的资本和更多的劳动。截至 2013 年底，我国企业资产总计约为 850 万亿元，其中国有企业资产总额 110 万亿元，国有企业的资产占比约为13%，但是国有企业的就业人数只占全部企业的 3.4%[①]。国有及国有控股企业的人均占有资本 20.51 万元，而私营企业人均占有的资本仅为 9.88 万元[②]。这些数据表明了国有资本的资本成本显著低于民间资本的资本成本。

第四节 一个理论模型

一、模型构建

经济增长模型通常包含四个变量：产量（Y）、资本（K）、劳动（L）和"技术进步或知识"（A），即一定量的资本、劳动和知识结合起来进行生产，其柯布道格拉斯生产方程为：

$$Y = A_t K^{\alpha} L^{1-\alpha} \tag{6.1}$$

资本的数量是由储蓄率和原有资本的折旧率所决定的，即：

$$\dot{K}(t) = sY(t) - \delta K(t) \tag{6.2}$$

---

① 数据来自第三次经济普查数据以及中国统计年鉴。
② 根据中国统计年鉴计算。

本书认为，模型中使用的资本数量是一个经济体的可用资本数量（K_A），而实际用于生产的资本数量（K）并不一定等于可用资本数量。在实际的经济活动中，微观经济主体在生产活动时要进行资本预算，只有在预期收益高于资本的成本时，才会进行投入。根据资本预算的原则，资本成本越高可进行的投资项目就越少，因而资本的使用量也就会越少，即：

$$\frac{\partial K}{\partial R} < 0 \qquad (6.3)$$

由于资本的边际收益递减，随着资本成本 R 的下降，可投资项目虽然会增加，但增加的速率会下降，因此：

$$\frac{\partial^2 K}{\partial R^2} > 0 \qquad (6.4)$$

同时，生产中的资本使用数量 K 还受到可用资本数量 K_A 的制约。因此，可以设定为以下的方程：

$$K = -aR^2 + K_A (a > 0, \ R > 0, \ K > 0) \qquad (6.5)$$

将式（6.5）带入生产方程，得：

$$Y = A_t L^{1-\alpha} (-aR^2 + K_A)^\alpha \qquad (6.6)$$

为了分析国有资产管理体制，本书假设：一个国家拥有国有资本（SK）和民间资本（PK）两个资本来源，则一国总体资本成本水平等于这两类资本的加权平均，即：

$$R = w \times R_{SK} + (1-w) \times R_{PK} \qquad (6.7)$$

其中，w 是国资本所占比重，其他资本所占比重为 $1-w$。一国的经济总产出就是国有资本的成本、民间资本的成本以及两者的比重决定的，即：

$$Y = A_t L^{1-\alpha} [-a(w \times R_{SK} + (1-w) \times R_{PK})^2 + K_A]^\alpha \qquad (6.8)$$

对 w 求偏导数，得：

$$\frac{\partial Y}{\partial w} = A_t L^{1-\alpha} B [-2a(w \times R_{SK} + (1-w) \times R_{PK})(R_{SK} - R_{PK})] \qquad (6.9)$$

其中，$B = \alpha[-a(w \times R_{SK} + (1-w) \times R_{PK})^2 + K_A]^{\alpha-1}$。当 $R_{SK} > R_{PK}$

即国有资本的成本高于民间资本的成本时，$R_{SK} - R_{PK} < 0$，此时$\dfrac{\partial Y}{\partial w} < 0$。此时调整国有资本的比重有利于提高经济产出的水平。

当$R_{SK} < R_{PK}$即国有资本的成本小于民间资本的成本时，$R_{SK} - R_{PK} < 0$，此时$\dfrac{\partial Y}{\partial w} > 0$。此时增加国有资本的比重有利于提高经济产出的水平。

假设其他条件不变的情况下，单独考察国有资本成本对经济产出的影响，即：

$$\frac{\partial Y}{\partial R_{SK}} = A_t L^{1-\alpha} B \left[-2a(w \times R_{SK} + (1-w) \times R_{PK})w \right] \qquad (6.10)$$

因为所有参数包括（$1-w$）都是大于零的，所以$\dfrac{\partial Y}{\partial R_{SK}} < 0$，因此当国有资本的成本$R_{SK}$下降时，经济产出的规模会增加。假设其他条件不变的情况下，单独考察民间资本成本对经济产出的影响，即：

$$\frac{\partial Y}{\partial R_{PK}} = A_t L^{1-\alpha} B \left[-2a(w \times R_{SK} + (1-w) \times R_{PK})(1-w) \right] \qquad (6.11)$$

因为所有参数包括（$1-w$）都是大于零的，所以$\dfrac{\partial Y}{\partial R_{PK}} < 0$，即当$R_{PK}$下降时，民间资本的投资机会增加，投资规模也会增加，经济产出的水平会增加。

二、模型分析

在市场经济规则和现代企业制度下，资本成本是生产者为获取资本需要付出的成本，在理论上等于投资者对其投资项目所要求的最低预期收益率。投资者的要求回报率是由多个因素共同决定的，其公式如下：

$$R = r_f + \beta \times (r_m - r_f) \qquad (6.12)$$

其中，r_f（Risk free rate）是无风险回报率，即纯粹的货币时间价值；β是证券的风险系数，r_m是市场期望回报率（Expected market return），（$r_m - r_f$）是股票市场溢价（Equity market premium）。这一模型

表明投资者的要求回报率主要是由投资风险决定的，即通常所说的投资风险越大，预期回报越高。

由此可以发现影响一国资本成本的因素主要有：

（1）分散化程度。马克维茨资产组合理论认为证券组合的风险随着组合所包含的证券数量和种类的增加而降低，资产间相关性较小的多元化证券组合可以有效地降低非系统风险。投资者也可以通过产业分散来降低非系统性风险，弗朗西斯（Francis，1993）的研究显示，如果一个组合中的资产种类超过 15 种，那么可以最大化地降低投资风险。国有资本相对于民间资本来说，规模优势使其能够实现更广泛的分散化投资，国有资本投资产业分散化的程度可以用国有资本布局（D）来表示。民间资本由于单个投资者的资本数量相对有限，难以通过直接投资不同产业来实现分散化的好处，因而民间资本分散投资主要需要借助于资本市场，资本市场的发展水平用 M 来表示。

（2）制度有效性。制度不完善将增加资本所有者利益受到侵害的可能性，受损风险会而提高投资者的要求回报率。国有资本面临着比民间资本严重得多的委托—代理问题，因此，制度的完善程度特别是国有资产管理体制更多地影响国有资本的成本。国有资产管理体制的有效性程度用 N 来表示。

（3）信心水平。资本所有者对风险的认知和评价与其决策主体的信心和情绪有直接关系。研究表明，投资者在投资过程中存在着明显的非理性行为，过度乐观和恐慌情绪会交替出现。当投资者过度乐观时，会低估可能出现的风险，从而具有较低的要求回报率；相反在恐慌情绪蔓延时，投资者会高估潜在的风险，从而具有较高的要求回报率。显而易见，民间资本的成本受到市场信心化的影响较大。信心水平用 C 来表示。

（4）可用资本的数量。使用资本的成本要受到资本的可用数量的影响和制约，当可用数量与实际使用量的差额减小时，资本的成本上升；当可用数量上升，或使用数量减少时，资本的成本下降。对于一个开放的经济体来说，民间资本的可用数量具有比较大的弹性，而国有资本的可用数量弹性较小。

综合以上分析，国有资本的成本主要受其产业布局（D）和制度有效性（N）及国有资本可用数量（K_{SKe}）的影响，即：

$$R_{SK} = s(D, N, K_{SKe}) \tag{6.13}$$

民间资本的成本主要受金融市场（M）和信心水平（C）的影响，即：

$$R_{PK} = p(M, C) \tag{6.14}$$

在实际经济运行过程中，国有资本成本可能大于民间资本成本。当国有资产管理制度不完善时，国有资产管理缺乏效率会产生委托—代理问题，增加国有资产管理者的要求回报率；制度缺失造成的国有资产流失会造成国有资本可用数量的减少，从而推高国有资本的成本。另一方面，国有资本成本也可能小于民间资本成本：当金融市场的发展不完善时，民间资本得不到有效保护，其投资风险也无法有效地被分散或转移，从而导致民间资本较高的成本；当经济处于危机状态，投资者的悲观情绪会使其对风险的估价提高，投资者要求回报率的增加也会提高民间资本的成本。结合以上两种情况分析表明，国有资本的成本和民间资本成本的水平可能随着国有资产管理体制改革、金融市场发展以及投资者信心变化而发生改变，那么根据模型可知国有资本的投入数量比例也要相应地进行调整，以实现产出的最大化。

第五节　一个实证检验

一、模型设定及变量定义

如果国有股东对其资本的要求回报率较低，那么在混合所有制企业中，在其他条件不变的情况下，国有资本所占比例越大，企业的加权平均资本成本就越低，因而提出第一个待检验的假说（Hypothesis）：国有股权比例与公司的资本成本负相关。由于资本成本是企业投资决策时能接受的最低回报率，那么资本成本越低企业平均的收益率就越低，因此，提出第二个待检验的假说：国有股权比例与公司的资产收益率负相关。

为了检验国有资本比例与资本成本的关系，设置了模型Ⅰ和模型Ⅱ，被解释变量分别为股权资本成本和公司的资产收益率。为了检验假说1，在模型Ⅰ中引入了国有股权比例（STATE），并参考 Fama - French 的三因子模型设置了总资产、账面市值比、市盈率和财务杠杆作为控制变量以控制其他因素对资本成本的影响。

$$COC = \alpha_0 + \alpha_1 \times STATE + \alpha_2 \times ASSET + \alpha_3 \times BM + \alpha_4 \times PE + \alpha_5 \times LEV + \varepsilon$$

$$(6.15)$$

对资本成本的估计是目前财务研究领域中的一个难题，因为股权资本成本取决于股东的要求回报率，而股东的要求回报率并不能被直接观测。如果投资者的要求回报率如同消费者效用一样无法被准确衡量而只能得到显示性的偏好，或许应该不必费心去估算资本成本而是直接检验资本成本不同导致的结果，这也是提出第二个假说的逻辑。为了检验假说2，模型Ⅱ中的被解释变量被设定为资产收益率（ROA），解释变量仍然使用国有股权比例（STATE），并设置了总市值、总资产和财务杠杆作为控制变量以控制其他因素对资产收益率的影响。

$$ROA = \alpha_0 + \alpha_1 \times STATE + \alpha_2 \times ASSET + \alpha_3 \times LEV + \alpha_4 \times MV + \varepsilon$$

$$(6.16)$$

模型Ⅰ、模型Ⅱ的变量名称及定义如表6-2所示。

表6-2　　　　　　　　　模型Ⅰ、模型Ⅱ变量及定义

变量类型	变量代码	变量定义
被解释变量	COC	利用 CAPM 模型计算的股权资本成本
	ROA	资产收益率

续表

变量类型	变量代码	变量定义
解释变量	STATE	国有股权比例（%）
控制变量	ASSET	资产总值
	BM	账面市值比，所有者权益除以总市值
	PE	市盈率
	LEV	财务杠杆，总负债/总资产
	MV	资产市值

二、被解释变量：股权资本成本

估算股权资本成本有两个办法；一是风险定价模型，即风险补偿方法；二是隐含资本成本，即基于股利或现金流折现值等于股票价格的内含报酬率方法。格雷厄姆和哈维（Graham & Harvey, 2001）就资本成本、资本预算、资本结构对美国上市公司所进行的调查显示，估算股权资本成本使用率最高的方法是资本资产定价模型（73.49%）[1]。同时，考虑到我国资本市场缺乏隐含资本成本估算所要求的市场有效程度和分析师预测收益的数据，因此，使用资本资产定价模型（CAPM）估计股权资本成本。模型中的无风险利率采用某年一年期定期存款的加权平均利率作为替代，权数为天数，原始数据取自中国人民银行官方网站[2]。风险溢价采用 Damodaran 对于中国 2004～2013 年市场风险溢价的估算数据[3]。无风险利率和风险溢价的数值见表 6-3。贝塔系数（β_i）使用 CCER 数据库提供的数值。

---

[1] Graham J R, Harvey C R. The Theory and Practice of Corporate Finance：Evidence from the Field [J]. *Journal of Financial Economics*, 2001, 60 (2-3)：187-243.

[2] http：//www. pbc. gov. cn/publish/zhengcehuobisi/631/1269/12692/12692_. html.

[3] http：//www. stern. nyu. edu/~adamodar.

表 6 – 3 　　　　　　　　CAPM 模型参数统计结果 　　　　　　单位：%

年份	2004	2005	2006	2007	2008	2009	2010	2011	2012	2013	平均
无风险利率（R_f）	2.03	2.25	2.35	3.21	3.93	2.25	2.48	3.30	3.25	3.00	2.81
风险溢价（$R_m - R_f$）	6.19	6.00	6.11	5.84	7.10	5.85	6.05	7.05	6.85	5.90	6.29

三、数据和样本的选择

我国的上市公司共分为 18 个大类，各类行业在成长性、竞争程度、外部性等方面的差别较大，因此资本成本水平存在显著的系统性差异。张军华（2014）的研究证实了这种差异。因此本书选取中国 A 股制造业上市公司的数据进行检验，制造业属于竞争性行业，避免了公益性企业和政策性企业的特殊经营状况给结果分析带来的影响，同时制造业也是样本数量最多的行业。数据的时间范围选择在 2004～2013 年，因为我国的股权分置改革始于 2003 年左右，选择这段时间以后的数据避免国有股不能流通对结果的影响。

本书共估计了 A 股上市公司 2004～2013 年共 9472 个样本，表 6 – 4 分年度对估计结果进行了描述性统计。从估计结果来看，股权资本成本（COC）的平均值和中位数都在 10% 左右，与理论预期和其他研究的估计结果相似。

表 6 – 4 　　　　　　　　股权资本成本估算结果描述性统计 　　　　　　单位：%

年份	样本数	均值	中位数	最大值	最小值
2004	673	8.29	8.22	15.67	3.52
2005	664	8.60	8.49	16.56	4.30
2006	733	7.98	8.02	15.13	3.41
2007	726	9.03	9.01	19.56	5.21

年份	样本数	均值	中位数	最大值	最小值
2008	826	11.08	11.07	21.40	6.22
2009	901	8.13	8.12	14.59	4.26
2010	931	8.52	8.52	14.99	4.14
2011	1155	10.46	10.44	17.81	6.20
2012	1407	10.38	10.29	19.38	5.37
2013	1456	9.31	9.23	17.59	5.42

四、描述性统计

表6-5是对模型Ⅱ的被解释变量和其他控制变量的描述性统计。

表6-5　　　　　　　　　　控制变量描述性统计

变量名称	均值	中位数	最大值	最小值	标准差
资产报酬率（%）ROA	6.04	5.30	2078.55	-198.39	27.06
资产总值（亿元）ASSET	55.12	20.50	3736.41	0.10	148.62
市盈率 PE	41.67	31.21	7748.20	-9321.43	376.01
账面市值比 BM	0.45	0.40	3.09	-5.47	0.36
财务杠杆 LEV	0.52	0.48	96.96	-0.19	1.37

　　表6-6是对两个模型的被解释变量进行的分组描述。样本被分为国有控股（国有股比例50%以上）、国有参股（国有股比例50%以下）和非国有（没有任何国有资本）三组。由此可以看到国有控股公司的股权资本成本和加权平均资本成本最低，国有参股公司的资本成本次之，非国有公司的资本成本最高，这完全符合理论分析的预期。国有控股和参股公司的资产收益率也与理论分析一致，低于纯民营资本的公司，但需要注意的是国有参股公司的资产收益率低于国有控股公司，与

理论假说有所不同。

表6-6 变量描述性统计 单位：%

类别	股权资本成本			加权平均资本成本			资产收益率		
	国有控股	国有参股	非国有	国有控股	国有参股	非国有	国有控股	国有参股	非国有
样本数	945	2555	5972	945	2555	5972	945	2555	5972
平均值	8.8	9.24	9.45	6.25	6.9	7.18	5.86	4.57	6.71
中位数	8.6	9.06	9.34	6.56	6.81	7.18	4.99	4.69	5.61
标准差	1.73	1.69	1.77	10.43	2.37	9.65	8.88	11.22	33.07

五、相关性分析

表6-7报告了本书主要变量相关性分析的结果，可以初步推断，国有股比例、公司总市值、公司规模、账面市值比以及市盈率都与股权资本成本具有显著的相关关系。国有股比例与股权资本成本呈负相关关系，说明国有股比例的提高确实会降低上市公司股权资本成本。当然，研究结论有待用回归分析进行检验。

表6-7 主要变量相关系数矩阵

变量	COC	ROA	STATE	ASSET	BM	PE	LEV
COC	1.0000 —						
ROA	-0.0107 (0.2943)	1.0000 —					
STATE	-0.1127 (0.0000)	-0.0176 (0.0853)	1.0000 —				

变量	COC	ROA	STATE	ASSET	BM	PE	LEV
ASSET	0. 0621 (0. 0000)	0. 0079 (0. 4378)	0. 0568 (0. 0000)	1. 0000 —			
BM	0. 0742 (0. 0000)	− 0. 0255 (0. 0128)	0. 0910 (0. 0000)	0. 2519 (0. 0000)	1. 0000 —		
PE	− 0. 0191 (0. 0619)	− 0. 0043 (0. 6723)	− 0. 0013 (0. 8965)	− 0. 0172 (0. 0935)	− 0. 0227 (0. 0267)	1. 0000 —	
LEV	0. 0132 (0. 1980)	− 0. 0432 (0. 0000)	0. 0316 (0. 0021)	0. 0126 (0. 2170)	− 0. 2594 (0. 0000)	− 0. 0100 (0. 3271)	1. 0000 —

六、回归分析

表 6 − 8 为模型 I 和模型 II 的回归分析结果，模型 I 的两个回归结果都显示了国有股比例（STATE）与股权资本成本（COC）之间存在负相关的关系，并且在 1% 的水平上显著。模型 II 显示国有股比例与资产收益率的回归系数为负数，结果符合预期并且显著，在不加任何控制变量的情况下，国有股比例的系数在 10% 的水平上显著，增加了总资产、财务杠杆和总市值作为控制变量后，国有股比例系数的显著水平提高到5%。模型 I 和模型 II 的调整可决系数都非常低，表明影响资本成本水平特别是影响资产收益率的因素很多。

表 6 − 8 回归结果

变量	模型 I （COC）		模型 II （ROA）	
STATE	− 0. 0094 ***	− 0. 0104 ***	− 0. 0227 *	− 0. 0267 **
ASSET		5. 6212 ***		− 1. 3489 ***
BM		0. 4077 ***		
PE		− 7. 6005 *		

续表

变量	模型 I （COC）		模型 II （ROA）	
LEV		0.0488 ***		- 0.7937 ***
MV				2.7710 ***
样本数	9472	9472	9472	9472
调整 R^2	0.0126	0.0234	0.0002	0.0106

　　定量分析的结果证实了理论分析的结论，在完善的市场经济制度和现代企业制度条件下，国有企业具有较低的资本成本。国有资本成本较低的这个特点是国有企业的重要优势，也是对国有资产管理体制改革提出政策建议的重要依据。

第三篇

国有资产管理
体制改革

第七章

中国国有资产管理
体制的现状与问题

党的十八届三中全会《中共中央关于全面深化改革若干重大问题的决定》提出"完善国有资产管理体制，以管资本为主加强国有资产监管，改革国有资本授权经营体制，组建若干国有资本运营公司，支持有条件的国有企业改组为国有资本投资公司"。十八届五中全会《中共中央关于制定国民经济和社会发展第十三个五年规划的建议》提出"深化国有企业改革，增强国有经济活力、控制力、影响力、抗风险能力"。《"十三五"规划纲要》提出"健全国有资本合理流动机制，推进国有资本布局战略性调整，引导国有资本更多投向关系国家安全、国民经济命脉的重要行业和关键领域"。以国有资产管理体制改革促进国有企业改革，完善国有资产管理的体制和各项机制使其更好地服务于国民经济发展的目标是当前全面深化经济体制改革的一项重大课题，也是国民经济管理的一项重要任务。

改革开放以来，我国国有资产管理体制改革稳步推进，国有资产管理效率不断提高，国有资产规模、利润水平和竞争能力得到较大提升。2016 年，全国国有及国有控股企业资产总额 131.7 万亿元，净资产44.7 万亿元，实现利润总额 2.3 万亿元，上交税金 3.8 万亿元，分别是改革开放之初的 182 倍、91 倍、35 倍、67 倍①。2016 年财富世界 500

---

① 数据来源：中国国家财政部网站公布的财政数据（http://www.mof.gov.cn/zhengwuxinxi/caizhengshuju）。

强企业的前 5 名中有 3 家是中国的国有企业①，国务院国资委监管的
104 家中央企业中有 48 家进入世界 500 强榜单②。国有资产管理体制对
于促进我国生产力的发展和综合国力的迅速增强发挥了不可替代的重要
作用。但必须看到，现行国有资产管理体制中政企不分、政资不分问题
依然存在，国有资产监管还存在越位、缺位、错位现象；国有资产监督
机制不健全，国有资产流失、违纪违法问题在一些领域和企业比较突
出；国有经济布局结构有待进一步优化，国有资本配置效率不高等问题
亟待解决。国有资产管理体制改革需要转变国有资产管理理念，对国有
资产管理体制运行模式、国有资本的授权经营机制进行研究，并关注国
有资产监管机构的组织与职能变革。如何以管资本为主加强国有资产监
管，推进完善国有资产管理体制成为当前亟须解决的重要理论问题，同
时也是一个需要积极探索的实践问题。

　　爱因斯坦曾经说过："发现问题比解决问题更重要"。只有正确识
别当前国有资产管理体制存在的问题，才能据其成因提出根本性的解决
办法。在国有资产管理体制的历史演进中总结经验规律，对当前国有资
产管理和国有经济的运行进行分析，再结合国有资产管理的理论基础才
能提出国有资产管理体制改革所要解决的真正问题。

第一节　国有资产管理体制现状

一、国有资产管理机构

（一）国资委

国有资产监督管理委员会（简称国资委）是国务院直属的正部级

---

① 2016 年财富世界 500 强的第 2 ～ 4 名分别是国家电网、中石油和中石化。
② 此为 2016 年 7 月榜单发布时数据，之后一些企业进行了并购重组，数量随之减少。

特设机构，依法履行出资人职责并负责对中央所属企业（不含金融类企业）国有资产的进行监督管理。国资委的主要职责包括任免和考核所监管企业负责人、代表国务院向所监管企业派出监事会、组织所监管企业上缴国有资本收益以及监督所监管企业做好国有资产保值增值。国资委还负责推进国有企业的现代企业制度建设，指导推进国有企业的改革和推动国有经济布局结构的战略性调整。

国资委共设 19 个机构，其中有关国有资产管理体制改革的机构如下：规划发展局负责提出如何对国有经济布局结构进行战略性调整的政策建议，指导所监管企业进行产业布局和结构调整。财务监督与考核评价局负责对所监管企业的财务状况进行监督和评价，并对负责对所监管的国有企业负责人进行考核。产权管理局负责管理国有资产的流转，对国有产权交易进行监督和规范。企业改革局指导推进国有企业的现代企业制度建设并拟订国有资产经营公司的组建方案。收益管理局负责组织国有资本收益的收缴并承办国有资本经营预算的执行工作。研究局负责调查研究国有资产管理体制改革、国有企业改革发展等重大问题。

在中央国资委以下还设立了省、市国资委，从而形成三级国资委的国有资产管理架构。中央国资委负责对地方国有资产管理工作进行指导和监督。

（二）财政部

中华人民共和国财政部负责制定国有资本经营预算的有关制度和办法，编制、汇总和审核全国国有资本经营预决算草案，收取中央直属国有企业的国有资本收益，管理金融类企业的国有资产。财政部下设的资产管理司负责拟订和实施国有资本管理政策、规则和制度，承担除国有金融资产、国有文化资产以及烟草、邮政、铁路三个行业之外国有企业的资产管理。资产管理司还负责统计和发布国有经济运行情况，负责国有资本经营预算管理和资产评估管理等工作。财政部下设的金融司负责监管金融企业的国有资产，组织并实施金融类国有资产的转让和划转处置管理以及监交国有金融企业的收益和清产核资等工作。财政部下设的中央文化企业国有资产监督管理领导小组办公室负责监督管理国有文化企业的国有资产，履行出资人职责并对所监管企业负责人进行管理，负责承办中央文化企业的资产清查、产权管理和统计评价等工作。

（三）发改委

国家发展和改革委员会（简称发改委）是国务院的组成部门，主要负责拟订并组织实施国民经济和社会发展战略，指导推进和综合协调经济体制改革，规划重大建设项目和生产力布局，拟订全社会固定资产投资总规模和投资结构的调控目标、政策及措施。发改委负责推进经济结构战略性调整，组织拟订高技术产业发展、产业技术进步的战略、规划和重大政策，并负责组织国家战略物资的收储、动用、轮换和管理，会同有关部门管理国家粮食、棉花和食糖等储备。

发改委下设的经济体制综合改革司负责研究经济体制改革中综合性、全局性和深层次重大问题，并参与研究和衔接国有资产管理体制这样的专项改革方案。发改委下设的国家物资储备局负责确保国家战略物资储备服务国防建设和经济社会发展，维护国家安全，会同有关部门管理国家粮食、棉花和食糖等储备，负责监督管理有关事业单位和出资企业的国有资产，组织国有资产管理、使用效益评估和考核考评。

二、国有企业和国有资产

由国家出资兴建、合建的企业遍及多个行业领域，这些企业的资产由各级国资委和财政部等多个机构分别进行监管，本书主要研究的是非金融类国有及国有控股企业和这些企业控制的国有资产，具体来说就是由国资委所管理的国有资产，而不包括由财政部管理的国有资产（金融、文化类资产）以及由发改委管理的国有资产（战略物资类资产）。

（一）国有企业经营状况

国有企业的总体收入增长较快，但是利润增幅相对较小。反映国有企业经营运行状况的基本指标是国有及国有控股企业的利润和营业收入。表7-1为2008~2016年财政部统计的国有及国有控股企业的利润情况。从数据上来看,国有企业的年均利润增幅为12%,远远低于同期私营企业26%的年均增长水平,也低于外资企业13%的年均增长率[①]。国有企业的利润不仅增长比较缓慢,还非常不稳定,全国国有企业的利润总额有三个年度出现了负增长,地方国有企业的利润波动幅度特别大,2010年的利润较前一年增长50%,2012年又下降了16%,在2013年和2014年微增了3%后,2015年下降9%后2016年又猛增17%,地方国有企业的经营明显缺少稳健性。

表 7-1　　　　　　2008~2015 年国有及国有控股企业利润总额

年份	全国 (亿元)	增幅 (%)	中央企业 (亿元)	增幅 (%)	地方国有企业 (亿元)	增幅 (%)
2008	11843.5	-25.2	8261.8	-28.3	3581.7	-16.9
2009	13392.2	9.8	9445.4	10.3	3946.8	8.4
2010	19870.6	37.9	13415.1	32.7	6455.5	50.3
2011	22556.8	12.8	15023.2	11.5	7533.6	15.6
2012	21959.6	-5.8	15045.4	-0.4	6914.2	-15.8
2013	24050.5	5.9	16652.8	7.4	7397.7	2.7
2014	24765.4	3.4	17280.2	3.6	7485.2	2.8
2015	23027.5	-6.7	16148.9	-5.6	6878.6	-9.1
2016	23157.8	1.7	15259.1	-4.7	7898.4	16.9

资料来源:财政部网站。

表7-2为2008~2016年财政部统计的国有及国有控股企业的营业收入情况。与利润指标相比,营业收入指标更多地反映企业的生产规模状况。从数据上来看,国有企业营业收入的年平均增幅为15%,低于同期私营企业23%的年平均增幅,但高于外资企业10%的年均增幅。

---

①　私营和外资企业数据截至2015年,来源于国家统计局。

国有企业营业收入的平均增幅总体上与国民收入增幅相当，其中，2008年、2009年、2014年、2015年和2016年国有企业营业收入低于国民收入增幅，2010～2012年高于国民收入增幅，2013年两者持平。结合同阶段的宏观经济运行数据来看，国有企业的运营具有比较明显的顺周期特点。结合表7－1和表7－2的数据可以看出，我国国有企业追求增长规模而忽视增长质量的现象比较明显。

表7－2　　　　　2008～2015年国有及国有控股企业营业总收入

年份	全国（亿元）	增幅（％）	中央企业（亿元）	增幅（％）	地方国有企业（亿元）	增幅（％）	国民收入增幅（％）
2008	210502.3	17.8	—	—	—	—	18.2
2009	225087.3	5.9	143455.9	6.5	81631.4	4.8	9.1
2010	303253.7	31.1	191981.7	30.1	111272.0	33.0	18.3
2011	367855.0	21.5	231756.1	20.9	136098.9	22.7	18.4
2012	423769.6	11.0	260558.5	10.5	163211.1	11.6	10.3
2013	464749.2	10.1	284407.1	8.8	180342.1	12.3	10.1
2014	480636.4	4.0	293790.3	3.1	186846.1	5.5	8.1
2015	454704.1	－5.4	271694.0	－7.5	183010.1	－2.3	6.7
2016	458978.0	2.6	276783.6	2.0	182194.4	3.5	6.9

资料来源：财政部网站。

我国的国有企业分为国务院国资委监管的中央企业和地方（省、市）国资委监管的地方国有企业。中央企业与地方国有企业的总资产规模相近，相比较而言，中央企业的营业收入和利润更高，地方国有企业的资产增速更快一些。

（二）国有资产及所有者权益

国家统计局依据企业登记形式对工业领域内的国有企业（含国有独资公司）的资产及所有者权益情况进行了统计，见表7－3。2005～2014年国有企业的资产年均增幅为12%，同期私营企业资产的年均增幅为67%，同期外资企业资产的年均增幅为23%。

表 7 - 3　　　　　　　　2005～2014 年国有企业资产总计

年份	国有企业（亿元）	增幅（%）	全部企业（亿元）	增幅（%）
2005	68102.7	—	244784.3	—
2006	75824.9	11.34	291214.5	18.97
2007	84752.2	11.77	353037.4	21.23
2008	96970.4	14.42	431305.6	22.17
2009	107963.5	11.34	493692.9	14.46
2010	123376.4	14.28	592881.9	20.09
2011	136119.6	10.33	675796.9	13.99
2012	151124.2	11.02	768421.2	13.71
2013	140203.3	-7.23	870751.1	13.32
2014	143763.6	2.54	956777.2	9.88
2015	156951.6	6.96	1023398.1	9.17

资料来源：国家统计局。

表 7 - 4 为 2005～2014 年国有企业的所有者权益即净资产及增幅情况。国有企业所有者权益的年均增幅为 10%，同期私营企业所有者权益的年均增幅为 79%，同期外资企业所有者权益的年均增幅为 23%[①]。

表 7 - 4　　　　　　　　2005～2014 年国有企业所有者权益合计

年份	国有企业（亿元）	增幅（%）	全部企业（亿元）	增幅（%）
2005	29296.06	—	102882.0	—
2006	33230.68	13.43	123402.5	19.95
2007	37764.82	13.64	149876.2	21.45

---

①　表 7-3 和表 7-4 的数据显示 2013 年国有企业的资产和所有者权益明显减少，但结合表 7-1 和表 7-2 的数据来看同期宏观经济和国有企业的经营状况并没有显著的恶化现象，加上国家统计局只统计国有全资企业的资产情况，因此推断该年度国有资产及所有者权益减少的原因可能是国有企业进行混合所有制改革的结果。

年份	国有企业（亿元）	增幅（%）	全部企业（亿元）	增幅（%）
2008	40731.04	7.85	182353.4	21.67
2009	42815.63	5.12	206688.8	13.35
2010	48941.79	14.31	251160.4	21.52
2011	52825.98	7.94	282003.8	12.28
2012	57627.76	9.09	320614.1	13.69
2013	53107.08	-7.84	361263.4	12.68
2014	56567.92	6.52	405981.7	12.38
2015	62000.09	9.60	440932.6	8.61

资料来源：国家统计局。

综合表7-3和表7-4的内容来看，国有企业所有者权益平均增幅低于其资产总额的增幅，私营企业的所有者权益平均增幅高于资产总额的增幅，外资企业的所有者权益平均增幅基本等于其资产总额的增幅。由于企业的资产是通过负债和所有者股权投入所形成，企业资产的收益在债权人和股权人之间进行分配，企业利润在支付债权利息后的剩余部分归为所有者权益。通过数据可以推论得出私营企业的资产收益率高于债权人收益率即利率水平，外资企业的资产收益率与利率水平相当，而国有企业的资产收益率低于利率水平[1]。

除了国有企业，国家在其他所有制企业中通过合资合作等方式也有部分投资[2]。国家资本金的统计数据不仅包括国有企业的所有者权益，

---

① 第六章实证部分的数据证实了这个推论。

② 目前关于国有资产情况的统计数据主要有财政部和国家统计局两个来源渠道，但是这两个机构的统计方式都不完全适应混合所有制企业。财政部统计的口径是国有全资及国有控股的企业资产情况，将国有控股企业的资产视同为国有资产在一定程度上高估了国有资产的数量规模；同时对非国有控股企业即国有参股企业的忽略，又在一定程度上低估了国有资产的数量规模。国家统计局是按照企业登记注册的类型进行的统计，除了国有全资企业和国有独资公司外，对实登记类型为有限责任公司和股份有限公司中的国有资产没有进行单独统计，在混合所有制逐渐成为公有制主要实现形式的今天，不能确切反映国有资产的数量和运营情况；国家资本金的统计数据只能反映企业注册资本金中国家投入资金的数量，并不能反映国有资产的市场价值及权益变动。

也包括其他所有制企业中国家资本投入形成的权益,统计数据一方面显示出国有资本在社会总资本中的比重,另一方面反映出国有资本在各类型企业中的结构变化。表7-5显示,2005~2011年国家资本金在全部企业资本金中的比重逐年下降,但在2011年以后国有资本的比重出现了反转,从最低点的8%增至2014年底的10%。有限责任公司和股份有限公司这两种现代企业制度形式的企业逐渐成为国有资本投入的主要对象,这两种类型企业中的国有资本占全部国有资本的比重从2005年的33%增至2014年的74%。

表7-5 **2005~2014年国家资本占全部资本比重**

年份	全部企业资本(亿元)	国家资本(亿元)	国家资本占比(%)
2005	61966.2	15551.84	25.10
2006	71312.9	16933.51	23.75
2007	82732.4	17588.92	21.26
2008	104086.1	22859.27	21.96
2009	111188.9	21321.02	19.18
2010	122494.5	20404.37	16.66
2011	144684.1	22601.38	15.62
2012	161029.6	29227.93	18.15
2013	173673.4	34694.96	19.98
2014	188295.0	39470.22	20.96
2015	213182.4	53076.32	24.90

资料来源:国家统计局。

三、国有资本布局

国有资本布局是依据国民战略目标规划和产业经济发展政策,对国有资本在各个行业之间以及在不同企业类型之间进行合理化的配置,目标是不断增强国有资本的功能和提升整个国民经济的效率。

（一）行业分布

国有资本的行业布局主要体现为国有资本在各个行业和领域的投入数量比例，具体可使用国家统计局发布的各行业实收国家资本金统计数据作为参考标准。从图 7－1 的数据来看，2014 年国有资本主要投入了电力、石油天然气开采、黑色金属、煤炭和化工行业，这五个行业中的国有资本分别占全部国有资本的 25%、10%、8%、6% 和 6%，这些行业都是涉及国计民生和国家安全的重要资源类和战略性行业，并且都是资本密集型的重工业。

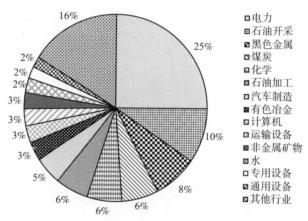

图 7－1　2014 年国有资本的行业分布

从增速上来看，燃气、家具、酒水饮料、废弃资源综合利用和农副食品加工业的年均增速超过 20%，而皮革和制鞋业、其他制造业、计算机通信和其他电子业、木材加工业和造纸业的国有资本投入出现了负增长。在国有资本投入变化较大的行业中，除了燃气生产和供应业以及通信和其他电子设备制造业以外，都属于国有资本绝对规模很小的行业。从国有资本投入的绝对增加值来看，增幅最大的是电力热力生产和石油天然气开采业，年均国有资本增加 4358 亿元和 1158 亿元；国有资本金降幅最大的是计算机通信电子设备制造业和造纸业，国有资本金年均分别减少 228 亿元和 14 亿元。值得注意的是，计算机、通信电子设备制造业属于前瞻性的创新型行业，应该是国有资本投入的重点，然而国家对此行业的投入却明显减少了。

（二）行业内部比例

国有资本的布局还反映为各行业内部国家资本金占行业全部实收资本的比重。国有资本所占比例越大，其在该行业的影响力和控制力就越大。图 7-2 显示出国有资本占比在 50% 以上即绝对控制的行业有 11 个，国有资本比重在 30%～50% 即相对控制的行业有 5 个，国有资本占比在 10%～30% 即比较有影响的行业有 14 个，国有资本占比在 10% 以下即影响力较小的行业有 12 个。在重要的战略性前瞻性行业方面，2014 年国家资本金在铁路、船舶、航空航天和其他运输设备制造企业实收资本中占比为 58%，在计算机、通信和其他电子设备制造业的占比为 17%、在医药制造业中的占比为 13%。

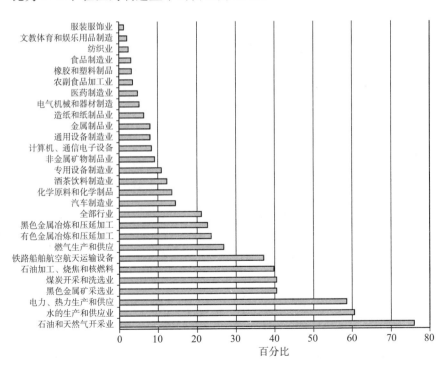

图 7-2　2014 年各行业内国有资本比例

国有资本需要把握国民经济命脉，保卫国家安全和保障国计民生。国家安全具体包括能源安全、粮食安全和信息安全等。能源行业中的煤炭、石油天然气和电力行业都是国有资本投入的重点行业，2014 年煤炭采选业、石油天然气开采业、电力蒸汽热水生产供应业、石油加工及炼焦业这四个行业的国有资本比例分别是 69%、99%、87%、65%，体现出国有资本在这些行业的绝对控制地位。2005～2014 年国家资本金的总量增长了 3.3 倍，其中 2008 年的增长率为 30%，2012 年的增长率为 159%，数据变化体现出了国家对宏观经济调控政策的变化。从国有资本增加的绝对金额来看，电力热力生产、石油天然气开采、非金属矿物制品、化学原料及制品和石油加工、炼焦及核燃料加工这五个行业的增加最多，其增加金额分别占国家资本金同期增加总额的 23%、10%、10%、7% 和 6%。从国家资本增加的相对幅度来看，塑料制品、金属制品、非金属矿物制品、废弃资源材料回收和专用设备制造这五个行业的增加最多，分别为 29%、15%、15%、14% 和 11%。从国家资本数量上来看，各个行业中都没有出现国有资本的绝对减少，但是在皮革制品、木材加工、家具制造、纺织业、废弃资源材料回收、化学纤维、服装鞋帽、文教体育用品和工艺品行业的增长数量非常小。

(三) 类型分布

表 7 - 6 是国家资本金在不同类型的工业企业中的分布比例。绝大多数的国有资本投入了重工业企业，国有资本在重工业中的比例从 2005 年的 85% 进一步增至 2014 年的 92%。重工业需要资本投入多、对国民经济影响大，是国有资本重点需要投入的领域，能够发挥国有资本在规模上的优势。国有资本在大、中、小型企业中的投入比例从 2005 年的 5∶4∶1 逐步演变为 2011 年的 7∶2∶1，2011 年以后大型企业的国有资本投入有所下降，小型企业的国有资本投入有所增加。从现代企业制度理论来看，对于大型企业来说不同所有制资本都面临着类似的公司治理问题，而民营资本在小型企业的治理方面具有比较优势，因此，国有资本增加对小型企业的投入与公司治理理论的政策含义不符。

表7-6						2005~2014年国有资本在不同类型企业中的分布					单位：%	
序号	企业类型	2005年	2006年	2007年	2008年	2009年	2010年	2011年	2012年	2013年	2014年
1	轻工业企业	14.72	12.65	10.71	8.72	9.52	9.93	9.58	8.15	8.16	7.84
2	重工业企业	85.28	87.35	89.29	91.28	90.48	90.07	90.42	91.85	91.84	92.16
3	大型企业	49.64	52.79	54.53	52.40	55.53	53.24	71.18	67.02	66.69	65.80
4	中型企业	37.35	35.02	34.44	37.37	33.47	35.49	19.05	21.38	19.07	19.04
5	小型企业	13.01	12.19	11.03	10.23	11.00	11.27	9.77	11.60	14.24	15.16
6	国有企业	50.83	45.25	41.93	43.50	35.94	40.15	35.01	34.13	20	17.80
7	集体企业	0.13	0.08	0.04	0.06	0.06	0.07	0.04	0.05	0.02	0.23
8	股份合作企业	0.10	0.12	0.08	0.11	0.16	0.11	0.11	0.20	0.01	0
9	联营企业	0.52	0.50	0.58	0.30	0.18	0.17	0.20	0.19	0.03	0.04
10	有限责任公司	29.86	34.03	32.60	27.48	32.39	34.54	31.35	31.39	47.44	50.37
11	国有独资公司	19.28	21.81	20.24	14.92	15.94	15.78	14.89	14.08	20.96	20.94
12	股份有限公司	13.12	13.50	16.95	22.42	24.13	17.58	26.26	26.23	24.71	24.06
13	私营企业	0.17	0.15	0.18	0.22	0.34	0.43	0.39	0.45	0.43	0.45
14	港澳台企业	1.65	2.06	2.20	1.75	1.63	1.57	1.38	1.60	1.84	2.07
15	外商投资企业	3.59	4.29	5.42	4.13	5.12	5.32	5.01	5.20	5.39	4.80

注：根据国家统计局数据计算所得，其中1+2=100%、3+4+5=100%、6+7+8+9+10+12+13+14+15=100%。

国家统计局所公布数据中的国有企业是指尚未实行公司制的国家全额出资企业，随着国有企业的改革，在这类企业中的国有资本占比已从2005年的51%降至2014年的18%。实行现代企业制度的有限责任公司和股份有限公司中的国有资本比重从2005年的30%和13%逐步增至2014年的50%和24%，这说明10年间实行现代企业制度中的国有资本比重从 1/3 增至目前的 3/4，体现出这些年国有企业改革的进展。国有资本在集体企业、联营企业、私营企业和股份合作企业中的投入很小，不到总额的 1%。国有资本在港澳台商投资企业和外资企业中的比例一直稳定在 2% 和 5% 左右。

（四）中央企业布局

我国的国有企业根据国有资产监管主体可以分为由中央政府即国务院监督管理的中央企业和由地方政府监督管理的地方国有企业。这里研究的是狭义上的中央企业即由国务院国资委监督管理的企业。中央企业包括提供公共产品的国有企业，如军工、电信；提供自然垄断产品的国有企业，如石油；以及在一般竞争领域的特大型国有企业，如建筑、贸易。中央企业在国家社会经济发展过程中承担着特殊责任，分布在关系国家安全、国民经济命脉的重要行业和关键领域。

目前国资委直属的中央企业共有 102 家，详细名单及主营业务见表 7-8。中央企业 80% 以上的资产集中在国防、能源、通信、冶金、机械等行业，我国的中央企业承担着几乎全部的原油、天然气和乙烯生产，提供了所有的基础电信服务，50% 以上的发电量，并且生产全国超过 60% 的高附加值钢材、70% 的水电设备、75% 的火电设备。中央企业有大约一半处于一般竞争性行业，其余一半分布在国防军工、石油电力、通信航运、矿产冶金和战略物资行业，即关系国民经济命脉的关键领域和重点行业，关于中央企业的布局和控制力请见表 7-7 和表 7-9。

表 7-7 关键领域和重点行业内的中央企业

行业类型	企业
战略物资	中储粮总公司
特殊功能	中国国新、国家电网和南方电网
国防军工	十大军工企业（中航科技、中航科工、中航工业、中船重工、中船工业、兵器工业集团、兵器装备集团、中核工业、中核建设、电子科技集团）和中国商飞公司

续表

行业类型	企业
石油电力	三大石油公司（中石油、中石化、中海油）、国家电力投资集团、中广核集团和六大电力公司（国家电网、南方电网、华能集团、华电集团、大唐集团和国电集团）
通信	中国电信、中国联通和中国移动
航运	三大航空公司（国航、东航和南航）和中远海运
其他	中盐公司、中粮集团

资料来源：国资委网站。

表7-8　　　　　　　　　中央企业名称及主营业务

序号	企业（集团）名称	主营业务
1	中国核工业集团公司	核工业（军工企业）
2	中国核工业建设集团公司	核工业（军工企业）
3	中国航天科技集团公司	航天（军工企业）
4	中国航天科工集团公司	航天（军工企业）
5	中国航空工业集团公司	航空（军工企业）
6	中国船舶工业集团公司	舰船、海工（军工企业）
7	中国船舶重工集团公司	舰船、海工（军工企业）
8	中国兵器工业集团公司	武器装备（军工企业）
9	中国兵器装备集团公司	武器装备（军工企业）
10	中国电子科技集团公司	电子信息系统（军工企业）
11	中国航空发动机集团有限公司	军民用航空发动机
12	中国石油天然气集团公司	石油化工
13	中国石油化工集团公司	石油化工
14	中国海洋石油总公司	石油化工
15	国家电网公司	电力运营
16	中国南方电网有限责任公司	电力运营
17	中国华能集团公司	发电
18	中国大唐集团公司	发电

序号	企业（集团）名称	主营业务
19	中国华电集团公司	发电
20	中国国电集团公司	发电
21	国家电力投资集团公司	第三代核电、电力、煤炭、铝业
22	中国长江三峡集团公司	三峡工程建设与运营、水电
23	神华集团有限责任公司	煤炭、电力
24	中国电信集团公司	通信
25	中国联合网络通信集团有限公司	通信
26	中国移动通信集团公司	通信
27	中国电子信息产业集团有限公司	提供电子信息技术产品与服务
28	中国第一汽车集团公司	汽车
29	东风汽车公司	汽车
30	中国第一重型机械集团公司	机械制造
31	中国机械工业集团有限公司	机械制造
32	哈尔滨电气集团公司	电力装备制造
33	中国东方电气集团有限公司	电力装备制造
34	鞍钢集团公司	钢铁
35	中国宝武钢铁集团有限公司	钢铁
36	中国铝业公司	有色金属冶炼加工
37	中国远洋海运（集团）总公司	航运
38	中国航空集团公司	航空运输
39	中国东方航空集团公司	航空运输
40	中国南方航空集团公司	航空运输
41	中国中化集团公司	能源、农业、化工
42	中粮集团有限公司	食品、纺织、地产酒店等
43	中国五矿集团公司	冶金工业、资源开发、地产等
44	中国通用技术（集团）控股有限责任公司	技术装备、轻工产品、医药
45	中国建筑工程总公司	建筑
46	中国储备粮管理总公司	粮油、农业、棉花经营管理

续表

序号	企业（集团）名称	主营业务
47	国家开发投资公司	实业、金融服务
48	招商局集团有限公司	交通运输、金融、地产等
49	华润（集团）有限公司	综合（电力、地产、消费品等）
50	中国旅游集团公司	旅游、地产、综合
51	中国商用飞机有限责任公司	大飞机
52	中国节能环保集团公司	新能源
53	中国国际工程咨询公司	咨询、工程管理
54	中国诚通控股集团有限公司	综合物流服务、贸易、投资
55	中国中煤能源集团公司	煤炭
56	中国煤炭科工集团有限公司	煤炭工程承包、装备制造、新能源
57	机械科学研究总院	装备科研开发、技术服务
58	中国中钢集团公司	资源开发、工程科技
59	中国钢研科技集团公司	材料研发、冶金技术
60	中国化工集团公司	化工
61	中国化学工程集团公司	化工
62	中国轻工集团公司	轻工业综合
63	中国工艺（集团）公司	工艺美术、首饰、文化服务
64	中国盐业总公司	食盐、盐化工
65	中国恒天集团有限公司	装备制造、纺织
66	中国建材集团有限公司	建材、非金属材料、技术装备
67	中国有色矿业集团有限公司	有色金属、建筑工程
68	北京有色金属研究总院	半导体、稀土冶金材料研发
69	北京矿冶研究总院	金属矿产资源综合开发利用
70	中国国际技术智力合作公司	人力资源服务
71	中国建筑科学研究院	建筑工程研究与开发
72	中国中车集团公司	轨道交通机车、货车
73	中国铁路通信信号集团公司	轨道交通控制系统
74	中国铁路工程总公司	铁路工程基建、勘察设计
75	中国铁道建筑总公司	铁路工程基建、勘察设计

序号	企业（集团）名称	主营业务
76	中国交通建设集团有限公司	基建、地产、港机制造
77	中国普天信息产业集团公司	通信、广电、金融电子
78	电信科学技术研究院	电子信息系统装备开发、生产
79	中国农业发展集团总公司	农业、渔业
80	中国中丝集团公司	丝绸、石化、新材料
81	中国林业集团公司	营林造林、林产品加工
82	中国医药集团总公司	医药
83	中国保利集团公司	综合（地产、国际贸易等）
84	中国建筑设计研究院	建筑设计、工程咨询
85	中国冶金地质总局	地质勘探、研究、开发
86	中国煤炭地质总局	资源勘察与矿业开发、施工
87	新兴际华集团有限公司	黑色金属、纺织服装
88	中国民航信息集团公司	民航服务
89	中国航空油料集团公司	航空油料、油化贸易
90	中国航空器材集团公司	航空器材
91	中国电力建设集团有限公司	水利电力、基建
92	中国能源建设集团有限公司	电力、能源规划研究与勘测
93	中国黄金集团公司	黄金
94	中国广核集团有限公司	核电、清洁能源
95	中国华录集团有限公司	音视频产品、数字出版
96	上海贝尔股份有限公司	信息通信解决方案与技术服务
97	武汉邮电科学研究院	通信
98	华侨城集团公司	旅游、文化、地产酒店、电子
99	南光（集团）有限公司	综合（贸易、旅游、地产、物流）
100	中国西电集团公司	输配电设备研发制造
101	中国铁路物资（集团）总公司	铁路物资和钢铁供应链服务
102	中国国新控股有限责任公司	优化央企布局结构、国有资产经营与管理

资料来源：根据国资委网站信息综合整理。

表 7–9　　　　　　　　中央企业在关键领域的控股比例

关键领域	比例（％）
原油和天然气	近 100
乙烯生产	近 100
基础电信服务	100
发电量	50
高附加值钢材	60
水电设备	70
火电设备	75

资料来源：国资委网站。

　　这 102 家中央企业基本上是由计划经济时代各专业部委重点管理的大型企业经改制、分拆或重组联合形成的。国资委在一定程度上只是统一承接了原各专业部委对这些企业的管理任务，在对企业进行监管方面缺乏革命性的创新或改变，仍然是以管理企业的人和事为主，如中央企业营业范围的变更需要国资委批准，重要岗位的人事任免甚至薪酬标准都需要国资委来决定。国资委甚至以知情权和重大决策需要的名义出现了权力扩张的情况，对众多中央企业的资产评估转让、年度计划、预算、党政工团等事项都有详细的管理规定。国资委对国有资产经营管理的考核对象主要是企业的收入和利润，而不是从整体上对国有资本的投资回报率进行考核，还没有从"管人、管事、管资产"过渡到"管资本为主"。

第二节　存在的主要问题

一、国有资产管理"三龙治水"

　　在目前的国有资产管理体制中，国资委、财政部和发改委分别承担着部分国有资产管理的职能，存在着事实上的"三龙治水"局面。经营性国有资产中既有国资委监管的大型企业集团，也有由财政部履行出资人代表职责的金融企业和文化企业，还有由发改委进行管理的战略物资类企业。不仅国有企业的监管职能被分由三个部委来行使，国有资产管理的其他工作也由三家分别进行：国资委负责对国有企业的经营进行考核，但国有资本经营预算是由财政部来制定的，而国有资本的总体布局是由发改委决定的。

国有资产管理的"三龙治水"给以管资本为主的国有资产管理体制改革带来一定的障碍。在市场经济中，现代企业的出资人主要通过管理资本来实现自身利益的最大化，出资人依据企业经营的绩效来对企业利润进行分配：如果企业盈利水平高于出资人的要求，出资人会决定由企业留存利润以期企业盈利的继续增加；如果企业盈利水平达不到出资人的要求，出资人则会要求以股利的形式取得企业利润并将其投资到盈利比较高的其他企业。反过来看，出资人的收益管理决策也会影响企业的未来发展：当出资人决定提取更多的资本收益时，企业将面临相对严格的资金约束，其经营活动和发展速度将受到影响；如果出资人将更多的利润留存于企业，企业则获得更宽松的资金条件，从而获得更多的发展空间。

国有资产管理的"三龙治水"增大了管理机构之间的协调配合难度。在我国目前的国有资产管理体制中，国有企业的绩效考核主要由国资委负责执行，而国有资本的收益管理主要由财政部负责。财政部在不了解各个行业企业经营绩效的情况下难以制定差别化的、有针对性的收益上缴标准，不得不实行统一的资本收益上缴比例。发改委负责国民经济的布局结构调整，需要根据宏观经济情势和长远发展规划鼓励某些行业发展的同时限制某些落后产业的产能，但在缺乏资本收益管理权等间接化工具时，容易陷入行政干预和政企不分的困境之中。国有资本收益管理这个国有资产管理的重要工具没有充分发挥效能。

二、国有资本分布过于分散

国有资本的分布范围过于分散，没有充分发挥国有资本的优势特点和有针对性的实现国有资本功能。从国有资本的行业分布上来看，国有资本遍布于国家统计局所调查的 42 个行业，国有资本经营范围较宽，相当一部分国有企业处于非重要行业和关键领域，规模偏小、实力较弱、技术创新能力不强，对行业的影响力和带动力有限。国有资本有近一半的资本投资于一般竞争领域，即市场化程度较高、充分竞争的行业和领域，产生重复建设、同质化竞争的现象。虽然国有资本的分散化和多元化有利于降低资产经营风险，但是分散和多元是在科学合理的配置基础上进行的，绝不是国有资本"摊大饼"式的发展。

从国有资本的优势上来看，国有资本适合于投资规模大、投资回收期长和投资风险高的行业；从国有资本的功能上来看，国有资本应该专注于保障国计民生、提供国民装备、维护国家安全和提高国际竞争力四个方面。为了更好地发挥国有资本的功能，国有资本必须做到有序进退才能更有效地利用稀缺的国有资本资源。从统计数据上来看国有资本在各个行业的投入都是只增不减，没有真正做到有序进退，在国有资本不占优势和国有资本功能性不强的行业领域没有真正退出，稀缺的国有资本没有发挥最大效能。从中央企业和地方企业的资本布局来看，中央企业更多集中于能源资源等重化工业，这种布局结构造成了中央企业的收入和利润波动大于地方国有企业，具有明显的顺经济周期特征。

国有资本的布局过于分散会增加国有资产管理机构的工作难度。国资委作为产权管理机构要对所监管的中央企业行使重大事务决策权，出资人的职责要求国资委必须全面深入地了解所监管企业的人财物和供产销情况，才能在中央企业经营的重大决策时发挥应有的监督和决策责任。在国有资本行业分布过于分散的情况下，国资委需要耗费大量的人力物力来获取多个行业的相关信息，因此，国有资本的行业分布过广也会增加国资委的工作难度，降低国有资产的管理效率。

三、国有企业大而不强

国有企业大而不强，主要是指国有企业与世界 500 强企业的对比。国有企业进入世界 500 强的数量逐年增加，上榜的国有企业在收入和资产的数量上与世界 500 强接近，但是在企业利润和人均利润这些体现企业竞争力的关键数据上与世界 500 强公司还有着明显的差距。例如，2015 年财富世界 500 强的平均净资产收益率为 11%，而我国的中央企业的净资产收益率只有 7.85%，地方国有企业的净资产收益率仅为 3.52%。国有企业不断做大，但是国有企业总体上的经营业绩仍然不是十分理想，特别是在近几年加大国有资本投入的情况下，国有企业的收入和利润竟出现了明显下滑，甚至出现负增长。

国有企业在解决自然垄断、保障国家安全和促进经济增长等方面发挥着积极有效的作用，但是由于内部的公司治理问题和外部缺乏竞争压力，国有企业的效率问题一直是国有资产管理体制改革中的难题。国有企业追求增长规模但忽视增长质量的现象比较明显，国有企业的收入增幅显著超过国有企业的利润增幅。国家投入工业企业的资本金数量逐年增加，2005～2014 年平均增幅为 12%，特别是 2011～2014 年国有资本的年均投入增长率很快，分别达到 11%、29%、19% 和 14%，同期国家资本金占全部企业资本金的比重也从 8% 增至 10%。虽然国有资本的投入数量很大，但是国有企业的经营业绩一直差强人意，国有企业的所有者权益增幅、资产增幅和营业收入增幅均低于同期私营企业和外资企业的平均水平。

国有企业在拥有资金和政策支持的条件下，经营绩效仍弱于其他所有制企业的一个重要原因是国有企业没有实现充分的市场化。市场是资源配置的最有效方式，市场产生的竞争机制能够提高企业的效率。国有企业在很多领域享受着行政性垄断的保护，缺乏竞争压力是国有企业效率相对较低的一个重要原因。政府对国有企业的保护造成国有企业的一些低效无效资产得以存续，没有及时得到清理。这些低效无效的资产降低了国有企业资产的质量，从而降低了国有企业的经营绩效。国有企业管理体制不完善，市场化程度不高是国有企业效率相对较低的主要原因。新加坡政府对国有企业实行完全的市场化管理，其国有资产经营机构淡马锡公司的经营绩效显著地高于私营企业。

地方国有企业资产收益率过低、经营效益较差，成为当前国有经济运行中的突出问题。地方国有企业的总资产报酬率低于同期利率水平，甚至低于同期通货膨胀率，地方国有企业的成本利润率和资产收入比率等经营效益指标也显著低于中央企业①。与中央企业相比，地方国有企业得到的关注较少，多种原因共同造成地方国有企业的经营效率低下。地方国有企业的改革总体上进展迟滞，现代企业制度的建设进展缓慢。与中央国资委相比，地方国有资产监管部门在长远规划能力和管理人员的能力素质等方面都有所差距，这导致地方国有企业在产业转型升级方面的调整相对较慢，这是地方国有企业经营绩效较差的一个原因。与全国相比，一个省市的产业结构相对比较单一，地方国有资本在产业布局方面能够享受到的多元化、分散化配置的好处较少，这样地方国有资本的预期风险要高于中央国有资本，因而地方国有资本在前瞻性行业的投资必然受限，缺乏前瞻性行业的投资其实就是丧失了获得高收益的机会。社会监督是推进国有资产管理体制改革的一个重要动力，社会对地方国资监管的关注程度明显弱于对中央国资委及其监管企业的关注，客观上不利于地方国有企业的改革。

四、国有资本"一股独大"

国有资本的"一股独大"指的是在国有企业的股权结构中，国有资本占有绝对控股的地位。对于涉及国家安全的重要领域，国有绝对控股甚至独资都是必需的，但是对于一般竞争性的领域来说，国有资本占绝对控股地位不利于企业公司治理结构的完善，不能充分利用资本市场

---

① 见第五章第一节。

的机制和功能来提高企业的经营绩效。虽然一些企业按照现代企业制度的要求，建立了董事会和监事会，国资委还选派了外部董事进入董事会，但在"一股独大"的情况下，国有股东的权力得不到有效制衡，存在"一把手说了算"的情况，公司法人治理结构的效率得不到提高。

国有资本"一股独大"降低了国有资本的流动性，不利于建立健全国有资本的退出机制，不能保障国有资本及时退出相关企业，低效无效资产的处置不及时，落后产能淘汰力度不够。国有资本通过证券交易、产权交易等资本市场进行流动的渠道和能力不足，国有资本缺乏市场公允价格，企业资产处置缺乏依据，国有资本形态难以妥善转换。在有些垄断领域国有资本的一家独大，还造就了一定的暴利行为。当然国有资本在企业中占据控股地位也有一定的好处，股权的适当集中能加强对企业经营者的监管，提高经营决策的效率。

国有资本"一股独大"还体现在国有资产管理机构对国有企业的管理态度上，国资委监督考核的对象和财政部资产管理司的统计调查对象都是国有独资及国有控股企业，目前国有资产管理机构对非国有控股企业或者说对国有资本不占控股地位的国有企业没有针对性的管理办法。

五、混合所有制改革发展迟滞

党的十八届三中全会指出国有资本、集体资本、非公有资本等交叉持股、相互融合的混合所有制经济，是基本经济制度的重要实现形式。要积极发展混合所有制经济，允许更多国有经济和其他所有制经济发展成为混合所有制经济，国有资本投资项目允许非国有资本参股。当前在推进国有企业混合所有制改革的工作时面临着诸多现实的挑战，各方面对混合所有制的优势、混合所有制中不同所有制资本应如何配置等还缺少明确和深入的认识。国有资本和民间资本都要求混合所有制企业的控股权和主导地位。国有资本的管理部门担心造成国有资产的流失，同时担心失去对国企的控制权。国有企业方面也担心现有利益受损和资产流失。民营资本担心大型国有企业特别是垄断企业凭借强大的资金实力和行政权力侵吞新进资本的利益，即大股东侵占小股东的利益，民营资本还担心"公私合营"使个人资产国有化以及政策有变"进易退难"。民营企业一方面追求政策优惠，期望通过改革突破市场准入门槛，但同时也害怕国企行政权力过大导致无话语权。虽然混合所有制改革的总体目标是明确的，但还需要明确便于参考的、可操作的中间目标以制订具体的混合所有制改革方案。

国有资本的存在一定程度上是市场失灵的结果，因此国有企业发展混合所有制并不能完全由市场来决定，但政府在进行决策时要充分重视市场信号。混合所有制改革不应简单通过政府行政命令推动，而应借助市场机制来有序地推进。国有企业发展混合所有制选择投资者时，不能由主管部门搞"拉郎配"，而要充分尊重市场规律，发挥不同所有制资本的优势，以提高企业竞争力和优化国民经济的结构和布局为目标。在决定国有资本占多少比重等问题时，不能简单地搞行政命令，应充分尊重企业的意见和市场配置资源的决定性作用，根据企业的发展战略科学地制定混合的模式。

六、主要管企业而不是管资本

成立国资委的初衷是解决国有企业出资人缺位问题，即解决多个政府部门参与国有资产管理"九龙治水"的混乱局面，由国资委统一行使出资人权利，负责旗下中央企业的产权管理、人事管理和业绩考核等多项事务。从目前我国国有资产管理的内容和方式来看，国有资产管理的重点是企业而不是资本。国资委目前主要是管理中央企业的人、事和资产，而不是在管理国家所拥有的资本。例如，国资委进行绩效考核时是以企业为单位，以企业的经营者为对象，国资委在推进产业布局调整时主要直接交由企业来执行而不是通过资本运作的手段，这些管理措施都说明了国资委目前的工作仍然是以管企业为主。

从当前管理模式的实际效果看，政企不分的老问题并没有得到根本性的解决。虽然一些国有企业按照现代企业制度的要求，建立了董事会和监事会，聘用了外部董事和职工代表进入董事会，但在"一股独大"的情况下，国有资产管理机构作为出资人出现了权力扩张的情况，以知情权和重大决策需要的名义，对国有企业管得过多、过细、过死，国有企业的业务范围、财务管理、战略决策、投资管理、资产转让、人事任免、薪酬标准、党政工团等事项都有国有资产管理部门来决定。例如，国资委对于国有企业员工的薪酬标准、企业经营业务的范围等本应由企业自主决定的经营事项也做出了比较详细的规定和限制。国资委管理的国有企业数量众多，分布在几十个行业，在数以百计的产品细分市场中经营，国资委实际上是难以对企业发展和业务经营发表指导具体意见的，其结果可能是管得越多、效果越差，国有企业的发展会出现背离市场化的趋势。

目前的国有企业基本上是由计划经济时代的专业企业经改制、分拆或重组联合形成的。国资委在一定程度上只是统一承接了原各专业部委对这些企业的管理任务，在对企业进行监管方面缺乏革命性的创新或改变，仍然是以管理企业的人和事为主，如中央企业营业范围的变更需要国资委批准，重要岗位的人事任免甚至薪酬标准都需要国资委来决定。国资委对国有资产经营管理的考核对象主要是企业的收入和利润，而不是从整体上对国有资本的投资回报率进行考核。

七、缺乏有效工具和明确目标

目前国有资产管理体制仍然是比较明显的以管企业为主而不是以管资本为主，一个重要原因就是没有明确竞争性领域国有资本与民间资本的区别，同时缺少资本管理的工具和经验。没有明确国有资本的特点就不能进行有针对性的国有资本布局，不能实现国有资本与民间资本的优势互补，很容易陷入"国进民退"或"国退民进"的争论之中。

国有资产管理的目标不够明确，很多人的思想还停留在管好国有企业和巩固发展国有经济的层面。按现代企业制度理论来说，国有资产管理的最终目标是实现资本所有者即国家的利益最大化，在经济层面上可以表述为国民经济的持续健康发展。国有资产管理如何做到带动整个经济的发展，根本途径还是依据国有资本与民间资本的不同特点，做好国有资本的管理。这个管理不仅体现在要增加国有资本的收益，还体现在适时调整国有资本与民间资本的比例关系，以实现经济的更好更快发展。改革之前的国有资本承担了大量的企业办社会职能，并且国有经济的范围过广造成国有资本的短缺，导致国有资本的成本很高。市场经济体制改革通过鼓励民营经济发展和国有经济的有序进退降低了国有资本在社会中的比重，结果降低了社会总体的资本成本水平使我国经济实现了快速增长。2008 年全球金融危机以后，由于投资风险的增大和投资者信心的缺失，民间资本的成本比较高，我国政府通过国有企业大量增加对经济的投入，实际上提高了国有资本在社会资本中的比重，拉低了社会平均资本成本水平，因而国民经济没有出现硬着陆，继续保持了高速增长。

第八章

中国国有资产管理的效率

通过梳理国有经济的运行情况对国有资产管理的效果进行比较和评价，利用实证分析、案例分析和计量工具分析的方法来评估和识别当前国有资产管理体制中的问题与不足，重点从资本收益、资本安全、资本布局和资本运作的角度来发现和总结国有资本运营的规律特点，为国有资产管理体制的下一步改革提供数据支撑和参考标准。

当前国有资产管理体制改革的方向是以管资本为主加强国有资产监管，因而本章将从资本收益、资本安全、资本布局和资本运作四个方面来分析和评价当前国有资产管理的效率。效率评价的对象是一般领域内的经营性非金融类国有资产，即按市场化运作、以现代企业形态存在的国有资产。

第一节　资　本　收　益

表 8－1 显示了 2013～2016 年国有及国有控股企业的总资产报酬率。根据同期中国人民银行公布的一年期存款利率计算，2013～2015年我国的加权平均利率分别为 3%、2.96%、2.17% 和 1.50%。与此相比，中央企业的资产收益尚且能够超过利率水平，地方国有企业的资产报酬率则明显过低，甚至低于同期的通货膨胀率。国家统计局公布的 CPI 数据显示 2013～2016 年的通货膨胀率分别为 2.5%、2.5%、1.5%

和2.0%。如果一项资产的收益率低于通货膨胀率，那么可以说这项资产的实际价值是在下降的，或者说资产正在贬值。国有企业总资产报酬率逐年下降的趋势与同期国内生产总值、通货膨胀率和利率水平的变化是一致的，因而还不能肯定国有资产的收益状况是否在恶化，不过可以明确的是国有及国有控股企业的总资产报酬率水平很低，尤其是地方国有企业的总资产报酬率过低。

表8-1   2013~2016年国有及国有控股企业总资产报酬率   单位：%

年份	全国	中央企业	地方国有企业
2013	2.64	3.45	1.73
2014	2.43	3.22	1.55
2015	1.93	2.51	1.25
2016	1.76	2.20	1.27

资料来源：根据财政部网站数据计算所得。

表8-2显示了2013~2016年全国国有及国有控股企业净资产的收益率。2013~2016年我国名义GDP增幅分别为10.1%、8.1%、6.7%和8.0%，从全国来看，国有企业净资产收益率低于同期国内生产总值的增幅，这说明在此收益水平下国有经济在整个国民经济中的比重将会下降，国有资本的收益率水平亟待提高。中央企业的情况较好，其净资产收益率一直高于同期国内生产总值增幅的水平，这表明中央级别的国有企业在巩固和发展；地方国有企业的情况则比较严峻，不仅总资产的报酬率过低，净资产的收益率也明显低于国内生产总值的增幅，可以说地方国有企业的资产一定程度上正在遭受损失。

表8-1和表8-2的数据揭示了一个问题，在总资产报酬率低于利率水平的情况下，净资产收益率怎么会高于利率水平呢？企业的资产是由出资人投入和负债两种方式共同形成的，资产创造的收入要在债权人和股权人之间进行分配，通常是债权人先取得固定水平的收益，股权人获得剩余部分。如果债务利率高于企业资产的收益率，股权人收益将会

表 8 - 2 2013 ~ 2016 年国有及国有控股企业净资产收益率 单位：%

年份	全国	中央企业	地方国有企业
2013	7.57	10.05	4.86
2014	6.96	9.37	4.37
2015	5.74	7.85	3.52
2016	5.18	6.99	3.46

资料来源：根据财政部网站数据计算所得。

低于总资产的报酬率；反之如果债务利率低于企业资产的收益率，股权人收益将会高于总资产的报酬率。企业股权人的收益率即净资产收益率，反映出资人或者企业所有者的收益水平。值得引起注意的是，地方国有企业在总资产报酬率明显低于利率水平的情况下，净资产收益率却能显著高于利率水平。这可能是统计方法造成的结果，也可能是因为地方国有企业得到了大量补贴融资的结果。

表 8 - 3 显示了 2013 ~ 2015 年全国国有及国有控股企业的国有资本保值增值率，不论中央还是地方国有企业，其国有资本保值增值率都在10% 以上，地方国有企业的国有资本保值增值率甚至更高。国有资本的保值增值率反映了期初和期末国有资本数量的变化，这一方面由国有资本的收益决定，另一方面也受到期间新增国有资本投入的影响。结合国有企业总资产报酬率和净资产收益率较低的情况来分析，国有企业较高的国有资本保值增值率很可能是同期国有资本投入增加的结果。地方国有企业在资本收益水平不高的情况下，却增大了资本的投入，这是否会加剧资源的低效和无效配置，是值得关注和调查的问题。

表 8 - 3 2013 ~ 2015 年国有及国有控股企业资本保值增值率 单位：%

年份	全国	中央企业	地方国有企业
2013	—	—	—
2014	111.88	111.34	112.46
2015	112.86	111.57	114.26

资料来源：根据财政部网站数据计算所得。

　　有一点需要注意的是，表 8 - 1 和表 8 - 2 中计算资本收益时所使用的资产数值是国有企业的年末时点数而利润则是整年的流量数，在资产增幅较快的情况下这种计算方法会低估国有资本的收益水平。例如，按年初资产数额计算 2014 年和 2015 年的国有及国有控股企业总资产报酬率分别是 2.72% 和 2.25% 而不是 2.43% 和 1.93%。按年初净资产数额计算 2014 年和 2015 年地方国有企业的净资产收益率分别是 4.92% 和 4.02% 而不是 4.37% 和 3.52%。

　　除了利用总资产报酬率、净资产收益率和国有资本保值增值率来评价国有资本的收益水平外，还可以利用其他统计数据来间接评估国有资本的收益。国有收益的水平最终体现会体现为国有企业所有者权益的增幅，国有资本的收益越多国有企业的所有者权益增加越多。从表 8 - 4 的数据来看，2013～2015 年国有资本的增幅接近 12%，中央企业和地方国有企业的增幅相近并且比较平稳，这个水平与同期全国工业企业的平均所有者权益增幅 12.7% 比较接近。从这个角度来看，国有资本的收益水平与其他类型资本的收益水平是相当的。

表 8 - 4　　　　　　　2013～2016 年国有及国有控股企业所有者权益

年份	全国（亿元）	增幅（%）	中央企业（亿元）	增幅（%）	地方国有企业（亿元）	增幅（%）
2013	317872.1	11.1	165658.6	9.8	152213.5	12.5
2014	355629.4	11.8	184446.6	11.2	171182.8	12.4
2015	401378.2	12.6	205789.4	12.3	195588.8	12.9
2016	446797.2	9.2	218262.7	6.6	228534.5	11.7

　　资料来源：财政部网站。

　　使用所有者权益的增幅来评估国有资本的收益水平是对前文所用总资产报酬率和净资产收益率方法的补充。国有资本与民间资本相比，一个重要差别就在于国有资本的综合收益，政府通过税收等手段能够间接得到国有资本的收益，而这部分收益是不会体现在会计和统计数据中的，因此，前文基于会计数据的收益率评估方法可能会低估国有资本的收益水平。如果政府能够从国有资本的运营中获取间接收益，那么理论上这部分收益又会以政府投资的方式增加到国有企业的所有者权益之中，因而对国有企业所有者权益的增幅进行观测是评估国有资本收益水平的重要方法。

国有资本收益的源泉是国有企业的营业利润，因而国有企业总体的利润水平也是评价国有资本收益情况的参考指标。表 8－5 显示出近几年国有企业的利润情况，2011～2015 年全国国有企业的年均利润增幅为 1.92%，其中中央企业的平均利润增幅为 3.3%，地方国有企业的平均利润增幅为－0.76%，均低于同期全国工业企业 6.7% 的平均利润增幅。

表 8－5   2011～2016 年国有及国有控股企业利润总额

年份	全国 （亿元）	增幅 （%）	中央企业 （亿元）	增幅 （%）	地方国有企业 （亿元）	增幅 （%）
2011	22556.8	12.8	15023.2	11.5	7533.6	15.6
2012	21959.6	－5.8	15045.4	－0.4	6914.2	－15.8
2013	24050.5	5.9	16652.8	7.4	7397.7	2.7
2014	24765.4	3.4	17280.2	3.6	7485.2	2.8
2015	23027.5	－6.7	16148.9	－5.6	6878.6	－9.1
2016	23157.8	1.7	15259.1	－4.7	7898.7	16.9

资料来源：财政部网站。

在其他条件不变的情况下，资本的收益率越高，企业人均产出的数量就越多。因此，人均工资可以从侧面来反映国有资本的收益情况。从表 8－6 可以看出，2010～2014 年国有单位平均工资为 48030 元，比城镇单位平均工资高 3%，但是国有单位 10.6% 的工资年均增幅低于城镇单位 11.5% 的年均增幅。如果工资水平可以作为国有资本收益的参考指标,那么从绝对数量上来看,国有资本的收益水平较高,但从相对增幅上来看,国有资本收益在相对下降。使用人均工资来评价国有资本收益时,需要考虑到国有企业薪酬管理制度改革造成的影响。

表 8-6　　　　　　2010~2014 年各类就业人员的平均工资　　　　单位: 元

年份	2010	2011	2012	2013	2014
城镇单位	36539	41799	46769	51483	56360
国有单位	38359	43483	48357	52657	57296
集体单位	24010	28791	33784	38905	42742
其他单位	35801	41323	46360	51453	56485

资料来源: 国家统计局网站。

　　从总量的角度来说,资本的收益越多累积起来进行新增投资的规模才能更大,因而可以用固定资产投资规模来反证国有资本的收益情况。表 8-7 显示 2014 年国有企业的固定资产投资额为 12.5 万亿元,占全社会企业的 24%,比重较前几年略有下降,2010 年的比重为 33%。除国有企业以外,我国工业固定资产投资主要来自于有限责任公司和私营企业,有限责任公司的固定资产投资占比保持在 27% 左右,而私营企业的固定资产投资在全社会的比重则从 2010 年的 24% 升至 2014 年的 29%。随着混合所有制的发展,传统国有企业不断转制成为有限责任公司和股份有限公司,因此,表 8-7 中国有企业的固定投资规模以及增速并不能完全说明国有资本的收益低于其他所有制资本,有限责任公司和股份有限公司中的国有成分并不能直接观测得到,因此,只能用私营企业固定投资规模在全社会的占比反过来评估国有资本的运行情况。近五年私营企业的投资规模有所增加,这在一定程度上表明国有资本的收益水平低于民间资本。

表 8 −7　　　　　2010 ~ 2014 年各类企业固定资产投资规模　　　单位：亿元

年份	2010	2011	2012	2013	2014
全社会	251684	311485	374695	446294	512021
国有企业	83317	82495	96220	109850	125005
有限责任公司	70322	86255	102512	121607	136462
股份有限公司	17203	19023	21485	23257	22371
私营企业	60572	71338	91422	121217	149539
港澳台商投资企业	8295	9431	10276	11028	11935
外商投资企业	8912	9286	10547	11130	11053

资料来源：国家统计局网站。

　　总的来说，从总资产报酬率和净资产收益率的角度来看，国有资本的收益是偏低的，但是从资本保值增值率、人均产出和固定投资增幅的角度来看，国有资本的收益似乎又不低。关于国有资本收益率有很多问题值得认真思考——国有资本收益的合理水平应该是多少？是否国有资本的收益率越高越好？如果国有资本的收益率低于民间资本的收益率，是否据此可以得出国有资本低效的结论？国有资本收益率的下限应该是无风险利率还是通货膨胀率？国有资本收益是否应该有个上限？国有资本的收益率是不是应该以达到或超过民间资本收益率为目标？关于资本收益的适度区间值得进一步的深入讨论。

第二节　资本安全

　　资本安全是指国有资本不受威胁和免遭损失。可能造成国有资本损失的因素既有国有资本经营上的风险，又有国有资产的非法流失。国有资本的收益来源于国有企业的利润，国有企业利润则源于国有企业的营业收入，因而可以用国有企业营业收入的稳定性来评估国有资本在经营方面的安全性。从表 8 − 8 的数据来看，2011 ~ 2015 年国有企业营业总收入的年均增幅为 8.2% ，低于同期全社会企业的 10% ，也低于同期名义 GDP 的增幅 10.7%，其中地方国有企业的平均增幅为 10%，与全国平均水平相当。中央国有企业的营业收入增幅仅为 7.2%，不仅增长率比较低而且具有较大的波动性，其标准差为 10.4%，而同期地方国有企业、全部工业企业和国内生产总值的标准差分别为 9.2%、7.3% 和 4.5%。数据表明，中央国有企业应当增强其营业收入的稳定性，国有资本布局时需要考虑经济周期因素，保障国有资本在经营上的安全性。

表 8 - 8　　2011 ~ 2015 年国有及国有控股企业营业总收入的变化率　单位：%

年份	全国	中央企业	地方国企	全社会企业	名义 GDP
2011	21.5	20.9	22.7	20.6	18.4
2012	11.0	10.5	11.6	10.4	10.3
2013	10.1	8.8	12.3	11.8	10.1
2014	4.0	3.1	5.5	6.6	8.1
2015	-5.4	-7.5	-2.3	0.8	6.7

资料来源：财政部网站。

　　影响国有资本经营风险的一个重要因素是国有资本的布局，因为国有资本布局的合理分散化能够降低风险。表 8 - 9 是根据财政部定期发布的国有经济运行情况整理的 2011 ~ 2015 年各行业国有企业的利润变化情况，可以看出在不同时间段都存在利润增长的行业、利润下降的行业和亏损的行业。合理的分散化能够降低国有资本收益的波动性，一些行业的利润下降被另一些行业的利润增加所弥补。因此，通过合理的资本布局能够提高国有资本的抗风险能力，保障国有资本的安全。

表 8 - 9　　　　　2011 ~ 2016 年国有及国有控股企业主要行业盈利状况

年份	利润增长的行业	利润下降的行业	亏损的行业
2011	化工、建材、电子、有色、烟草	交通、钢铁、医药、电力	—
2012	电力、烟草、邮电通信	化工、有色、交通、建材、煤炭	—
2013	交通、电子、汽车、施工房地产	有色、煤炭、化工、机械行业	—

年份	利润增长的行业	利润下降的行业	亏损的行业
2014	汽车、医药、商贸	煤炭、化工、石化等行业	有色行业
2015	交通、化工和机械	煤炭、石油、建材和石化	钢铁和有色行业
2016	建材、交通和施工房地产	石油、纺织、烟草和石化等	钢铁、化工、有色

资料来源：根据财政部网站信息整理。

财务杠杆比率是总资产与净资产的比率，反映企业负债的水平。财务杠杆比率在两个方面影响着国有资本的安全：一是财务杠杆越大，企业利润变化对资本收益的影响越大，即资本面临更大的收益风险；另一个是财务杠杆越大，企业遭遇财务困境和破产清算的风险越大，即资本所有者更有可能遭受损失。表 8 - 10 是 2013 ~ 2016 年国有及国有控股企业的财务杠杆比率，其值为总资产与所有者权益的比率。国家统计局的数据显示，全社会企业 10 年平均财务杠杆比率为 2.38，其中重工业企业为 2.46，私营企业和外资企业分别为 2.29 和 2.27[①]。相比较而言，国有企业的财务杠杆比率过高，反映出较高的财务风险，对国有资本的安全造成威胁。特别是中央企业的财务杠杆系数更高，这也反映出中央企业相对较高的盈利水平可能是增加财务杠杆的结果，即通过承担更大的风险以获得更高的收益。

表 8 - 10　　　　　　2013 ~ 2016 年国有及国有控股企业财务杠杆比率

年份	全国	中央企业	地方国有企业
2013	2.87	2.92	2.81
2014	2.87	2.91	2.83
2015	2.97	3.12	2.81
2016	2.95	3.18	2.72

资料来源：根据财政部网站数据计算。

———————————

① 2005 ~ 2014 年数据。

影响资本安全的另一个因素是国有资产的流失，特别是国有资产的隐性流失。国有资产的隐性流失是指国有资产在名义上或账面上存在，但实际上已被挪作他用，这种流失更多的是体现在国有资产收入的流失。资产的本质是创造现金流收入，国有资产的隐性流失会造成资产创造收入能力的下降，因此，可以使用国有企业收入总额与资产总额的比例来评价国有资产流失的状况。表 8－11 显示国有企业单位资产创造的收入明显小于社会平均水平和其他所有制企业的水平，即使考虑到国有企业主要是处于资本密集型行业的大型企业，资产收入比率可能会偏低，但是与全社会的重工业和大型企业平均水平相比仍然很低。数据显示国有企业面临着资产收入比率明显偏低的问题，这可能是国有资产隐性流失导致的结果，也可能是国有企业低效无效资产没有得到及时清理的结果。

表 8－11　　　　2005～2014 年不同类型企业的总资产收入比率

年份	全社会企业	轻工业	重工业	大型企业	中型企业	小型企业	国有企业	国有独资公司	私营企业
2005	1.02	1.17	0.96	0.99	0.90	1.20	0.62	0.62	1.51
2006	1.08	1.24	1.02	1.02	0.96	1.30	0.64	0.62	1.60
2007	1.13	1.32	1.07	1.05	1.01	1.41	0.67	0.65	1.69
2008	1.16	1.37	1.09	1.05	1.04	1.44	0.71	0.65	1.73
2009	1.10	1.37	1.02	0.94	0.98	1.45	0.68	0.60	1.72
2010	1.18	1.43	1.10	1.01	1.05	1.56	0.74	0.67	1.78
2011	1.25	1.52	1.17	1.05	1.20	1.69	0.78	0.67	1.94
2012	1.21	1.50	1.12	1.01	1.18	1.60	0.76	0.67	1.87
2013	1.19	1.49	1.10	1.00	1.19	1.53	0.76	0.67	1.82
2014	1.16	1.46	1.07	0.97	1.17	1.45	0.74	0.63	1.75

资料来源：根据财政部网站数据计算。

总的来说，从营业收入变化率的角度来看，国有资本安全面临一定的风险；从财务杠杆比率的角度来看，国有资本安全面临的风险还是比较大的，虽然有政府的财政收入作为背书，但是国有企业的财务风险仍需谨慎控制；从总资产收入比率的角度来看，国有资本的经营效率明显不高，可能存在一定程度的国有资产隐性流失。

第三节　资本布局

国有资本布局是在各个行业产业、各种企业类型之间对国有资本进行合理化的配置，目标是提升国有资本收益、增强国有资本安全以及实现国家政策意图。关于国有资本在各个行业以及各种企业类型间的分布已经在国有资产管理体制现状部分进行了讨论，此处重点讨论国有资本布局实现国家政策意图的效果，即国有资本在保障国计民生、维护国家安全和提供国民装备方面的功能实现情况，国有资本的国际竞争力将在下一节进行探讨。

一、确保国计民生

国有资本要在涉及民生的重要行业中发挥作用，表 8 - 12 显示在水和燃气的生产供应中国有控股的资产占到行业的一半以上，医药制造业的国有控股资产相对较少，但也具有重要的影响力。

表 8 - 12　　　　　　　2012 ~ 2014 年民生行业国有资产的比重　　　　　单位：%

年份	2012	2013	2014
医药制造业	19	17	16
燃气生产	57	53	53
水的生产	81	81	81

资料来源：国家统计局网站。

国有资本应当提供国民经济发展所需的重大基础设施、重要资源和公共服务。国有资本在重大基础设施建设方面的作用可以通过国有建筑业的发展指标来进行评价。表 8 - 13 显示，虽然 2014 年国有建筑企业的单位数量只占建筑行业总数不到 5%，但是固定资产、总产值和税金总额的占比超过 10%，施工面积和利润总额接近 10%。国有建筑业按总产值计算劳动生产率比行业平均高 30%，但是产值利润率和产值利税率要低于行业平均水平。

表 8 - 13　　　　　　　**2010 ~ 2014 年国有建筑业主要生产指标**

年份	2010	2011	2012	2013	2014
单位数（个）	4810	4642	4602	3847	3753
从业人员（万人）	576.87	444.94	457.78	387.66	371.15
固定资产（亿元）	1644.87	1790.54	1759.15	—	1583.7
总产值（亿元）	18148.59	20436.81	22930.19	20739.02	22069.45
利润总额（亿元）	444.42	473	537.66		564.81
税金总额（亿元）	635.08	674.64	712.68	—	640.73
劳动生产率（元/人）	271857	339049	388406	439212	413401

资料来源：国家统计局网站。

二、维护国家安全

国家安全包括能源安全、粮食安全和信息安全等。能源行业是国有资本投入的重点，2014 年煤炭采选业、石油和天然气开采业、电力、蒸汽、热水生产和供应业、石油加工及炼焦业这四个行业的国有资本比例分别为 69%、99%、87%、65%，体现出国有资本在这些行业的绝对控制地位。表 8 - 14 的数据显示能源行业的年均投资增速在10% 左右，超过国内生产总值的增长幅度，表 8 - 15 表明石油、天然气和煤炭等资源储量逐年增加，国有资本基本具备保障我国能源安全的能力。

表 8 - 14　　　　　　　2010～2014 年中国能源投资　　　　　　单位：亿元

年份	2010	2011	2012	2013	2014
能源工业	21627	23046	25500	29009	31515
煤炭采选业	3785	4907	5370	5213	4684
石油和天然气开采业	2928	3022	3077	3821	3948
电力、蒸汽和热水生产	12879	12848	14553	16937	19674
石油加工及炼焦业	2035	2268	2500	3039	3208

资料来源：国家统计局网站。

表 8 - 15　　　　　　2010～2014 年中国主要资源储量

年份	2010	2011	2012	2013	2014
石油储量（万吨）	317435	323968	333258	336733	343335
天然气储量（亿立方米）	37793	40206	43790	46429	49452
煤炭储量（亿吨）	2794	2158	2299	2363	2400

资料来源：国家统计局网站。

　　粮食安全方面国有资本也起到了一定作用。表 8 - 16 显示，2014 年我国有 1789 个国有农场，生产了 3538 万吨粮食，虽然国有农场的职工只占全国农业从业人口的 0.6%，但粮食产量占全国粮食产量的 6%。国有农场的资产及产量逐年增加，从职工人数上来看劳动生产效率也在稳步提高。

表 8 - 16　　　　　2010～2014 年国有农场主要生产数据

年份	2010	2011	2012	2013	2014
农场总数（个）	1807	1785	1786	1779	1789
职工人数（万人）	331	329	318	324	299
耕地面积（千公顷）	5989	6116	6124	6211	6243
农用机械总动力（亿瓦）	213	228	246	262	273
农业总产值（亿元）	2342	2804	3100	3356	3415
农作物播种面积（千公顷）	6310	6415	6510	6665	6907
粮食作物播种面积（千公顷）	4558	4614	4726	4840	4924
粮食总产量（万吨）	2953	3199	3371	3420	3538

资料来源：国家统计局网站。

我国的通信运营和建设主要由三家国有电信公司控制，表 8 – 17 显示近年来以光缆线路长度为代表的通信能力提高很快，增长速度达到年均 20% 。通信能力的快速发展一定程度上能够体现国有资本在保证通信安全方面的能力。

表 8 – 17   2010 ~ 2014 年主要通信能力发展情况

年份	2010	2011	2012	2013	2014
固定长途电话交换机容量（万路端）	1641.46	1602.34	1579.74	1280.51	982.91
局用交换机容量（万门）	46537.3	43428.4	43749.31	41089.3	40517.14
移动电话交换机容量（万户）	150284.9	171636	184023.82	196557.3	205024.92
光缆线路长度（公里）	9962467	12119303	14793300	17453709	20612529
长途光缆线路长度（万公里）	81.81	84.23	86.82	89	92.84

资料来源：国家统计局网站。

三、壮大国民装备

表 8 – 18 显示在战略性和前瞻性行业中①，国有资本占有较大的比例，除了计算机、通信和其他电子设备制造业，国有资本在行业中的比例都在 30% 以上。发展战略性前瞻性行业特别要提高国有资本在重点装备、信息通信、生物医药、海洋工程和节能环保等行业的影响力。

---

① 战略性行业是指在国民经济体系中占有重要地位，对国计民生、国家经济和军事安全有重大影响的行业；前瞻性行业是指通过对经济形势和规律的洞察预见出未来对国民经济发展至关重要的行业。

表 8 – 18　　　　　2012 ~ 2014 年各战略性行业内的国有资产比重　　　　单位：%

行业	2012 年	2013 年	2014 年
煤炭开采和洗选	70	70	71
石油和天然气开采	95	94	94
黑色金属矿采选	48	47	46
有色金属矿采选	44	43	45
非金属矿采选	32	31	31
开采辅助活动	88	87	85
石油加工、炼焦和核燃料加工	57	55	54
化学原料和化学制品制造	30	29	28
非金属矿物制品	20	19	19
黑色金属冶炼	51	50	52
有色金属冶炼	43	41	39
汽车制造	48	48	47
铁路、船舶、航空航天等运输设备	57	57	56
计算机、通信和其他电子设备	18	17	17
电力、热力生产和供应	90	90	90

资料来源：根据国家统计局数据计算。

国有资本在布局时要突出国有资本的产业带动力。国有企业的新产品项目数在行业中的占比能够在一定程度上反映国有资本的产业带动力。根据企业实收资本的统计数据计算，国有企业和国有独资公司的资本占全社会企业资本总额的 4.7% 和 6.9%，而根据表 8 – 19 的数据计算，2014 年国有企业和国有独资公司的新产品项目数分别只占各类企业新产品项目总数的 2.4% 和 4.4%。私营企业的资本只占全社会企业资本总额的 23%，但其新产品项目数占比却达到了 32%。有限责任公司、股份有限公司和外资企业的资本分别占全社会企业资本总额的 33%、12% 和 26%，其新产品项目数占比分别是 30% 和 13% 和 21%，新产品项目数占比与资本占比基本相同。这些数据表明，国有资本在产业创新发展和产业带动力方面的贡献明显不足。

表 8 - 19　　　　　　　2011 ~ 2014 年各类型企业的新产品项目数

年份	2011	2012	2013	2014
国有企业	18350	20468	10696	9074
有限责任公司	76702	90011	108132	112979
国有独资公司	13069	12941	16729	16439
股份有限公司	38051	45631	49300	50561
私营企业	67557	83612	103038	119467
港澳台商投资企业	25518	30947	34247	33181
外商投资企业	35634	45486	49643	47453

资料来源：国家统计局网站。

　　通过将不同注册类型的企业的研发投入在全部企业中的占比与其主营业务收入在全部企业中的占比进行比较，可以发现不同类型企业在研发投入方面的相对力度。例如，2014 年国有企业的主营业务收入在全部企业中占 4.48%，但是国有企业的研发投入只占全部企业研发投入总数的 3.52%。如表 8 - 20 所示，2014 年国有企业的研发经费投入只占到主营业务收入的 0.66%，低于平均水平 0.84%，但国有独资公司的研发经费投入比较大，达到了 1.29%。这个数据在一定程度上也表明了国有企业改变企业形态实行现代企业制度的必要性。

表 8 - 20　　　　　2011 ~ 2014 年各类型企业研发经费占

主营业务收入比例　　　　　　　单位：%

年份	2011	2012	2013	2014
全部企业	0.71	0.77	0.80	0.84
国有企业	0.68	0.73	0.58	0.66
有限责任公司	0.95	0.99	0.99	1.00
国有独资公司	1.28	1.37	1.24	1.29
股份有限公司	1.27	1.38	1.36	1.43
私营企业	0.38	0.44	0.49	0.54
港澳台商投资企业	0.73	0.83	0.87	0.90
外商投资企业	0.67	0.77	0.81	0.82

资料来源：根据国家统计局数据计算所得。

总的来说，国有资本在确保国计民生、维护国家安全和提供国民装备方面起到了积极的作用，但由于目前还缺少国有资本如何进行布局的详细标准和明确参考条件，对国有资本布局效果的评价仍算是一个难题。

第四节　资本运作

通过对国有资本的运作一方面提升国有资本的整合能力，另一方面提升资本的流动能力。资本整合是指利用资本产权市场通过收购、合并和联合等方式增强国有经济的效率和竞争力；资本流动是指通过清理低效无效资产和淘汰落后产能等方式改善国有经济的配置效率。

资本整合利用资源的优势互补和规模经济效应来提高资源的产出效率，成功的资本整合应当能够降低国有企业单位收入所需的管理费用。因此，可以用国有企业的管理费用率，即管理费用与营业收入的比率来评估国有资本运作的效果。表 8 – 21 是根据财政部发布的国有经济运行数据计算得出的 2013～2015 年国有及国有控股企业管理费用的变化率。

表 8 – 21　　2013～2015 年国有及国有控股企业管理费用的变化率　　单位：%

年份	全国	中央企业	地方国有企业
2013	6.9	7.3	6.4
2014	2.6	2.7	2.3
2015	0.5	– 0.3	1.7

资料来源：财政部网站。

因为国有企业的规模和收入是不断变化的，所以仅观测管理费用数值的变化是不足以评估国有资本整合的效果的，因此通过同期国有及国有控股企业主营业务收入的变化率推导出管理费用率的变化率，管理费用率即管理费用与营业收入的比率，反映企业的管理效率。综合表 8 – 21 和表 8 – 22 的数据来看，国有资本的整合能力应该还是不错的，2015

年管理费用率上升主要是同期营业收入下降造成的。

表 8 – 22　　　　　　2013～2015 年国有及国有控股企业管理

费用率的变化率　　　　　　单位：%

年份	全国	中央企业	地方国有企业
2013	− 2.91	− 1.38	− 5.25
2014	− 1.35	− 0.39	− 3.03
2015	6.24	7.78	4.09

资料来源：财政部网站。

国有经济的竞争力主要指其盈利能力和增长能力，具体体现为国有企业的利润率等指标。媒体定期发布的中国和世界企业 500 强名单可以作为衡量国有经济竞争力的参考指标。国有企业的成本利润率反映盈利能力，可以作为衡量国有经济竞争力的参考指标。表 8 –23 显示虽然国有企业进入世界 500 强的绝对数量在增加，但是国有企业在中国入围世界 500 强企业中的相对占比在下降。国有企业入围数量的比重下降在一定程度上说明中国其他所有制企业的竞争力在迅速提高，并不能简单地认为国有企业的竞争力弱于其他所有制企业。一方面，国有企业并购重组的力度很大，中央企业的数量从 2011 年的 126 家减少至 2017 年初的 102 家；另一方面入围央企的位次逐年提高，2016 年世界 500 强前五名中有三名是中国的国有企业。

表 8 –23　　　　　　2011～2016 年进入世界 500 强的国有企业数量

年份	国有企业数量	中国入围总数（含港澳台）	国有企业在入围企业中的占比（%）
2011	38	69	55
2012	42	79	53
2013	45	95	47
2014	47	100	47
2015	47	106	44
2016	48	110	44

注：入围世界 500 强的国有企业仅指国资委监管的中央企业，不含地方国有企业和财政部监管的金融企业。

资料来源：根据媒体发布的信息整理。

成本利润率反映经济效益情况，是代表运营效率和盈利能力的指标。从表 8 - 24 来看，国有企业的成本利润率比较平稳，中央企业的运营效率要好于地方国有企业。

表 8 - 24　　　　2011 ~ 2015 年国有及国有控股企业成本利润率　　　单位：%

年份	全国	中央企业	地方国有企业
2011	6.46	—	—
2012	5.40	—	—
2013	5.36	6.12	4.18
2014	5.31	6.13	4.05
2015	5.17	6.15	3.76

资料来源：根据财政部网站数据计算所得。

《国家税务总局关于印发〈增值税若干具体问题的规定〉的通知》（国税发［1993］154 号）第二条第（四）款规定，纳税人因销售价格明显偏低或无销售价格等原因，按法规需组成计税价格确定销售额的，其组价公式中的成本利润率为 10%，但属于应从价定率征收消费税的货物，其组价公式中的成本利润率，为《消费税若干具体问题的法规》中法规的成本利润率。由此可见，若以 10% 作为成本利润率的参考标准，国有企业的运营效率仍有提高的空间。

经济竞争力主要来自于创新发展能力，企业创新发展能力的另一个体现就是专利申请的数量。培养在重点行业中的领军企业是国有资本运作的一个重要目标。从表 8 - 25 来看，在发明专利申请量居前 10 位的国内企业即创新能力最突出的 10 家公司中，国有及国资公司占有重要比例，国有资本在表现出较强的创新发展能力。

表 8 – 25　　　　　　　　2013 年发明专利申请量最多的国有企业

企业名称	申请量（件）	在全社会企业中排名
国家电网	7182	1
中石化	3701	3
中石油	1261	9
京东方	1173	10

资料来源：中国科学技术发展战略研究院科技统计与分析研究所（2014）。

　　国有资本放大功能是指通过发展混合所有制企业等方式让等量的国有资本带动更大的经济规模。国有资本的良好运作应该能够带动更多的国有资产数量，运作良好能够吸引更多的债权人和其他股权人的投资，带来国有资产总量的稳步提升。从经营性国有资产的总体规模来看，2015 年全国国有及国有控股企业的资产总额为 119 万亿元人民币，其中中央企业资产占 54%，地方国有企业资产占 46%。表 8 – 26 显示了近 3 年国有资产的增幅，相比较而言地方国企的资产增幅比较稳定，而中央企业的资产增幅波动比较大。国家统计局的数据表明 2011 ~ 2014 年全国工业企业的资产增幅平均为 12.7%，因此，从企业资产数量角度来说，国有资本的运作还是比较好的，但是同时也需注意到同期国有企业的财务杠杆率相对于其他类型企业在提高。

表 8 – 26　　　　2013 ~ 2015 年国有及国有控股企业资产增幅　　　　单位：%

年份	全国	中央企业	地方国有企业
2013	12.9	11.6	14.5
2014	12.1	10.9	13.3
2015	16.4	19.9	12.7

资料来源：财政部网站。

　　总的来说，从管理费用率、龙头企业的竞争力和国有企业进入 500 强的数量上来看，国有资本具有一定的运作能力，但是从成本利润率的角度来看，国有资本的运作能力仍具有比较大的提升空间。

第五节　国有企业的资产收益率

国有资产管理体制改革面临的一个焦点问题就是如何解释国有企业资产收益率显著低于其他所有制企业的现象。利用上市公司的数据，下面对国有企业资产收益率的决定因素及适度水平进行探讨。

我国的上市公司共分为 18 个大类，各类行业在成长性、竞争程度、外部性等方面的差别较大，因此资产收益率水平存在显著的系统性差异。这里选取中国 A 股制造业上市公司的数据进行检验，制造业属于竞争性行业，避免了公益性企业和政策性企业的特殊经营状况给结果分析带来的影响，同时制造业也是样本数量最多的行业。数据的时间范围选择在 2004~2013 年，因为我国的股权分置改革始于 2003 年左右，选择这段时间以后的数据避免国有股不能流通对结果的影响，共计 9472 个样本，表 8-27 是对模型 I 的被解释变量和其他控制变量的描述性统计。

表 8-27　　　　　　　　　　主要变量描述性统计

变量	均值	中位数	最大值	最小值	标准差
资产报酬率（%）	6.04	5.30	2078.55	-198.39	27.06
资产总值（亿元）	55.12	20.50	3736.41	0.10	148.62
资产市值（亿元）	58.17	27.53	3054.20	1.69	122.78
财务杠杆	0.52	0.48	96.96	-0.19	1.37

表 8-28 是对国有企业资产收益率进行的分组描述。样本被分为国有控股（国有股比例 50% 以上）、国有参股（国有股比例 50% 以下）和非国有（没有任何国有股）三组。国有控股和参股公司的资产收益率低于纯民间资本的公司，但需要注意的是国有参股公司的资产收益率

低于国有控股公司。

表 8 – 28　　　　　　　　资产收益率描述性统计

变量	国有控股	国有参股	非国有
平均值	5.86	4.57	6.71
中位数	4.99	4.69	5.61
标准差	8.88	11.22	33.07
样本数	945	2555	5972

　　表 8 – 29 报告了企业的主要指标间的相关性分析结果，可以初步推断，国有股比例、公司总市值和财务杠杆都与公司的资产收益率有显著的相关关系。国有股比例与资产收益率呈现出基本显著的负相关关系，说明国有股比例的提高可能会降低上市公司股权资本成本。研究结论有待用回归分析进行检验。

表 8 – 29　　　　　　　　主要变量相关系数矩阵

变量	资产收益率	国有股比例	资产总额	公司总市值	财务杠杆
资产收益率	1.0000 —				
国有股比例	-0.0176 (0.0853)	1.0000 —			
资产总额	0.0079 (0.4378)	0.0568 (0.0000)	1.0000 —		
公司总市值	0.0757 (0.1235)	0.0680 (0.0000)	0.6654 (0.0000)	1.0000 —	
财务杠杆	-0.0432 (0.0000)	0.0316 (0.0021)	0.0126 (0.2170)	0.0243 (0.0724)	1.0000 —

　　表 8 – 30 为资产收益率与相关变量进行的回归分析，结果显示了国有股比例（STATE）与资产收益率（ROA）之间存在着比较显著的负

相关关系。在不加任何控制变量的情况下，国有股比例的系数在 10%
的水平上显著，增加了总资产、财务杠杆和总市值作为控制变量后，国
有股比例系数的显著水平提高到 5%。模型的调整可决系数比较低，表
明影响资产收益率的因素很多。

表 8－30　　　　　　　　　　　模型 I 回归结果

变量	资产收益率（ROA）	
国有股比例	－ 0.0227 *	－ 0.0267 **
资产总额		－ 1.3489 ***
财务杠杆		－ 0.7937 ***
总市值		2.7710 ***
样本数	9472	9472
调整 R^2	0.0002	0.0106

　　回归结果表明国有产权会降低企业的总资产收益率，有人将此结果
作为国有企业效率低下的证据，并将国有企业总资产收益率低的原因归
结为国有企业僵化的运行机制以及出资人缺位造成的委托—代理问题。
然而这种观点并不能让人完全信服，这是因为相关数据来自于上市公
司，是已经实行了现代企业制度的股份制企业，具有比较完善的公司治
理结构，因而国有产权与资产收益率的负相关关系还有没有其他原因？
　　为了解释国有产权与资产收益率的关系，应该先探讨企业资产收益
率的最优水平。一个企业的资产收益率是否越高越好？现代企业管理理
论认为企业经营者是资本所有者的代理人，企业经营的目标是所有者权
益的最大化，资本所有者对资本的增值要求即企业获得资本的成本。资
本成本是企业投资的底线，只有投资于预期收益超过其资本成本的项目
才能增加企业的价值、增加资本所有者的财富。假如资本所有者要求其
资本年收益率须达到 10%，若该企业投资于预期收益率为 8% 的项目，
企业的经营者将遭到解雇，或者股东将从企业撤资。换句话说，即使这
项预期收益率为 8% 的项目能够给企业带来利润，能够把闲置的资源利

用起来增加社会的总产出以及社会福利，但是由于达不到资本所有者的要求回报率也最终会被放弃。因此，企业在投资时会严格按照投资者所要求的回报率即企业的资本成本作为标准来筛选投资机会。按照这个逻辑进行推导，企业的资产收益率等于企业的资本成本。

如图8-1所示，边际递增的资本成本和边际递减的投资收益决定了市场存在着最优的投资规模。根据梅耶（Mayers，1984）提出的融资琢序理论（Pecking financial order theory），企业会首先使用融资成本较低的债权资本和内部股权资本（留存收益），然后才会选择成本相对较高的外部股权融资，因而企业的边际资本成本会随着投资规模的增加而增加。企业在投资时会首先选择预期收益最高的项目，然后再选择收益次高的项目，因此，可以假定企业投资的边际收益率会随着投资规模的增加而下降。因为投资收益随着投资规模扩大递减而资本成本随着投资规模扩大递增，所以并非企业的投资规模越大其所有者的收益就越大，当投资超过一定规模时，递减的预期投资收益将不足以弥补递增的资本成本，因此必然存在使得资本所有者权益最大化的投资规模，也就是边际投资收益等于边际资本成本那一点（q）。在其他条件不变的条件下，资本成本越低，企业投资的规模就会越大，当然企业的资产收益率也会随之降低（如图8-1所示）。

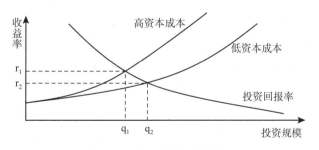

图8-1 资本成本与收益率

资本预算的原理表明，资本成本水平与投资项目的价值成反比，资本成本越低，投资项目的价值就越大。对于那些投资回收期长、资金投入量大以及预期现金流不稳定的项目来说，资本成本对投资项目价值的影响更大。当前国有资产管理体制改革要求国有资本向关系国家安全、国民经济命脉和国计民生的重要行业和关键领域、重点基础设施集中，向前瞻性战略性产业集中。这些重点领域恰好就是投资回收期长、资金需求量大的投资领域，也是其他所有制资本不愿或无力进入需要国有资本发挥作用的领域。国有资本天然地在前瞻性战略性产业、重点基础设施、国民经济命脉和国计民生的重要行业和关键领域具有比较优势，因此，不需要行政性的指令，市场力量会自动指导国有企业向这些领域进行投入。

定量分析的结果表明，在完善的市场经济体系和现代企业制度条件下，国有产权带来较低的资本成本。企业的资本成本低，才可以接受收益率相对较低的投资项目，因此，就产生了前文所述的现象——国有产权比例越高，企业的资产收益率越低。从资本成本的角度说，国有产权与资产收益率的负相关关系并不是国有产权导致企业的经济效益差，而是现代企业经营的正常结果。国有企业的资产收益率较低可能有国有资产管理体制和国有企业经营机制上的问题，但是国有资本的成本因素也不应该被忽视。资本成本不仅在微观上影响企业的资产收益率水平，在宏观上还影响经济增长和经济稳定。国有资产管理体制改革要正确认识和准确把握资本成本这个工具。

理论和实证分析还表明，国有资产管理体制改革要坚持政企分开和政资分开的方向，改革的重点是现代企业制度建设，目标是使国有企业成为合格的市场主体。在管理机制水平和代理成本等其他条件完全一致的情况下，国有企业具有自身独特的资本优势，低成本资本在投资周期长、风险大的项目时更具优势，而周期长、风险大正是国民经济命脉和战略性前瞻性等需要国有资本更多投入的行业领域的特点，因而市场化能使国有资本恰好自动发挥自己应起的作用。这就好比亚当·斯密看不见的手的比喻一样，人们出于对私利的追求促成了社会福利的提高，作为合格市场主体的国有企业在市场机制资源配置的决定性作用下会自动实现国有资本优化布局的国有资产管理目标。

第九章

外国国有资产管理的比较与借鉴

《经济学人》期刊的调查显示，全球股票市场中大约 20% 的市值属于各国政府所有[①]。福布斯全球企业 2000 强的数据显示，全球最大的50 家企业中有 14 家是政府出资企业，其中 11 家是国有控股企业；最大的 100 家企业中有 22 家是政府出资企业，其中 16 家是国有控股企业；上榜的全部 2000 家企业中有 282 家拥有政府股东（Christiansen，2014）。对于数量巨大的国有资产，各国政府依据本国情况采用了不同的管理模式，通过对世界主要国家国有资产管理体制的研究，可以从中得到有益的经验和借鉴，服务于我国当前的国有资产管理体制改革。世界范围内的国有资产管理体制的改革主要经历了三个阶段：第一阶段是20 世纪七八十年代，试图通过保持国有的基础上提高国有企业的效率，但是总体上并不成功。第一阶段的失败引发了以私有化为标志的第二阶段的改革浪潮，试图通过私有加管制的方式实现原有国有企业的功能，这次改革一定程度上提高了经济效率，但是并没有达到预期理想的效果，私有化在一些地区（特别是发展中国家）引起民众比较强烈的反对。21 世纪兴起的第三阶段改革仍然是在保留国家控制权的基础上进

---

① Chinese Acquisitions：China Buys up the World, The Economist, Nov. 11, 2010, http：//www. economist. com/node/17463473.

行，因为人们意识到公有制才是解决市场失灵的更好办法（Vagliasindi，
2008）①。

第一节　新加坡的国有控股公司

新加坡与中国的文化背景相似，在国有资产管理体制方面，新加坡
的经验值得中国学习。新加坡的国有资产管理实行三层架构，即财政部
通过所属的三大控股公司对关联企业中的国有资产进行管理。财政部是
国有资产的最高管理机构，国有控股公司作为政府与企业之间的隔离
层，确保企业经营不受政府的行政性干预。

淡马锡控股公司成立于 1974 年，是新加坡最大的国有控股公司，
由财政部全额出资，直接向财政部负责，成立时从新加坡财政部受让了
价值为 3.54 亿新加坡元的一批企业股权，开始对其进行商业化管理②。
投资组合中重点配置了战略性前瞻性行业的企业（见表 9 - 1），但也包
括涉及民生的食品纺织行业以及如动物园这样的公益事业，这种资产配
置充分地体现出国家战略意图，即确保国计民生、提供国民装备、保护
国家安全和提升国际竞争力。像新加坡动物园和新加坡航空等这样具有
明显社会功能和战略价值的企业，淡马锡从成立到今天一直保持控股或
持有较大比例的股份。

表 9 - 1　　　　　　　淡马锡公司 1974 年成立时的投资对象

序号	公司名称	序号	公司名称
1	Acma 电子工业有限公司	4	新加坡发展银行 *
2	食益补新加坡私人有限公司	5	Instant 亚洲文化演艺公司
3	远东化学工业有限公司	6	新加坡保险公司

①　Vagliasindi M. Governance Arrangement for State-owned Enterprises. Policy Research Working Paper 4542，World Bank，March 2008.

②　3.54 亿新加坡元按当前汇率约为 17 亿元人民币。

续表

序号	公司名称	序号	公司名称
7	国际开发建设公司	22	胜宝旺控股私*
8	国际贸易有限公司	23	新加坡航空*
9	裕廊飞禽公园*	24	新加坡机场免税商业中心*
10	裕廊控股*	25	新加坡缆车私人有限公司
11	裕廊造船*	26	新加坡通用航空服务公司
12	裕廊船厂*	27	新加坡国立印务馆
13	吉宝船厂*	28	新加坡海外石油服务公司
14	Metrawood 公司	29	新加坡纺织工业公司
15	明阁酒店	30	新加坡财政大楼
16	三菱新加坡重工业公司	31	新加坡动物园*
17	国家工程服务公司	32	Singmanex 公司
18	国家谷物升降机公司	33	新加坡糖业
19	新加坡大众钢铁厂	34	联合工业有限公司
20	海皇轮船有限公司*	35	联合植物油公司
21	第一产业创业公司*		

注：* 代表淡马锡对该公司的投资持续至今。由于兼并重组等原因，公司名称有的已发生变化。

资料来源：淡马锡公司网站。

淡马锡控股公司成立以后，新加坡政府专注于政策法规制定和宏观层面监管，将国有资本授权给淡马锡公司进行具体经营。其经营取得了优秀的业绩（见表9－2），并且获得国际评级机构穆迪和标准普尔所授予最高企业信贷评级。

表9－2　　　　　　　淡马锡公司 2015 年经营业绩概览　　　　　单位：元

净资产	净利润	一年期股东回报率
1.2 万亿	630 亿	19.20%
新增投资	变现资产	股息收入
1650 亿	855 亿	500 亿

资料来源：根据 2015 年淡马锡年度报告及 2015 年底市场汇率计算所得。

2015 年淡马锡公司的净资产约为 1.2 万亿元人民币，与之对比我国全国国有及国有控股企业净资产为 40 万亿元人民币，其净资产的绝对值小于中国，但是如果从国有资产净值与国内生产总值的比率关系上来看两国的国有资产规模是相当的。公司的净资产利润率为 5.26%，与之对比我国全国国有及国有控股企业的净资产利润率为 5.74%，两者也处于同等水平①。

淡马锡公司将自己的使命定位于活跃的投资者和成功企业的股东，坚持从投资组合所有者的角度思考及行事，秉持着为股东创造长期可持续的最大化价值的投资理念。淡马锡持续地调整和优化资本布局结构，以保持资本收益的持续增长和实现股东利益最大化的目标。坚持积极谨慎的原则进行资本运作，适时调整所持企业的股权，根据公司战略发展选择进入或退出相关的产业和区域。淡马锡目前投资的行业涉及金融、电信、交通和生命科学等多个领域（见表 9-3）。

表 9-3　　　　　　　　　　　淡马锡公司主要投资对象

行业	公司名称	持股比例（%）	股东权益	行业	公司名称	持股比例（%）	股东权益
金融服务	友邦保险	4	5878 亿港元	交通与工业	赢创工业	5	154 亿欧元
	中国银行	1	1.5 万亿港元		吉宝企业	20	163 亿新元
	中国建设银行	5	1.6 万亿港元		海皇轮船	65	26 亿新元
	中国太平洋保险	2	3689 亿港元		PSA 国际港务	100	106 亿新元
	星展集团	29	504 亿新元		胜科工业	49	75 亿新元
	中国工商银行	2	2.1 万亿港元		新科工程	51	108 亿新元
	劳埃德银行集团	1	558 亿英镑		新加坡航空	56	139 亿新元
	中国平安保险	2	8769 亿港元		新加坡能源	100	85 亿新元
	英国保诚集团	1	429 亿英镑		SMRT 企业	54	24 亿新元
	印尼金融银行	67	49 万亿印尼盾	电信、媒体与科技	英塔吉控股	42	2476 亿泰铢
					金融数据公司	11	50 亿美元
	渣打集团	18	270 亿英镑		新加坡科技电信媒体公司	100	38 亿新元

① 这个对比结果比较意外，淡马锡一直是中国国有资产管理的榜样，可实际上中国国有资产的收益率是与淡马锡公司相当的。

行业	公司名称	持股比例（％）	股东权益	行业	公司名称	持股比例（％）	股东权益
电信、媒体与科技	新科金朋公司	84	11 亿新元	消费与房地产	翱兰国际	58	48 亿新元
	阿里巴巴集团	2	2077 亿美元		A. S. 沃森控股	25	2517 亿港元
	巴蒂电信	3	1.5 万亿卢比		凯德集团	39	152 亿新元
	新传媒公司	100	7 亿新元		M＋S 公司	40	＊百万新元
	新加坡电信	51	698 亿新元		新加坡野生动物保育集团	88	2 亿新元
生命科学	Celltrion 公司	15	7.5 万亿韩元		丰树产业	100	93 亿新元
	吉联亚科学公司	1	1449 亿美元		新翔集团	43	34 亿新元
	赛默飞世尔科技	1	535 亿美元		英达岛联合公司	50	＊百万令吉
				能源矿产	英国天然气集团	1	283 亿英镑
					FTS 国际集团	41	5 亿美元
					MEG 能源公司	5	45 亿加元
					西班牙石油公司	7	238 亿欧元
					艾芬豪矿业	9	79 亿加元
					兰亭能源	100	15 亿美元

注：截至 2015 年 3 月 31 日，＊代表具体数值不祥。

资料来源：淡马锡公司网站。

　　淡马锡公司的投资中既包括战略性新兴行业，也包括涉及国计民生的公共事业，不仅包括本国企业也包括外国企业。根据淡马锡制定的规划策略，其重点投资于四个方面：一是通过投资于金融服务、基础设施和物流等行业领域，获取中国、印度等新兴经济体产业转型升级带来的红利；二是借助中产阶级不断增长的消费需求，在电信、媒体和科技以及消费和房地产领域的投资中获益；三是寻求具备特殊知识产权或竞争优势的经济体或企业，利用比较优势获得投资收益；四是投资具有稳固基础的公司、转型过程中具备发展潜能的公司和有望成为区域或全球性龙头企业的公司。表 9 - 4 显示了淡马锡公司的投资在各个行业的分布比例，从 2012～2015 年的数据可以看出，淡马锡公司的投资行业比例基本保持稳定，其在交通与工业领域的投资略有减少，在生命科学、消费和房地产领域的投资略有增加，公司投资保持了平衡化和多元化的结构特点。

表 9-4   淡马锡公司投资的行业分布比例   单位：%

年份	2012	2013	2014	2015
金融服务	31	31	30	28
电信、媒体与科技	24	24	23	24
交通与工业	21	20	20	17
生命科学、消费与房地产	12	12	14	18
能源与资源	6	6	6	5
其他	6	7	7	8

资料来源：淡马锡公司网站及相关年度报告。

从所投资的资产类型来看，淡马锡也采取了平衡化和多元化的做法，从而保证公司资产的流动性和收益性的平衡（见表 9-5）。持股比例在 20% 以下的上市公司资产流动性与现金类资产相似；持股比例大于 20% 的上市公司资产则在变现时受到规则和市场因素的影响，资产变现的难度增大；非上市公司的资产因为缺少公开交易的平台所以变现难度更大。从股息收入与利息支出的倍数、净资产与负债的倍数和流动资产与流动负债的倍数来看，公司的风险控制能力比较强并在进一步提升之中。

表 9-5   淡马锡公司持有资产的结构与风险分析

年份	2013	2014	2015
流动资产及持股率低于 20% 的上市资产	35%	36%	34%
上市大型资产（持股≥20%）	36%	34%	33%
非上市资产	27%	30%	33%
股息收入与利息支出之比（倍数）	12.7	16	16.1
净资产与负债之比（倍数）	14.7	15.8	19.3
流动资产与负债之比（倍数）	5.2	5.7	6.6

资料来源：淡马锡公司网站及相关年度报告。

淡马锡公司的董事会共有 10 名董事，其中 8 人来自政府，董事长由财政部副部长担任，董事包括金融管理局局长、财政部总会计师和贸易发展局局长。公司负有对国有资本保值增值的职责，定期向财政部报告公司经营状况，但是财务部不干涉公司具体事务，在投资决策、资金使用等方面完全独立自主。淡马锡控股公司基于产权关系对子公司进行管理和控制，除非重大问题，从不干预直属子公司的日常经营活动。新加坡政府特别注意政企分开和政资分开，保障公司完全依据市场规则从事各项商业活动。淡马锡作为负责管理国有资产的控股公司积极行使股东权力，重点做好旗下企业的董事会构建、企业负责人选聘任免、企业价值观培养及企业战略发展规划等工作任务。淡马锡不介入旗下企业的日常经营和商业决策，充分发挥关联企业自主经营的积极性，但是会积极推动企业长期稳健发展，非常注重企业的长远发展，追求长期投资回报，注意规避短期投机行为对企业长远发展的影响。

淡马锡公司在进行经营决策时坚持商业价值最大化的原则。经营活动只追求经济目标，所有投资项目都按照商业化原则进行评估，并经过专业机构的审核。为了保证国有资本能够具有长期持续的收益，淡马锡采用经风险调整后要求的资本成本作为资本预算时的参考标准。在绩效考核方面采用综合多样的考核指标，针对不同的管理层采用不同的考核侧重点，对董事会的考核主要采用总股东回报率作为评价标准，对旗下各公司主要采用经济增加值的考核标准。通过多方位的绩效考核与激励制度，淡马锡公司保持了多年的高效运营。

第二节　意大利的国有资产布局

在西方主要发达经济体中，意大利实行国有资产管理的历史最久。19 世纪 60 年代意大利刚刚统一之时，面临着国内市场狭小、资本和企业家短缺、金融体系脆弱等问题，意大利政府设立的国有控股公司对当时国民经济走出困境起到了重要作用，20 世纪经济大萧条后的复苏和

"二战"之后的经济重建也都非常受益于政府控制的国有资本。意大利战后国民产业恢复和发展主要依靠政策性的国有企业，国有企业的发展壮大是意大利国内经济增长率在战后维持较高水平的重要原因（Bernard，2005）。

意大利的国有资产管理体制分为政府、控股公司和企业三个层次。1956 年，意大利政府设立了专门监管国有企业的国有股权部（Ministero delle partecipazioni statali）负责监管国有控股公司，包括制定政策目标、检查政府政策的执行情况、审查控股公司提出的申请等，国家控股公司负责管理国家所拥有的企业股份，督促国资关联企业执行政府政策、协调企业的投资、经营和生产活动，向企业提供必要的资金、人才和技术支持。20 世纪 50 年代中期到 60 年代末是意大利国有经济或者说政府干预和主导经济发展模式的鼎盛时期。

一、意大利工业复兴公司

意大利工业复兴公司（IRI）也称伊里公司，创建于大萧条时期的 1933 年。最初作为一个临时机构，目的是拯救那些受经济危机影响的濒危企业，将其重组或重建以避免其陷入破产的境地。当时意大利非常重要的三家商业银行——意大利商业银行、罗马银行和意大利信贷银行由于救助那些陷入财务困境中的工业企业而濒临破产，意大利政府大量收购这三家银行的股票，并接管了包括钢铁公司、造船公司、机械公司在内的许多工商业企业，以此为基础成立了工业复兴公司。由于缺少足够的私人资本来接手政府持有的证券，并且为了适应法西斯政府扩军备战的经济与军事需要，1937 年工业复兴公司改组成国有控股投资公司，成为永久性的机构。在第二次世界大战以后，工业复兴公司在意大利政府和美国的"马歇尔计划"的资助下，经营活动不断向其他部门扩展，除控制了意大利的钢铁、机械工业外，还控制了电力、电信、电子、造船以及水泥等行业，成为意大利最强大的工业集团。这段时期工业复兴公司跟成立初期一样，仍然充当"企业病医院"的角色，继续承担拯救困难企业的任务。20 世纪 70 年代以后公司出现了连年亏损以及财务困难。1992 年，IRI 公司改组为股份制公司，并最终于 2000 年 6 月被关闭。

从表 9-6 来看，意大利工业复兴公司的投资在各行业的分布起初比较多元化和平衡化，后期则越来越趋于集中。农林牧渔业、公用事业投资的比重在逐渐下降，采矿业、制造业和建筑业的比例基本持平，金融业的比重在逐渐上升，进入 20 世纪 70 年代以后，公司的资本 70% 以上投在金融行业，而最需要国有资本发挥作用的公用事业、基础设施建设、农林牧渔和采矿业的投资比例却几乎降至零。值得思考的是，意大利工业复兴公司经营业绩的变化与其资本布局的演变是高度相关的：20 世纪 60 年代以前，当公司的资本较多地投入公用事业等收益率不高的行业时，其经营业绩还是不错的；20 世纪 70 年代以后，公司资本更多地投入金融业这种高收益行业时，公司的经营业绩明显出现下滑。

表 9-6　　　　　　　意大利工业复兴公司的资本布局　　　　单位：%

行业	1935~1937 年	1951~1953 年	1959~1961 年	1970~1972 年	1981~1983 年
农林牧渔	3.8	0.8	0.1	0.1	0
采矿业	0.3	0.2	0.1	0.2	0
制造业	21.2	14.2	19.3	16.6	19.3
公共事业	14.4	11.6	12.4	0.1	0
建筑业	0.3	0.2	0.1	0.4	0.3
服务业	19.6	8.9	14.2	10.2	9.2
金融业	40.5	64.1	53.8	72.4	71.2

资料来源：Toninelli & Vasta (2010)。

二、意大利埃尼集团

埃尼集团全称为国家碳化氢公司（Ente nazionale ldrocarburi），成立于 1953 年，是意大利政府按照意大利工业复兴公司模式成立的第二家国有控股投资集团公司，主要目的是保证国家的石油和天然气供给和能源安全。埃尼集团的核心是 1926 年成立的阿吉普公司（AGIP）即意大利石油总公司。1992 年，埃尼集团被改组成为股份制公司。2013 年，意大利政府控股的埃尼石油集团在世界 500 强企业中排名第 30 位，当年的市值为 863 亿美元，收入为 1637 亿美元，资产总额达到 1852 亿美元；意大利政府参股的意大利国家电力公司在世界 500 强中排名第 145 位，市值、收入和资产分别为 322 亿美元、1119 亿美元和 2263 亿美元。

埃尼集团的投资见表 9 - 7，最初主要集中于采矿业、制造业和公用事业，20 世纪 70 年代以后埃尼公司在公共事业上的投资迅速减少，在金融业和服务业的投资显著增加。埃尼公司的资本布局变化与工业复兴公司相似，放弃国有资本的社会功能并没有提升公司的效益，反而造成公司的财务困难。意大利国有控股公司的教训说明，国有资本与民间资本的性质特点是有差别的，按照民间资本的方式去经营国有资本是行不通的。国有资本应该按新加坡淡马锡公司的经营策略进行经营，专注于对经济社会贡献较大的基础性、战略性和前瞻性行业，这些行业的短期回报率不高，但是能够累积出比较稳健的长期回报率。

表 9 - 7　　　　　　　意大利埃尼集团的资本布局　　　　　单位：%

行业	1954~1955 年	1959~1961 年	1970~1972 年	1981~1983 年
农林牧渔	0	0	0	0
采矿业	57.6	47.6	63.5	53.9
制造业	20.5	33.7	27.8	24
公共事业	21.8	15.8	6.8	7.7
建筑业	0	0.1	0.1	0
服务业	0	0.8	0.2	9.6
金融业	0	1.9	1.7	4.5

资料来源：Toninelli & Vasta（2010）。

三、埃菲姆机械公司

埃菲姆机械公司是意大利的三大国有控股投资集团公司之一，成立于 1962 年，主要目的是促进意大利机械制造业的发展，但在实际运营过程中为了挽救一些濒危的私人企业也涉足了制造业的其他领域。1993年埃菲姆公司被关闭。埃菲姆机械公司运营的时间是意大利三大国有控股投资集团公司中时间最短的，表 9 - 8 显示埃菲姆机械公司的投资主要集中于制造业和金融业，其他领域的投资几乎没有。

表 9 - 8　　　　　　　**意大利埃菲姆机械公司的资本布局**　　　　单位：%

行业	1970 ~ 1972 年	1981 ~ 1983 年
农林牧渔	0	0.1
采矿业	0.1	0.1
制造业	19.9	16.8
公共事业	0	0
建筑业	0.1	0
服务业	1.7	1.2
金融业	78.2	81.8

资料来源：Toninelli & Vasta（2010）。

第三节　英国的国有企业改革

英国议会是国有资产的最高监督管理机构，国有企业的建立、改组和撤销均需由议会通过专门的法令才能实施。议会是国有资产管理的最高决策机构，国有企业董事会依据议会批准的经营目标，开展企业的日常事务工作，安排企业的生产，决定劳动力雇佣及工资水平等。英国并没有设立监督管理国有资产的专门机构，根据所属行业不同，国有资产分别被运输部、能源部、工业部等专业部门进行监督和管理，这些政府部门负责任免国有企业的负责人，监督所属企业的经营活动。财政部负责对国有企业的经济财务状况进行监督，政府审计部门负责审查国有企业的国有资产使用情况。

一、国有企业的建立与发展

英国政府曾经拥有大量的国有资产，20 世纪 80 年代以前政府几乎垄断了全国的煤炭、电力、铁路和邮电行业，并且在控制了钢铁、造船和飞机制造行业，在汽车制造、石油生产甚至宇航和电子行业中也有大量的投资。1979 年英国国有企业的生产总值占国内生产总值的 1/10，固定资产投资额占全国固定资产投资总额的 1/5，国有企业的就业人数占全国劳动力总数的近 1/10[①]。英国国有企业的建立和发展大致可以划分为三个阶段：

第一阶段（1868～1945 年）主要为了服务国家战略目标，以电信行业为主。这个阶段建立或政府投资入股的国有企业主要有电报电话公司、英国石油公司（BP）、大东电报公司（Cable and wireless）、英国放射化学中心（Radio chemical centre）、英国海外航空公司（British overseas airways corporation）等。这些公司有助于加强当时大英帝国内部的信息、人员和物资往来，电信公司尤其有利于维护当时伦敦的国际金融中心地位，这些都是当时英国政府的战略目标。

第二阶段（1945～1951 年）的重点是基础设施建设和基础工业发展，以公用事业和能源交通行业为主。这个阶段是英国企业国有化的第一次高潮，煤炭、铁路、电力、天然气、钢铁、邮电和城市交通等行业先后被收归国有，这个阶段组建的国有企业包括：英国电业局（British electricity authority）、英国运输委员会（British transport commission）、英国河道局（British waterways）、英国燃气委员会（Gas council）、英国钢铁公司（Iron and steel corporation）等。

第三阶段（1967～1977 年）的国有资本一方面投向前瞻性战略性的高科技行业，另一方面用于挽救在市场竞争中陷入颓势的传统制造业。前者主要包括航空和宇航工业和飞机制造业，如英国航空航天公司

---

① 余斌：《英国国有企业私有化的回顾与思考》，载《管理世界》1997 年第 2 期。

（British aerospace）、罗尔斯·罗伊斯（Rolls royce），后者主要包括造船工业、汽车工业和钢铁行业，如英国钢铁（British steel）、罗孚汽车（Rover group）、英国造船（British shipbuilders）。

英国的国有资产对于战后英国经济的恢复起到了重要的促进作用。重要工业部门国有化以后迅速集中了当时有限的人力、物力和财力，短期之内迅速恢复和发展了工业生产，使英国很快地适应了战后技术革新和市场需求的变化，并且创造出大量的就业机会，有力地促进社会稳定发展和人民生活水平的提高。在战后初期到 20 世纪 60 年代末，国有企业在规模、资本和技术方面相对于私营企业具有明显优势，1958 ~ 1968 年国有企业生产率年均增长 5.3%，而同期制造业整体生产率年均增长 3.5%。

20 世纪 70 年代以后国有企业的经营绩效开始回落，随后英国政府开启了以私有化为主要特征的国有企业改革浪潮。目前英国政府控股或者持股的公司数量大大减少，占国民经济的比重已经很小，主要集中于提供公共服务和涉及核能安全等领域，如破产服务局、英国气象局和国家核能实验室等。为了贯彻特定的经济政策，政府还在那些私人资本不愿介入的领域进行了投资，如"绿色投资银行"负责投资绿色项目。此外，在 2008 年金融危机爆发并蔓延之后，英国政府入股濒临破产的劳埃德银行和苏格兰皇家银行，这主要体现了国家对经济领域的干预职能。

二、国有企业的私有化改革

英国的国有资产主要是在战后经济恢复阶段建立起来的，在经济恢复以后产业开始转型，但是政府未能及时对在传统产业部门中的国有资产进行调整。随着国有经济部门的膨胀，国有企业的经营效率也在下降，政府没有长远发展的目标和战略，国有资产运营也缺乏有效的监督和管理体制。20 世纪 70 年代的石油危机给整个英国经济造成沉重的打击，经营环境恶化加重了国有企业经营的困难。上述多种因素交织在一起，导致国有企业的经营效率不断下降。20 世纪 70 年代国有企业的经营绩效总体下降并呈现出两极化的态势：航空、通信等市场需求增长较快的行业国有企业优于整个制造业的平均水平，但是钢铁和煤炭行业的国有企业经济效益在下降，有些国有企业在国家财政进行补贴后仍然出现巨额亏损。

1979 年开始，英国对国有企业进行了以私有化为主要特征的改革。第一阶段（1979～1983 年）的国有企业改革主要出售竞争性行业的国有企业。这些企业亏损不太严重或仍可获利，虽为国有但已按照市场经济模式进行商业运作。第二阶段（1984～1994 年）的改革主要对公用事业和自然垄断性行业的国有企业进行了私有化，这些企业规模都比较大，并且亏损较为严重。国有资产的流动主要采取了股份制改革、公开上市及职工持股方式。第三阶段（1995 年以后）的改革主要针对公共运输系统和邮政系统，这些国有企业必须依赖政府补贴才能维持经营，由于这些企业提供着社会需要的公共品，主要采取了特许经营的形式进行私有化，并且政府继续提供补贴。

英国的国有资产流转方式主要包括下面几种方式：一是整体出售给私人投资者。对于处于关键领域的企业，私有化后政府会保有一些特殊权力，可以对那些不利于国家安全的企业决策予以否决，如未经允许向外国公司或个人出售大宗资产；二是实行管理层收购，这种方式能够减少企业内部抗拒私有化的阻力，但由于交易价格可能大大低于实际价值，容易造成国有资产的流失；三是通过在资本市场上公开发行股票的方式对国有企业进行股份制改造；四是将国有企业授权给私人部门实行中长期特许经营，经营者需要新增投资或引入新的管理方式，经营期内被授权者拥有经营自主权，但政府仍可从宏观上对其进行指导和监管。

第四节　美国的"混合制"企业

美国大多数国有企业都是由政府的相关部门或根据国会各种决议设置的专门常设委员会管辖。政府有权决定企业的劳动人事、产品定价及利润分配制度。政府主要通过有关部门的行政指令来确定企业投资规模与方向，由国家派遣监督员或监督团，对企业实行资产监管。

美国的"混合制"企业是指由政府创设的、按照市场化方式运营的机构，其运营通常依靠自身的营业收入，而非来自于财政投入。"混合制"指这类企业具有公、私两方面性质，与大多数国家的国有企业相似，既要实现政府设定的政策目标，又有追求收益的经济目标。美国政府设立"混合制"企业的主要目标是为了实施特定政策。如联邦住宅贷款银行（Federal home loan banks）的目标是为了居民购买住宅提供更多的信贷支持。海外私人投资公司（Overseas private investment corporation，OPIC）的目标是为美国投资者在发展中国家投资时提供资金融通、贷款担保和政治风险保险等。很多"混合制"企业是由原来的政府机构改制而成，改制的主要原因是人们普遍相信企业化的运营将更有效率，进而能更好地实现政府的目标。

美国的"混合制"企业并不是由政府和民营资本"混合"所有，这与大多数国家的"混合所有制"企业不同，美国的"混合制"企业通常是完全由政府所有或是完全由民间资本投资。例如，在次贷危机时陷入困境的房利美（Fannie mae），在被美国政府接管之前就是完全由私人投资者所有的公司。这些企业的"混合制"体现在其是政府和市场的混合。"混合制"企业的管理者通常是政府官员或由政府任命。例如海外私人投资公司（OPIC）以及美国进出口银行（Export-Import bank of the united states）等机构的最高管理人员都是美国总统任命的。联邦农业按揭公司（Farmer mac）的最高管理者虽然是由董事会选举产生，但是总统有对部分董事的任命权。但是与传统的政府机构相比，美国的"混合制"企业受到行政系统的束缚通常又比较少，可以不采用政府的采购规程和人事制度等。例如，美国邮政（USPS）和美国国家铁路客运公司（Amtrak）的人事管理体制与政府机构就有很大的区别（Perl & Dunn，1997；Tierney，1984）。相对宽松的安排是为了使这些"混合制"企业能够在市场中更灵活的运作，提高运营效率。

政府对"混合制"企业的监管不同于一般企业。一方面"混合制"

企业要接受对普通企业的规制，如劳动安全等方面，但是也有些法规可以不必遵守。例如，为美国南方各州提供电力的田纳西河流域管理局（Tennessee valley authority）就基本上被不受地方环保法规的限制（Durant，1985）。不过在另一方面，政府会要求"混合制"企业遵守一些特殊的规章制度以确保特定政策目标的实现。如企业的投资和经营需要遵守特定要求，只能在目标领域内进行。

美国"混合制"企业的政府参与因素，使其能够获得成本非常低的融资。这些企业在借款时几乎可以享受到与国债水平相同的利率，即使是信用评级最高的民营企业也不能获得如此低成本的融资，这是"混合制"企业在运营中的最大优势所在。虽然如此，"混合制"企业的存在只是为了替代政府机构的职能，并不致力于增加政府的收入。"混合制"企业也不是对民营企业的替代，二者之间也不存在直接的竞争关系。

为了提高运行效率而将政府机构改制成为企业后，政府如何继续保持对"混合制"企业的有效控制成为政府面临的一个挑战。"混合制"企业和政府机构都要接受国会和总统的领导，但对"混合制"企业管控要比对政府机构管控的难度要大，换句话说，要求"混合制"企业实现政府意图的难度相对较大。

第一，"混合制"企业具有相互冲突的多重经营目标。追求政策目标极有可能要以牺牲经济目标为代价。例如，美国政府曾经要求美国进出口银行增加对小企业的支持，但显然这样会对银行的风险和利润产生出负面影响，因此，企业比较难以彻底贯彻政府的意图。由民营资本参与的企业，其经营要到达一定水平的盈利以满足投资者的要求，即使是政府投资的企业至少也要保证是营业收入能够弥补运营成本。

第二，"混合制"企业需要通过市场来进行运作，因此能否实现其经营目标要受到市场状况的约束。例如，政府为海外私人投资公司（OPIC）设定了协助私人资本向约旦河西岸和加沙地带投资的目标，但是市场上却鲜有愿意进入该地区的私人投资者。在筹集到资金以后，却又找不到合适的目标公司——因为当地局势动乱，根本没有等待资本投入的新建公司。所以，虽然有制定的政策目标但是没有市场的配合仍然难以实现政府的意图。

第三，政府不能像对自身机构那样实施直接行政控制，只能通过规制的方式进行管理，这也是"混合制"企业难以管控的最根本原因。将宏观的政策意图转换为具体的可操作目标并非易事，有些目标难以用规制的方式来进行要求。如政府禁止企业某些业务比要求企业开展某些业务要容易一些。在进行规制时，禁止某些活动比要求进行某些活动在语言上更容易表达，并且在实践中也更容易判断企业的执行情况。例如，海外私人投资公司通过为私人投资提供担保的方式支持私人资本到海外投资，政府可以要求它不能向到支持恐怖活动的国家的私人投资进行担保，这种规制是容易做到的。但是如果要求"混合制"企业去进行某些特定业务就相对较难，如要求进出口银行增加对妇女创业的支持，这就不太容易制定明确的标准及评判企业遵守规制的情况。另外"混合制"企业在市场中运营，市场状况对禁令的执行没有太大影响，但是对要求的执行就有很大影响。如禁止向某类人群提供服务，只要有明确的标准企业就可以执行；相反如果规定要向某类人提供服务，即使企业按规定提供服务那也还要看这类人是否愿意接受该企业的服务。

第五节　其他国家的国有资产管理

一、法国

法国是西方国家中国有资产规模最大的国家之一。法国政府参股的企业在世界500强榜上有名，福布斯公布的2013年数据表明，法国巴黎银行排第22位，法国燃气苏伊士集团排第95位，法国电信、雷诺汽车、法国国家人寿保险公司和赛峰集团分别排在第169、第175、第294和第368位。法国政府并没有设立全国统一的国有经济管理机构，国有企业依据其生产经营分别归由政府的相关部门管理，政府主要通过价格控制、投资决策和人事任免的方式来监督管理国有企业并对企业的经营方向和财产管理等进行干预。法国政府的经济、财政与预算部及国家审计法院行使对国有企业的财政监督权。国有企业的董事长和总经理由政府总理或主管部门提名，需经过政府颁布法令后正式任命。

二、挪威

挪威的 46 家国有企业遍布于国民经济的多个行业，其中有大量的国有资本投资在油气、电力和通信行业。挪威政府控股的挪威国家石油公司市值为 781 亿美元，在世界 500 强中排名第 38 位，年收入为 1268 亿美元，总资产达到 1402 亿美元，挪威政府参股的挪威银行在世界 500 强中排名第 219 位。挪威政府建立国有企业的主要目标和原因有四个：一是能够使重要公司的总部设在国内，可以为所在地提供和培养专业人才、财务人才和管理人才，同时总部在决策时将会适当考虑当地利益，这对于所在国的经济发展和就业等都有贡献；二是确保国家对自然资源特别是能源的所有和控制，并增加政府的收入；三是实现特定的政治目标，保证基础设施的修建和维护以及为国民提供文化和医疗服务；四是解决市场失灵以及自然垄断问题。

挪威的国有企业分为商业类和功能类两种，商业类国有企业由贸易产业部管理，功能类国有企业则由相关部委进行监管。商业类国有企业又被细分为三类：一是完全商业化国有企业，只追求利润最大化目标，如斯堪的纳维亚航空公司（SAS AB）；二是完全商业化但总部需设在国内，如挪威电信公司（Telenor ASA）；三是商业目标与特定目标并存的国有企业，如挪威邮政（Posten Norge AS）。功能类国有企业以追求政策目标为主，如挪威机场有限公司（Avinor AS）。

三、荷兰

荷兰有约 28 家国有企业，主要分布于金融、基础设施和交通运输行业，共雇用了约 6 万员工。荷兰政府参股的欧洲宇航防务集团在 2013 年的福布斯世界 500 强企业中排第 135 位。荷兰设立国有企业有的是为了纠正市场失灵，有的是为了进行基础设施的建设和运营，还有一种情况是政府救助困难企业。荷兰政府认为除非为了公共利益，经济中不需要设立国有企业。一旦条件成熟，应尽快将国有企业私有化。荷兰没有对国有企业进行分类，国有资本的所有权职能由财政部行使。

四、匈牙利

匈牙利有约 158 家国有企业，雇用了约 15 万员工，所属行业包括供水、环保、核电、高压输变电、城市交通、铁路和博彩等行业。匈牙利政府设立国有企业的主要目的包括执行政府职能、满足社会需要以及将国有企业作为管理经济的政策工具。匈牙利的国有企业分为营利性和非营利性两类。营利性的国有企业由匈牙利国家控股公司（HSHC）单独进行管理并行使所有者的职能。非营利性的国有企业也被称为"公益组织"由匈牙利国家控股公司与政府相关专业部委共同管理。

五、以色列

以色列约有 92 家国有企业，这些企业的设立一方面是为了弥补市场失灵，另一方面是国家和社会利益的需要。按照股权结构的不同，以色列的国有企业可以分为三类：政府公司是指以色列政府直接拥有 50% 以上投票权或有权任命半数以上董事的企业；政府附属公司是政府公司的子公司，以色列政府间接拥有 50% 以上投票权；混合公司是以色列政府持有股份但未达到上述两种公司标准的企业。以色列有 68 家政府公司、6 家政府附属公司和 18 家混合公司，财政部下设的政府公司局（GCA）负责行使国有资本的所有者职能。根据目标的不同，以色列的国有企业又可以分为商业类和非商业类企业，政府公司局所管理的企业有近一半属于非商业类企业，包括教育机构、市政服务和低保住房的提供者。

第六节　比较与借鉴

从各国国有资产管理的经验和规律来看，国有资产管理体制改革应充分认识和利用政府出资人和民间出资人在管理方式和自身优势等方面的差异特点，并根据客观环境的变化与时俱进地调整国有资产管理的模式和策略。

一、加强国有资产管理制度建设

国有资产管理的重点是推进各项制度建设，而不是直接干预企业的经营活动。国有资产的经营应交给市场，政府工作的重点是建立和维护市场所需的制度。

（一）建立健全现代企业制度

现代企业制度是市场经济发展的必要条件，是国有资产管理的重要基础。特别是对于发展中国家来说，现代企业制度的建设和完善至关重要。很多本地自发形成的企业和家族经营的企业缺少现代企业经营的理念、经验和知识，使得企业在发展的过程中风险增大，代理问题和管理成本影响企业的发展壮大。新加坡国有资产管理的经验表明，政府在现代企业制度的建设方面具备知识、技术、人才的比较优势，将这些优势与市场主体在经营决策方面的优势相结合将是我国国有资产管理体制改革和发展混合所有制经济过程中的重要工作内容。

新加坡的国有资产管理强调政府出资人的职能，淡马锡公司不参与其投资企业的日常经营，国有资产监管的重点是相关企业的董事会建设。淡马锡公司之所以实现了优异的资本回报业绩，非常重要的原因就在于充分发挥了其在企业发展、长远规划和考核激励方面的制度技术优势。英国国有资产管理的经验表明，中小型国有企业可以通过兼并、控股、租赁、拍卖以及破产等办法完成国有资产存量的调整，做到资产存量的盘活优化和国有资本的有序进退；但是对于大型的国有企业来说，国有资本的直接退出并不能实现政府的目标，需要对国有企业进行股份制改造，将国有独资的企业改造成为多元化持股的混合所有制企业才能提高企业的效率，从而促进国民经济的持续快速发展。

由于美国政府所拥有的经营性国有资产较少，一些需要贯彻政府意图的企业是公私合作的"混合型"企业，即私人提供资本从事政策性业务的企业。这种安排使得这类企业难以管控，政府不能以出资人的身份对企业进行有效控制，只能通过规制的方式进行管理，当政府目标与私人资本提供者之间矛盾较大时，这类企业常常出现运转失灵。美国"混合制"企业发展的经验表明，为了更好地实现政策意图政府应该直接占有经营性的国有资产，采用现代企业制度的形式建立国有企业从事生产经营活动。

（二）利用市场机制灵活创新

国有资产管理需要借助于市场经济的平台和工具，并在其基础上创新发展管理模式。在监管国有企业时，应对经营管理者实施多方位的绩效考核与激励制度。新加坡的淡马锡公司在对资本经营的绩效考核方面采用多种考核指标，针对不同管理层采用不同的考核制度，薪酬与绩效考核紧密挂钩。对投资者及董事会主要采用总股东回报作为绩效评价标准，对于所投资企业的管理人员则以经济增加值为导向的主要业绩指标作为考核依据。新加坡借助于经理人市场和资本市场有效地提高了国有资产的经营绩效。

英国对国有企业进行股份制改造时采用了职工持股和公众持股两种

形式。职工持股是按照优惠的价格将国有企业的股份出售给本企业的职工，通过这种股权激励调动员工在生产经营上的主动性和积极性，但在实践中也发现部分股票被职工在市场上套利变现，削弱了员工持股制度的激励作用。公众持股是通过公开市场发行的形式向社会公众发售股票，由市场竞价来决定国有企业的股票价格，这种做法透明度高，能够防止国有资产的流失。英国的经验表明，充分利用资本市场能够实现国有资本和国有企业的绩效提升。英国还利用本国发达的金融市场，实行非常灵活的国有资本投资方式，根据需要控股、参股甚至完全退出所投资企业，并且创造了黄金股等特殊的国家持股制度。

（三）以综合配套改革作保障

国有资产管理体制改革必须同其他改革措施配套使用才能提高效率。英国国有企业改革的教训表明，通过私有化把国有企业简单、直接、完全地推向市场，试图让市场机制来迅速提高国有企业的效率，并不像理论分析上那么简单有效。大企业的股权都是非常分散的，除了机构所有者外单个所有者几乎没有动机和能力监督经营管理层，由于股份所占比例太小大部分股东没有动机行使自己的监督权，私人股东对企业经营者的监督力度未必强于国有资产监管机构。因此，国有资产管理体制的改革必须以资本市场的制度建设和健全公司治理结构和安排为保障条件，确保国有企业进入市场以后的平稳运营。

提升国有资产的运营效率不仅要实施产权改革还要调整市场结构。在垄断的市场结构没有改变的情况下，即使改变了产权结构，经济效率也难以提高。英国电信公司的私有化实际上将国家垄断变成了私人垄断，经营效率不仅没有得到提高，私人经营者凭借垄断地位谋取超额利润的行为还使得社会总体福利严重受损。为了打破英国电信公司的垄断地位，英国政府支持组建了一批新的电信公司，结果竞争迫使英国电信公司提高了服务质量和业务水平。因此，促进企业提高效率的动力要依靠产权改革和市场结构调整的综合配套改革来实现，应当根据国有企业所在行业的不同，制定不同的改革方案。

二、发挥制度优势提高资本收益

国有资本的优势主要体现在其管理体制上，政府不仅拥有信息和人力资源方面的优势，还能使用其公权力保障相关措施得到有效执行。只要充分地发挥国有资产管理体制的优势，不仅能够实现国有资本的社会功能，还能显著地提升国有资本的收益水平。

（一）实施长远发展规划

政府在经济规划、反周期政策和支持私有企业方面所做的努力对于后发国家能够赶超先进国家起到了非常重要的作用（Gerschenkron，1962；Stiglitz，1989）。政府在信息、人才和专业化方面具有优势，能够形成较强的长远发展规划能力，因而国有资本更善于投资长期项目，并且往往能实现较高的投资收益，这是新加坡国有资产管理的重要经验。企业的发展除了做好日常的生产经营以外更重要的是做好投资，企业价值的增加主要来自于投资项目为企业带来的净现值。在对投资项目的筛选和评价时，个人对未来经济和行业发展的预见能力要显著地弱于政府：一是政府具有信息优势，政府掌握更多经济运行的数据，因而更能准确地预测未来经济的发展和表现；二是政府在知识、技术和人才方面拥有巨大优势，很多能力是个人所不具备的；三是政府在经济规划和预测方面的专业化优势，政府本身就拥有经济发展的规划部门，因此，政府在为具体企业制定投资发展长期规划时，边际成本优势是私人无法比拟的。

（二）加快产业转型升级

李嘉图的比较优势理论表明，如果没有政府的干预，市场的自发力量将无法使落后国家完成产业的转型升级，实现对先进国家的赶超。与多数欧洲国家相比，意大利的自然资源匮乏，工业基础薄弱，在经济发展上处于不利的地位。第二次工业革命以后石油成为工业生产的血液，意大利本土缺少油气资源，国际上的石油生产已经基本被英美几家大型公司垄断。在如此恶劣的市场环境和强大的竞争压力之下，意大利的民间资本根本不能自发地建立起石化产业，国家的工业化受到能源瓶颈的限制，前景堪忧。意大利政府通过国有投资控股公司的形式从无到有地建立石油化工行业，1926 年国有资本建立的意大利石油公司（AGIP）至今仍是世界重要的石油生产企业。意大利政府在 20 世纪 20~60 年代成功地培育出石油、化工和机械制造等支柱产业，引领了意大利国民经济的快速发展。意大利政府利用国有资本进行产业培育的成功有力地推进了经济的发展，使意大利成为最发达的经济体之一。然而 20 世纪 70 年代以后，意大利政府培育新兴产业的力度减弱，没有与时俱进地利用国有资本的优势投资开发新兴产业。缺少新产业的培育，国有资本的优势得不到发挥，原有国有投资控股公司的业绩不断下降，最后不得不被解散或以私有化的形式退出市场。

（三）发挥国有资本功能，实行多元化投资

国有资本依靠规模优势能够实现投资的多元化，有效降低了国有资本的整体风险，使国有资本投资经营公司在投资时对风险的承受能力大大增强，因而更擅长于投资基础设施、战略性和前瞻性的项目，而这些项目不仅具有很高的长期收益率，社会效益也是非常巨大的。意大利复兴工业公司的初期投资比较分散地分布于各个行业，然而后期其投资组合则比较集中于几个行业。反观被普遍认为运营最成功的新加坡淡马锡公司，其投资组合从建立至今一直保持着多元化的特点。意大利复兴工业公司在 1970 年以后在公共事业和农林牧渔等行业的投资完全消失了，这不但有违政府服务公众的基本原则，而且不利于改善市场经济自发发展造成的不平衡，国有资产类别的集中使国有资产管理者丧失了多元化带来的风险分散的好处，预期风险的提高限制了国有资本的投资机会。总之，国有资本布局结构的调整必须重视资产的多元化配置，否则等于自动放弃了国有资本的优势，意大利国有资产管理的经验教训值得借鉴。

三、与时俱进调整国有资本布局

发展的道路不止一条，各国应当依据国情特点选择适合自身的国有资产管理体制。随着经济发展阶段等客观环境的变化，国有资产管理的模式和策略也应适时调整。

（一）国有资产管理体制要与经济发展阶段相适应

纵观意大利国有资产管理的历史可以发现，国有资产管理最成功的阶段就是意大利经济相对最困难的时期，具体来说就是大萧条时期和战后重建时期。意大利的经验表明，国有资产管理体制改革时需要特别认清政府与市场的关系。国有资本能够有力地弥补市场自发力量的不足，需要特别注意的是市场总是处于动态的变化之中，当社会资本处于恐慌、短缺的时候，政府投资能将国有资本的相对优势发挥得最好，然而当经济环境改善社会资本比较充裕时，国有资本原有的比较优势也将变化，如果政府仍按原有思路和经验管理国有资产，将会面临较大的挑战或者失败。如荷兰这种市场体系健全和市场机制完善的国家，其对国有资产的需求就相对小一些；如匈牙利这种转轨而成的国家，市场体系需要完善，市场机制的作用有限，非常需要通过政府管理的国有资产来弥补市场体系的缺陷。由于美国的市场经济制度相对比较完善，经济发展水平很高，因此，美国政府认为其不需要太多的经营性国有资产。在经济萧条时期，美国政府出于救助的目的投资了一些企业，当经济环境好转时政府立即退出这些企业。美国没有形成系统的经营性国有资产管理体制，其国有企业通常是为了某项目标特别建立起来的特殊企业。国有资本有进有退的范围和节奏要适当。英国政府的私有化运动使政府退出了一些带有竞争性的行业，让企业尽可能按照市场原则经营的做法是对的，但私有化后期所涉及的行业无所不包，即所谓私有化无"禁区"的极端做法引发了一些社会问题。

（二） 国有资产管理体制与基本国情相适应

不同国情适用于不同的国有资产管理方式。国有企业较少、国有资产规模不大并且集中于公益性较强和自然垄断部门的国家一般采用直接管理模式，即政府部门直接管理国有资产。国有资产规模较大、国有企业较多、竞争性产业比例较高的国家多采用间接的管理模式，即政府通过国有资本控股公司对国有企业进行管理。国有资产的管理问题从根本上说是要解决政府与市场的关系问题。市场和政府都可以配置资源，都有各自的优缺点，这两种资源配置手段要配合使用，如果市场机制功能较强，政府的职能相对就小些，如果市场较弱，则需要政府发挥较大的作用。所谓国情不同，主要是指各个国家市场环境和市场机制发育程度不同。国情不同还体现为文化、理念和习俗等方面不同。例如，以色列民众相对来说更相信和依靠政府，因而能够存在数量较多的国有资产，而如荷兰这样的国家更相信"强市场、弱政府"的理念，国有资产的数量比较少。有些国家具有特殊的国情，需要在国有资产管理时实行特殊的政策，如挪威的人口较少，挪威政府在管理国有资产时的一个重要考虑就是为国家吸引或留住更多的人才。

（三） 兼顾经济目标与社会目标

追求经济目标并不悖于社会目标的实现。政府在管理国有资产时经常会纠结于经济目标与社会目标的兼容与权衡问题。新加坡在国有资产管理秉承"一切以商业价值最大化"的原则，这种理念和做法值得我国认真借鉴。新加坡的经验表明，国有资产管理目标的单一化不仅创造了比私人资本效率更高的经济效益，也带来了良好的社会效益。国有资产是发展国家事业和改善人民生活的物质基础，国有资产增值是国有资产管理的基础，只有当国有资产的基础保持稳固的情况下，政府才有足够的能力来追求社会目标的实现，从而发展国家事业和改善人民生活。如果国有资产的数量不能得到巩固，那么政府利用国有资产实施政策意图的能力必然下降，社会目标最终也将无法实现。

　　经济发展的溢出效应会自动促成社会目标的实现。把蛋糕做大以后，分蛋糕也变得容易了。从新加坡的国有资产管理绩效来看，国有资本的收益高于一般社会资本，这表明政府的国有资产管理促进了经济的更快发展。经济的更快发展必然带来就业、税收水平的提高，这直接实现了政府的社会目标或者通过提高政府的社会管理能力间接实现了社会目标。事实表明，1974 年至今，新加坡的社会发展水平与其经济发展水平一起得到了飞速的发展。

　　偏重社会目标可能事与愿违。美国的国有资产管理在经济目标和社会目标的权衡上主要重视社会目标的实现。美国的国有企业都是依据特定的政策目标建立起来的，通常经济目标被放在比较次要的位置，甚至有些企业是依靠政府补贴才能得以存在。非经济类的政策目标在具体执行以及评定时的难度较大。由于政策目标往往都是难以量化的方向性目标，因此企业在执行起来不容易把握，经营效果也难以准确评估，因此国有资产实际运营的效率差强人意。美国国有资产管理的方式与新加坡的管理模式相反，从实际效果来看，当经济目标与社会目标出现兼容问题时，国有资产管理偏重经济目标才是更务实的安排形式。

第十章

推进国有资产管理体制
改革的对策和建议

第一节　深化国有资产管理体制改革的
意义、原则和方向

一、理论和现实意义

（一）巩固社会主义经济制度

国有资产作为国家事业发展的物质基础，能够保障人民的共同利益。马克思的资本理论为国有资产管理体制改革提供了重要的理论基础。《共产党宣言》中指出无产阶级取得政治统治，把一切生产工具集中在国家手中，"尽可能快地增加生产力的总量"，而尽快地发展生产力，是"丰富和促进工人的生活过程的一种手段"。为了克服生产社会化和资本主义私人占有之间的矛盾，避免周期性的经济危机，解放被束缚的生产力，必须以公有制为基础或主体，即"国家不得不承担起对生产的领导"①。公有制经济及其运行，需要有一定的社会机构来掌握和管理，实际上由劳动人民掌握的国家代表全民占有生产资料。随着经济社会的发展和技术文化等条件的改变，国家掌控和经营国有资产的方式必然要与时俱进，不断地改革以服务于社会主义事业的需要。

（二）促进社会主义市场经济发展

市场机制是迄今为止人类已知的最有效的资源配置方式。30 多年来的经济体制改革可以说是公有制与市场经济不断融合的过程，虽然国有资产管理不断取得重大进展，国有企业总体上已经与市场经济相融合，但是仍然存在一些亟待解决的突出矛盾和问题。市场经济要求建立健全现代企业制度，需要明确的现代产权制度和公司治理安排作为保障，但是我国一些国有企业还未成为独立经营的市场主体，现代企业制度还不完善，国有资本运行的效率也亟待提高；一些国有企业的管理比较混乱，出现内部人控制、利益输送、国有资产流失等问题。通过国有资产管理体制改革健全国有企业的现代企业制度使其成为合格的市场主体，以符合我国基本经济制度和社会主义市场经济发展的要求。

（三）实现国家治理的现代化

国有资产是推进国家现代化的重要物质基础，是保障国计民生、提供国民装备、维护国家安全和增强国际竞争力的重要力量。通过优化国有资本布局结构、促进国有资产保值增值和维护国有资产使用者合法权益，推动社会主义现代化事业的尽快实现。面对国际竞争的压力和经济转型的挑战，国有资产管理的方式需要不断优化，破除体制机制障碍，做优做强做大国有企业，才能真正有力地推动我国经济的持续稳定增长和产业升级至高端水平，实现中华民族伟大复兴的中国梦。通过国有资产体制改革，培育更多具有核心竞争力和国际影响力的骨干企业，增强国有资本对社会经济的贡献程度。

---

① 马克思恩格斯全集（第23卷）[M]. 人民出版社1995年版，第628页。

（四）增强国有经济的活力、控制力、影响力和抗风险能力

第一，增强国有经济的活力。公有制与市场经济的融合一直以来都是我国经济体制改革的重点，通过国有资产管理体制的改革使国有经济进一步融入市场经济之中，让市场机制决定稀缺的国有经济资源的配置，改革30多年来的实践经验表明，引入市场机制的领域会迅速地迸发出活力，价格机制和竞争机制会推动生产和技术的发展，福利和效率都会得到提升。国有资产管理体制改革将增强国有经济的活力，同时也将提高国有企业的绩效。

第二，增强国有经济的控制力。虽然市场可以在资源配置中起决定性作用，但市场有时也会出现"失灵"的情况。适宜的国有资产管理体制，不仅能够确保国有经济在符合国家战略的方向上发展，还能够将国有经济作为一种调节手段来保障整个国民经济的快速和健康发展。做好国有资产管理体制的顶层设计有利于国有资本更有效地发挥主导作用和控制功能，特别是在关系国家安全和国民经济命脉的重要行业领域中体现国有资本的控制力。

第三，增强国有经济的影响力。国有经济的发展不能独善其身，而要带动其他经济成分一起发展。国有资本与民间资本交叉持股、相互融合的混合所有制经济，是我国基本经济制度的重要实现形式。国有资产管理体制改革不仅在于推进国有企业改革和实现国有资本战略性调整，更重要的是实现国有资本和民营资本的双赢以及国有企业与民营企业的共同发展，进而实现国民经济持续稳定地增长。国有资产管理体制改革将放大国有资本的功能，增强国有经济的影响力。

第四，增强国有经济的抗风险能力。防止国有资产流失是当前国有经济管理工作中的一个重点。国有资产管理体制的改革需要维护国有资本安全，促进国有资本保值增值以及防止国有资产流失。保障国有资产安全需要国有资产管理体制的改革以完善防止国有资产流失的措施，做好国有经济管理体制的顶层设计是提高国有经济抗风险能力和解决国有资产流失问题的重要办法。

二、原则和方向

（一）坚持社会主义方向

改革和完善国有资产管理体制要高举中国特色社会主义伟大旗帜，坚持中国共产党的领导，坚持社会主义基本经济制度和市场经济改革方向。社会主义的本质是解放生产力发展生产力，国有资产管理体制改革要以解放和发展社会生产力为基本标准，坚持社会主义的生产目的是最大限度地满足整个社会增长的物质和文化需要。国有资产管理体制改革要体现中国特色，坚持解放思想、实事求是，总结国内成功做法，借鉴国外有益经验，勇于推进理论和实践创新，不照搬照抄国外经验和模式。

（二）坚持深化改革

全面深化改革的总目标是完善和发展中国特色社会主义制度，推进国家治理体系和治理能力现代化。完善国有资产管理体制是全面深化改革的一个有机组成部分，其根本目标是要完善和发展中国特色社会主义制度，根本任务是解放和发展生产力，提升社会生产的数量和质量以满足整个社会的物质和文化需要。国有资产管理体制改革要坚持发挥市场机制在资源配置中的决定性作用，减少使用行政手段替代市场手段，坚持政企分开和政资分开的改革方向，推动履行社会公共管理职能的部门与企业脱钩，确立国有企业的市场主体地位。

（三）坚持提升国民经济效率

完善国有资产管理体制能够促进国有经济的有效运行，能够规范和协调国民经济发展中所涉及的复杂社会经济关系，提升国民经济运行的效率。国有资产管理的着眼点不局限于巩固和发展国有经济，更要注重提升整个国民经济的效率，目标在于促进国民经济持续稳定健康发展。

国有资产管理体制改革要利用国有经济的影响力推动社会主义市场经济体系和现代企业制度的完善，进而推动中国特色社会主义事业的建设和发展。

（四）坚持以管资本为主

随着社会主义市场经济体制的完善和国有企业现代企业制度的完善，我国国有资产管理体制从对国有企业中"人、事和资产"的管理逐步转向对国有资本的管理。现代产权制度要求政企分开和政资分开，政府对国有企业主要行使资本所有者的职能，健全的公司治理结构和安排能够为以管资本为主加强国有资产监管的目标实现提供保障。国有资产管理体制改革要放大国有资本的功能，增强国有经济的影响力，并且要实现国有资本和民间资本的取长补短和相互促进，推动国有企业与民营企业的共同发展。

第二节　推进国有企业改革，完善现代企业制度

国有资产经营的基本单位是国有企业，国有资本各项功能的实现要依靠国有企业的有效运转。国有企业改革的总方向是建立现代企业制度，对国有企业及其资产的运行要由国有资产管理机构的直接监督转为依靠制度和市场来监督。国有资产管理机构的工作重点应是推进各项现代企业制度的建立和完善，而不是直接管理国有企业的人、事、资产及各类经营活动。企业的人、事和资产等能由市场管理的事项都要交由市场管理，这也是让市场机制对资源配置起决定性作用的题中应有之义。

一、推进国有企业的分类改革

根据国有资本的战略定位和发展目标，需要将国有企业实行分类监管。根据企业在经济社会发展中的作用特点，将国有企业分为商业类和

公益类。通过界定功能和划分类别，对不同类型企业的改革内容、发展方向、监管重点和责任考核都要有所不同。国有企业要同市场经济深入融合，实现国有企业经济效益和社会效益有机统一。商业类国有企业应当按照市场化要求实行商业化运作，主要目标设定为增强国有经济活力、放大国有资本功能和实现国有资产的保值增值。商业类的国有企业应当依法独立自主开展生产经营活动，在市场竞争中优胜劣汰，根据市场需要有序进退。对于充分竞争行业和领域的国有企业，监管考核的重点是经营业绩指标、国有资产保值增值和市场竞争能力。对于关系国家安全、国民经济命脉的重要行业和关键领域、主要承担重大专项任务的商业类国有企业，在国有资本保持控股地位的同时，支持非国有资本参股。自然垄断行业的国有企业，可以根据不同行业特点实行网运分开、放开竞争性业务，促进公共资源配置市场化，坚持政企分开和政资分开，可以进行特许经营并加强政府监管。需要实行国有全资的企业，在考核经营业绩指标和国有资产保值增值情况的同时，应当加强对保障国家安全和国民经济运行、服务国家战略、发展前瞻性战略性产业以及完成特殊任务方面的考核。

二、推进公司制和股份制改革

现代企业制度的规范形式是所有权与控制权相分离的法人企业，即有限责任公司和股份有限公司。国有企业公司制和股份制改革的工作重点是大力推动国有企业改制上市，积极引入各类投资者实现股权多元化，各种类型的资本所有者按照股权比例的多少分别享有不同的权益。依据企业不同的功能定位，国有资本可以选择不同的投资比例，可以控股也可以参股，无论采取哪种形式都是公有制的实现形式。在充分竞争行业和领域的国有企业，原则上都要实行公司制股份制改革，积极引入其他国有资本或各类非国有资本实现股权多元化，国有资本可以绝对控股、相对控股，也可以参股，并着力推进整体上市。在产权多元化的基础上，建立股东大会作为企业的最高权力机构，目标是形成股权结构多元、股东行为规范、内部有效监督、运行灵活高效的经营机制。国有企业的股份制改革要创新发展，可以尝试将部分国有资本转化为优先股，并且探索建立国家特殊管理股制度，提高国有资本收益的同时加强国有资本安全。股份制有利于集中社会各个方面的资金，实现资本的集聚，满足大型工程和建设项目对巨额资金的需求，有利于维护各方面的利益，调动各方面特别是广大劳动者投资创业的积极性，同时有利于实现政企分开和政资分开，避免政府对企业不必要的行政干预，使企业成为独立的市场竞争主体。

三、健全公司法人治理结构

公司治理是通过构造合理的企业内部治理结构和打造有效的治理机制来最大限度地解决公司各种委托代理问题，实现公司价值的最大化。国有企业应当建立完善的内部监督体系，以董事会建设为重点建立健全协调运转并且有效制衡的决策执行监督机制，充分发挥董事会的决策作用、监事会的监督作用并且合理规范董事长和总经理行权行为。国有企业公司治理改革的主线就是要从"政府控制为主"向"企业自治为基础"转变。公司治理结构改革的重点就是推进董事会建设。通过董事会的建设让国有企业实现规范的公司治理，杜绝董事会形同虚设和"一把手"说了算的现象。国有企业的董事会和监事会应当有来自职工的代表，外部董事应占董事会中的多数，实现董事会内部的制衡约束。改进董事会和董事评价办法，强化对董事的考核评价和管理，对重大决策失误负有直接责任的要及时调整或解聘，并依法追究责任。

四、完善激励与约束机制

完善对企业经营者的激励与约束机制，在国有企业管理人员的报酬结构中引入反映企业价值增长的远期因素，可以使用股权和股票期权来对企业管理人员进行激励。同时利用职业经理人市场的竞争机制，推进国有企业委托—代理问题的解决。公开上市交易形成的股票价格能够反映经营者管理企业的努力程度，特别是在公司面临敌意收购时，经营者必须努力工作以提高公司股票价格，因此，公司经营的好坏与经理人的自身利益切实联系了起来，经理人只能认真做好管理工作，完成董事会的目标。国有企业也可以实行员工持股制度，特别是对企业经营业绩和持续发展有直接或较大影响的科研人员、经营管理人员和业务骨干应当适当持有股权。

五、利用资本市场的功能

资本市场具备股东监督职能能够推进国有企业的公司治理。资本市场有利于企业重组。企业可以通过股份转让实现公司的重组，以调整公司的经营结构和治理结构，有助于提高公司的经营效率和发展能力。资本市场是一个竞争性的市场，只有那些发展前途且经营状况良好的企业才能在资本市场上立足。因而资本市场能够筛选出高效率的企业，资本市场的竞争也能激励企业更加有效地改善经营管理，促进了资源的有效配置和有效利用。股权越集中，股东在公司治理方面发挥的积极作用越大，委托代理问题相对越小。外部资本市场对公司治理的影响机制表明，国有企业应当推进股份制改革，推动国有企业上市。经营性国有资产集中统一监管有助于实现国有股东对经营者的有效监管，应逐步将党政机关、事业单位所属企业的国有资本纳入经营性国有资产集中统一监管体系。国有资产管理体制改革还应加快建立健全股权流转和退出机制，健全完善国有资本合理流动机制。

六、防止国有资产流失

防止国有资产流失，是当前国有资产管理工作的一个重点。监督国有资产安全和防范国有资产流失的关键在于建立完善有效的监督机制，包括内部监督、外部监督和社会监督机制。完善的内部监督应具备完善的企业内部监督体系，监事会、审计、纪检监察、巡视以及法律、财务等部门的监督职责明确。董事会能否充分发挥作用，在很大程度上决定着公司治理的有效性，决定着现代企业制度建设成败。建立健全权责对等、运转协调、有效制衡的决策执行监督机制，良好的公司治理还表现为董事长、总经理行权行为规范，董事会的决策作用、监事会的监督作用、经理层的经营管理作用能够得到充分发挥。董事会和监事会均有职工代表，董事会外部董事占多数，一人一票表决制度得到落实。对董事的考核评价和管理完善规范。外部监督的目标是健全国有资本审计监督体系和制度，以及对企业国有资本的经常性审计制度。出资人监管、外派监事会监督和审计、纪检监察、巡视等监督力量高度整合，监督工作会商机制运行流畅。监督意见反馈整改机制健全，形成监督工作的闭环。社会监督要实现国有资产和国有企业信息公开制度完善，设立统一的信息公开网络平台，依法依规、及时准确披露国有资本整体运营和监管、国有企业公司治理以及管理架构、经营情况、财务状况、关联交易、企业负责人薪酬等信息。人民群众关于国有资产流失等问题的来信、来访和检举得到认真处理，社会关切得到及时回应。媒体舆论监督作用得到充分发挥，能够有效保障社会公众对企业国有资产运营的知情权和监督权。

第三节　明确国有资产管理目标，
放大国有资本的功能

公司治理理论表明，资产经营管理的根本目标是使所有者的权益最大化。国有资产经营管理的目标是国家利益的最大化，经营性国有资产的管理目标可以表述为国民经济持续、健康、稳定的发展。当前国有资产管理体制改革就是要坚持放大国有资本的特殊功能，实现民间资本在市场自发条件下无法完成的活动，弥补市场的缺陷。具体来说，当前的国有资产管理体制改革应当重点放大国有资本在确保国计民生、壮大国

民装备、保证国家安全和增强国际竞争力四个方面的功能。

一、确保国计民生

国有资本是发展国家事业和提高人民生活水平的保障。由于"搭便车"问题，市场无法对非竞争、非排他的产品收费因而不会进行生产，这时需要政府来提供国计民生所需的公共物品。虽然有些类型的准公共品可以收费，但按市场价格收费会导致该类产品或服务的消费不足进而损害整体经济的效率，因而需要政府参与提供该类产品。政府可以通过订购的方式将公共产品的生产交给私人企业，但是由于不完全契约问题导致采购合同太复杂以至于现实中难以签订执行，因此，政府建立国有企业直接生产的方式更有效率。有些具有较大正外部性的项目，其收益不能完全补偿其直接成本，但对扩大国民总收入的作用很大以及一些虽然对国民收入贡献极少但社会价值巨大的项目，也应由国有企业来进行提供。自然垄断型的产业往往需要大规模和长期的资本投入，民营企业无力投资或投资不足，即使有私人资本进行经营，其利润最大化的经营策略也难免会造成社会福利的损失以及抑制技术的进步。国有资本能够兼顾经济目标和社会责任目标，国有资本在经营自然垄断性产业时可以从福利和效率的角度而不是从财务盈利的角度来设定其产品的价格，从而提高社会总福利。国有资本还是解决消费者和厂商对自然垄断产业产品的信息不对称问题的有效手段，国有资本的社会责任目标能降低生产者的道德风险，更倾向于保持产品质量并维护消费者权益。

二、壮大国民装备

国民装备是指国有资本为经济社会的发展提供硬件和软件两方面的支持保障，硬件支持主要指产业培育和升级，软件支持主要指对制度的替代和补充。技术密集型产业前期研发费用非常高且具有很高的风险，生产技术具有很强的正外部性，因而需要国有资本的积极参与。国有资本通过建立竞争优势或完善市场基础设施的方式能够直接或间接地塑造产业竞争力，迅速有效地吸收创新成果，满足不断增长的市场需求并获得较高的持续发展速度，并提升经济增长质量。从产业关联角度来看，国有资本的"溢出效应"能够为产业和经济发展带来正的外部性，促进产业的升级和优化。对于发展中国家来说应当通过国有企业保护国内幼稚产业和促进产业结构优化以免受外部冲击，实现国民经济的稳定发展。在中国市场经济体制并不十分完善的情况下，国有资本是政府参与经济和干预经济的重要工具和手段。市场虽然是有效的资源配置方式，但市场发育不全可能造成资源配置效率不足，国有资本能够一定程度上弥补市场机制的不完善。当市场没有形成完整的体系时，产品市场和资本市场的不确定性会导致民营企业的预期利润降低并无法在短期内退出市场，民营企业为了规避风险因而投资规模可能不足，此时作为风险中性的国有资本应当带动高风险产业乃至整个经济的发展。在市场经济制度并未完全建立时民间资本所具有的社会契约破坏动机会损害社会效率，而国有资本则能够缓解这种社会效率损害所带来的负面影响。在税收制度无法有效控制收入分配时，国有资本应当通过国有企业的高产出和低价格实现低收入阶层社会福利的增加，从而实现国家公平目标。在社会福利与公共财政体制并不完善的条件下，国有资本较民间资本而言可以具有更强的社会福利效率。国有资本还是政府与市场联系的纽带，有助于政府了解市场，推动法律、产权和资本市场等相关制度建设提高经济绩效。此外，单纯依靠市场机制难以实现国家的赶超目标，需要采取国家主导下的赶超战略，国有资本正是实施这一战略的重要制度安排。

三、保证国家安全

国有资本是保障国家安全的重要力量和手段。有些经济领域由于其特殊的重要性而不能让非国有资本控制，例如，关系国家安全的通信、金融、能源和军事工业等。如果由外国资本进入本国经济领域掌握和控制大量重要资源时，国有安全就会受到威胁。由于国有资本本身也是稀缺资源，因而国有资本应当集中在能源、国防和通信等关键领域和行业，负担重要的能源和资源生产，并提供基础电信服务。军事工业需要国有资本的完全控制来保障国防安全。国有资本还应在经济危机时挽救民营经济，起到干预调节宏观经济以实现经济安全的作用。实践表明，国有资本在保证国民经济持续健康发展中发挥着重大作用，是抵御国际经济风险、维护国家经济安全的主要力量，是发展国民经济的重要支柱。在应对重大自然灾害和事件中，在参加定点扶贫与支援边疆建设中，国有资本都要发挥关键作用。

四、增强国际竞争力

国有资本的国际竞争力一方面体现为国有企业的竞争力，另一方面也体现为国有经济主导的国家经济环境竞争力。市场经济中存在着一些规模大、固定资本投入多、专用性强的行业，由于进入和退出障碍比较大以及需要统一网络、规划和标准，民间资本实力不足而无力投资或投入不足，国有资本应当投入这些行业使之获得足够的投入，形成较强的国际竞争力。财富世界 500 强通常被认为是企业国际竞争力的表现，2014 年进入世界 500 强的 94 家大陆企业中有 84 家是国有企业。利用国有资本对经济生活进行干预，能够纠正市场失灵，保障社会经济的平稳有序运行。在经济衰退和危机时期，国有资本应当通过挽救危机中濒临倒闭的民营企业以起到稳定经济的作用，阻止经济危机的进一步扩大。国有资本对国民经济的稳定作用能够提高一个国家经济环境的竞争力。市场经济越发达，社会化程度就越高，国家对经济的宏观调控就越重要，相对于财政、税收和货币政策等干预手段，国有资本具有其独特的优势。

第四节　依据国有资本特点推进混合所有制发展

发展混合所有制的目标不仅在于推进国有企业改革，实现国有资本战略性调整，更重要的是要实现国有资本与民营资本的双赢、国有企业与民营企业的共同发展，进而实现国民经济持续稳定增长。只有各种所有制资本取长补短、相互促进、共同发展，混合所有制改革才能真正成功。如何实现不同所有制资本的取长补短？要辨析国有资本和民营资本的各自特点，明确国有资本和民营资本的优势所在和弱势所在。

一、正确认识国有资本的特点

国有资本具有资本的一般属性，具有增值性、逐利性和流动性等特点。国有资本与民间资本一样都要应用投资组合的理论以收益风险的最小化为目标，都要履行出资人的责任，致力于公司治理，解决代理问题。国有资本虽然与普通的民间资本一样追求自身增值，但其也有服务国家利益的特殊性。与一般的民间资本相比，国有资本具有以下的特点：一是国有资本要实现一定的社会政策目标。国有资本的所有权属于国家，因而不仅限于资本本身固有的增值目标，还要满足政府的社会政策目标，在国民经济中扮演重要角色。二是国有资本具有更大的风险承受力，出现困难时能够得到政府的财政支持，具有更强的抵御风险能力。三是国有资本具有强大的增资能力。国有资本特殊的增资渠道包括财政拨款、财政补贴、财政担保、国际金融市场发行主权债券和接受外国政府贷款等。与国有资本相比，民间资本受制于规模和承担风险能力的有限性，过度重视短期自身利益，因此，私人资本在执行国家产业政策、推动制度建设和履行社会责任时与国有资本相比较缺乏内在的动力。

二、充分发挥国有资本的优势

第一，国有资本能够在一定程度上克服外部性，使外部成本内部化，能够自动地克服环境污染和垄断等负外部性带来的问题，发挥公共品生产和保护国家安全等正外部性。由于国有资本的全民属性，国有企业也不会滥用垄断地位攫取垄断利润，因为攫取垄断利润必然会损害其他行业利益和整体社会福利，而这并不符合国有股东的根本利益。在市场经济中，有一些具有正外部性的行业，由于外部收益无法收回因此降低了投资的收益率，导致民间资本所有者对这些产品提供不足，国有资本的全民属性能够使这些外部收益内部化，因此，国有资本能够提供更多具有公益性质和保卫国家安全的产品。国有资本全民所有的特点使国有企业能够主动承担更多的社会责任，主动维护社会公众利益，保护环境、保护雇员的利益以及保护消费者的权益。

第二，国有资本能够获得较大的综合收益。除了获得直接的财务收益，国有资本所有者还能够得到税收、就业和经济发展等间接收益。国有资本由国家政府代表全体人民进行管理，国有资本除了直接上缴收益外，还能通过缴税的方式间接增加政府收入以及协助政府实现在社会管理方面的目标。国有企业不仅向政府缴税，还能带动上下游企业的发展，为政府扩大税基，间接增加政府的税收收入。因此，国有资本要更多地投入到教育科研等财务收益率较低但对社会贡献大的行业以及有助于其他行业发展或能够提供类似基础设施功能的领域。

第三，国有资本具有较低的资本成本。国有经济广泛的分散化极大地降低了国有资本面临的风险，资本面对的风险水平与资本的要求回报率高度相关，因而风险较小的国有资本具有相对较低的要求回报率。因为社会综合收益，国有资本对自身增值的要求只是其总体要求回报中的一部分，相对较低的风险进一步降低了资本的要求回报率。资本所有者较低的要求回报率就是企业较低的资本成本，资本成本较低成为国有企业的一个重要优势。国有资本较低的要求回报率或者说国有企业较低的成本衍生出国有资本的另一个重要优势——前瞻性的长期投资意愿和较强的科技创新能力。科技创新需要大量长期的投入，并且风险较高，没有大量的低成本的资金投入不足以支持重大的科技创新，国有资本恰好在这方面具有民间资本不可比拟的优势。

三、注意克服国有资本的弱势

(一) 国有资本具有较长的委托代理链条

现代企业制度实行所有权和经营权的两权分离，所有者委托经理层作为代理人经营企业。国有资本的最终所有者是全体人民，全体人民无法直接行使对国有资本的所有权，需要由政府代表人民来管理全民所有的国有资本，政府通过国有经济管理部门来行使具体的所有权，雇用国有企业的管理者进行国有资产的具体经营。国有企业如此长的委托链条，更高的信息不对称程度带来较高的代理成本，可能降低国有企业的绩效以及国有资本的收益率。

(二) 国有资本缺少众多独立的决策主体

市场机制依靠众多独立的分散决策主体，通过竞价产生价格信号，生产效率较高的资产能够获得较高的市场定价，从而实现资源的有效配置。虽然国有企业的数量众多，且都是独立经营的法人实体，但是国有资本的控制者数量较少，不能形成有效的国有资本市场，无法产生有效率的国有资本价格信号。

(三) 国有资本缺少客观的评价标准以及有效的监督机制

现代企业制度的一个重要特点就是企业的经营水平能够反映在资本市场的价格变化上。当缺少资本市场的价格信号时，不易判断企业经营的绩效。虽然财务报表可以在一定程度反映出企业经营情况，但是报表中的财务指标只能反映已经发生的收支情况，并不能反映企业决策对未来业绩的影响，不能反映企业经营的前景如何，也不能反映企业经营风险的水平。资本市场还构成企业经营的有效监督机制，一方面资本所有者可以利用公开的市场价格对经营者实施股权激励计划，另一方面资本市场使企业被收购可能性与股票价格密切相关，即管理层需要通过努力经营提高股价以降低被恶意收购的可能性。由于国有资本缺少足够的市场参与主体，不能充分利用资本市场提供的评价和监督机制。

四、实现国有资本与民间资本的互补

与国有资本相比，民间资本具备较高的运营效率、配置效率和强大的创新能力。民间资本众多分散的决策主体形成了资本市场不可或缺的流动性，资本市场价格的信号还能成为评价企业经营状况的参考标准和监督企业经营的重要手段。众多的市场参与者使试错求解成为可能，是模式创新的重要途径。对于民营企业，特别是民营小微企业来说，代理问题很小甚至不存在，这也是民间资本的一个重要优势。

除了面临较强的外部性，分散化程度低和投资者的非理性行为也是民间资本的劣势。民间资本的总体规模很大，但每个投资者的规模非常有限，因此，投资分散化程度低导致风险偏大和要求回报率偏高。投资者只会投资于预期回报大于其要求回报率的项目，因而要求回报率高必然导致民间资本可投资的项目减少，这使得民间资本的投资规模小于最优水平。要求回报率高还导致民间资本过度追求短期利益。投资者的有限理性使资本市场并非总是有效的，市场产生的价格可能偏离合理的价格和价值水平。受到情绪的影响，个人投资者对资本的要求回报率的波动可能很大。羊群效应可能使价格的偏离程度加深以及偏离长期存在。这可能导致资源的错配，造成投资的浪费或不足，严重时还能引起宏观经济波动甚至是经济危机。

发展混合所有制经济要做到各种所有制资本取长补短、相互促进、共同发展，最终目的是要实现国民经济持续稳定快速的增长。明确国有资本与民营资本自身的优势和劣势特点，才能更准确地定位混合所有制改革的目标，选择适合的民营资本对象和比例。同时，明确国有资本自身的优势，才能更好地吸引民营资本，真正做到取长补短、相互促进和共同发展。

混合所有制企业中国有资本的比例可以成为国家调控经济周期的工

具。民营资本的所有者并非完全理性的经济人，受到信心、欲望等心理因素的影响，决策个体对风险的估价会随着经济形势的变化而发生较大波动。因此，国有资本一方面要多进入那些受经济周期影响较大的行业和领域；另一方面在经济波动时通过对混合所有制中的国有股权比例调整来稳定资本成本总体水平。在经济不景气阶段，民营资本要求回报较高、投入不足时增加国有资本的总体投入；而在经济繁荣阶段，民营资本要求回报较低、投入较多时要减少国有资本的规模，防止经济过热。

混合所有制企业中国有资本的比例应根据行业和企业的生命周期进行调整，充分发挥国有资本在产业培育和转型升级方面的作用。根据生命周期理论，行业和企业的发展周期要经历幼稚期、成长期、成熟期和衰退期四个发展阶段。处于幼稚期和成长期的企业经营风险大、收益低，国有资本应多进入这些行业；当行业进入成熟期后，经营风险变小、收益率提高，国有资本与民营资本的成本差异变小，因为国有资本也是稀缺的资源，所以这时国有资本的投入可以减少或者退出。

五、推进混合所有制改革

国有企业发展混合所有制时要充分发挥股权多元化的优势。通过引入民间资本参与投资，改进公司董事会的结构，发挥多方利益主体的有效制衡作用，加强股东对企业经营的外部监督，提高企业的经营绩效。混合所有制企业中的员工持股有助于形成资本所有者和劳动者的利益共同体，有利于调动国有企业员工特别是经营管理者的积极性。国有企业发展混合所有制能够促进企业转换机制，推动国有企业完善适应市场经济发展的现代企业制度，实行更加市场化的管理机制。国有企业发展混合所有制还可以实现国有资产的"资本化"，推动国有经济管理部门按照以管资本为主加强国有资产监管，通过建立和改组国有资本投资运营公司，调整国有资本在混合所有制企业中的股权，实现"国有经济有进有退"，优化国有经济的战略布局。

国有企业发展混合所有制要注重市场化原则。国有资本的存在一定程度上是市场失灵的结果，因此，国有企业发展混合所有制并不能完全由市场来决定，但政府在进行决策时要充分重视市场信号。混合所有制改革不应简单通过政府行政命令推动，而应借助市场机制来有序地推进。国有企业发展混合所有制选择投资者时，不能由主管部门搞"拉郎配"，而要充分尊重市场规律，发挥不同所有制资本的优势，以提高企业竞争力和优化国民经济的结构和布局为目标。在决定国有资本占多少比重等问题时，不能简单地搞行政命令，应充分尊重企业的意见和市场配置资源的决定性作用，根据企业的发展战略科学地制定混合的模式。

国有资本利用自身的优势，要把更多的国有资本投向经营风险较大或者预期回报率较低的行业。十八届三中全会要求国有资本应更多投向关系国家安全、国民经济命脉的重要行业和关键领域，国有资本要重点提供公共服务，发展重要前瞻性战略性产业，支持科技进步，保护生态环境和保障国家安全。国家安全及公共服务领域比较容易界定，而从一般竞争行业中界定出重要前瞻性战略性产业则不容易判断。民间资本具有追求短期利益的特点，因此，对长期和大型项目的要求回报率较高，造成民间资本对这些领域投入的不足，而这些领域就有可能包涵重要前瞻性战略性行业，因而国有资本要更多地进入民营资本要求回报率较高的这些行业，而经营风险较小的即民营资本要求回报较低的行业可以更多地由民营资本来承担。对于市场充分竞争的领域，国有资本可以逐步退出；对于社会经济发展的瓶颈领域，国有资本可以发挥杠杆作用，引导社会资本共同投资。

国有企业发展混合所有制改革时要注重同步推进国有经济管理体制改革。要利用混合所有制的改革反过来促进国有经济管理体制的改革，继续深化政企分开和政资分开，实现以管资本为主加强国有资本监管。国资管理部门要减少对企业的直接干预，管理方式从管人、管事、管资产向以管资本为主转变。对不同比例的持股企业实行不同的监管方式，避免行政性管理向下延伸。积极推动国有资本投资运营公司的组建，推进国有资本分类监管的改革。国有企业发展混合所有制的重要意义还在于推动民营经济的发展和政府职能的转变。当前一些地区经济面临的挑战，并不仅仅在于国有企业的经营效率问题，还有民营经济的创新和发展问题以及政府对经济的管理问题。通过国有企业的混合所有制改革，一方面将国有企业在资本成本方面的优势以及国有企业在制度建设方面的优势注入民营企业当中；另一方面促进地方政府对市场经济的辅助作用，解除政府对市场主体的各种限制，推动政府提高服务水平。

第五节　实施动态经营机制，完善
国有资产管理体制

一、实行国有资产的动态经营

（一）国有资本的布局要依据行业特点来决定

国有资本利用自身资本成本水平低的优势，要把更多的国有资本投向经营风险较大或者预期回报率较低的行业。国有资本是相对稀缺的资源，因而要投入最需要国有资本进入的行业和领域中，实际上也就是国有资本相对优势最明显的行业和领域。首先，为了弥补"市场失灵"，国有资本应进入预期收益较低、但国计民生需要的行业，特别是民间资本认为不能满足其要求回报而拒绝进入的行业和领域；其次，因为具备较强的抗风险能力，国有资本应进入风险较大的行业，因为民间资本分散化投资的能力相对较差，因而会对风险较大行业有比较高的风险溢价要求，国有资本应充分发挥其比较优势；最后，私人资本不仅要求回报率较高，还具有追求短期利益的特点，很多私人投资者重视短期利益而放弃长期投资，因此，需要长期投入的项目或者投资回收期较长的项目需要国有资本更多地进入。这与当前全面深化改革的要求是一致的，即国有资本向关系国家安全、国民经济命脉的重要行业和关键领域集中，国有资本重点提供公共服务和基础设施建设，发展前瞻性和战略性产业，支持科技进步，保护生态环境，保障国家安全。提供公共服务和保护生态环境的投资往往是预期收益较低的项目，是民间资本不愿进入但又与国计民生息息相关的项目；发展重要前瞻性战略性产业一般面临较大的风险，支持科技进步常常需要长期的投资，民间资本自发的投资往往不足，需要国有资本增加投入。国家安全领域比较容易界定，可以通过行政方式直接增加国有资本的投入，而从一般竞争行业中界定出重要前瞻性战略性产业则不容易，需要借助市场机制才能完成国有资本更多投入重要前瞻性战略性产业的任务。民间资本具有追求短期利益的特点，因此，对长期和大型项目的要求回报率较高，造成民间资本对这些领域投入的不足，而这些领域就有可能包含重要前瞻性战略性行业，因而国有资本要更多地进入民间资本要求回报率较高的这些行业，而经营风险较小的即民营资本要求回报较低的行业可以更多地由民营资本来承担。对于市场充分竞争的领域，民营资本投入充足的行业国有资本可以逐步退出；对于社会经济发展的瓶颈领域，国有资本可以发挥杠杆作用，引导社会资本共同投资。

根据生命周期理论，行业和企业的发展周期要经历幼稚期、成长期、成熟期和衰退期四个发展阶段。处于幼稚期和成长期的前瞻性新兴产业经营风险大、收益低，国有资本的进入有助于促进这些行业的发展；当行业进入成熟期后，随着经营风险降低、收益率提高，国有资本成本低的相对优势变小，因而国有资本投入的适当减少或退出可有助于其他新兴产业的发展从而促进国民经济平稳协调发展。此外，国有资本的运营要与产业结构升级相结合，与各地区经济发展相协调，与国家综合实力不断提高相统一。

（二）利用国有资本的运营来管理经济周期

国有资本的动态运营可以成为国家熨平经济周期波动的工具。民间资本的所有者并非是完全理性的经济人，受到信心、欲望等心理因素的影响，决策个体对风险的估价会随着经济形势的变化而发生较大波动，进而影响投资规模和产出水平。国有资本运营必须考虑民间资本内在缺陷对经济周期的影响并采取反周期的操作方法。国有资本一方面要更多进入那些受经济周期影响较大的行业和领域以对冲民间资本的非理性，稳定这些行业的投资和生产；另一方面在发生经济波动时要通过调整国有资本总量的方式来稳定资本成本总体水平，进而调整总投资和总产出的水平。在经济不景气阶段，民间资本的要求回报率提高、投资减少，这时应适当增加国有资本的总体投入，降低资本成本水平以刺激经济增长；在经济繁荣阶段，民间资本由于乐观情绪导致要求回报率降低、投资增加，这时要适当减少国有资本的投入，提高总体资本成本以防止经济过热。货币政策对于促进经济增长具有一定作用，但是需要看到利率仅是资本成本的一部分，对经济增长的影响和解释能力相对较弱，经济管理政策的调控工具目标要扩大到整个资本成本。

（三）国有资本的运营要促进科技创新和制度发展

通过创新驱动来制造更多的投资机会对于经济发展来说非常重要。创新可以分成科研型创新和试错型创新两种类型，科研型创新指有明确目标和技术路径的、需要较高的资金和科学基础的、通常经过长期研究才能实现的创新，如航天和深潜技术等；试错型创新主要是指模式上的探索，依靠众多的参与主体、通过头脑风暴进行各种尝试以发现最佳解决办法，如阿里巴巴模式、小米模式等。国有资本的资本成本较低，因而在科研型创新方面具有天然的优势，民间资本则拥有众多的决策主体，因此，可以在试错型创新方面发挥更大的作用。

通过创新驱动来制造更多的投资机会对于经济增长来说很重要，但是同时也要重视降低资本成本的作用，特别是在知识快速外溢的互联网时代，拥有更低的资本成本能够更多地利用现有的投资机会，促进经济更快地发展。人们普遍探讨的产权保护、公司治理和市场监管等体制因素对经济增长的作用途径，可以理解为完善的制度安排能够降低投资者面临的不确定性和风险水平、进而降低企业资本成本从而促进经济增长。因此，降低资本成本可以作为经济体制改革和制度建设的中间目标，相对来说更容易操作。当前一些地区经济面临的挑战，并不仅仅在于国有企业的经营效率问题，还有民营经济的创新和发展问题以及政府对经济的管理问题。通过国有企业的混合所有制改革，一方面将国有企业在资本成本方面的优势以及国有企业在制度建设方面的优势注入民营企业当中；另一方面促进地方政府加强市场经济制度方面的完善，解除政府对市场主体的各种限制，推动政府提高服务水平。

二、改革国有资本授权经营体制

国有资本授权经营是国有资产管理体制的重要组成部分，改革国有资本授权经营体制是当前国有资产管理体制改革的重要内容。根据市场经济发展和现代企业制度的要求，应当建立专司资本运作的国有资本运营公司和以优化国有资本布局结构为目标的国有资本投资公司作为国有资本运作的平台。国有资本运营和投资公司的建立将使国有经济管理体制由原来的国资委管人、管事、管企业转为以管资本为主，原来的"国资委—国有企业"的两层结构也将转为"国资委—国有资本运营和投资公司—混合所有制企业"三层结构。国资委是国有资产监管机构，国有资本运营和投资公司是国有股权的持股人，混合所有制企业则从事生产经营活动。国有资本运营和投资公司的建立无疑会促进政企分开、政资分开的改革。有助于实现政府国有资本出资人职能与政府公共管理职能的分离，也有利于政企分开、政资分开，推动国有企业完善现代企业制度。

国有资本运营和投资公司是在国资委和实体企业之间组建的国有独资的、专门从事国有资本经营的特殊形态的法人，是连接国有经济管理部门和国家出资企业的纽带。国有资本运营公司定位于国有资产的直接出资人代表，是国资委制定的国有资本战略和国有资本经营预算的实施载体，主要负责国有资产的投资经营和存量资产的流动与重组，通过资本层面的运作有效组合配置国有资产。

国有资本投资公司和国有运营公司都是国家授权经营国有资本的公司制企业，都是国有资产的直接出资人代表，持有现有国有企业股权，替代国资委行使出资人的职责。且它们都是国资委制定的国有资本战略和国有资本经营预算的实施载体，都以国有资本的保值增值为目标。国有资本投资运营公司与所出资企业强调以资本为纽带的投资与被投资的关系，更加突出市场化的改革措施和管理手段。在投资管理、公司治理、职业经理人管理、管控模式、考核分配等方面，都会更加市场化，更加充分体现国有经济的活力、控制力和影响力。都是涉及国家安全的重要机构，都将采用国有独资的形式。

国有资本投资公司和国有运营公司都负责管理国有资本，但实际中它们经营的侧重点应是不同的，其在经营对象、目标、经营方式、功能作用和对宏观经济的影响等方面都应有所不同。

（一）经营对象和经营目标不同

国有资本运营公司以资本运营为主，运营的对象是持有的国有资本（股本），包括国有企业的产权和公司制企业中的国有股权。国有资本投资公司以产业资本投资为主，主要是投资实业，以投资融资和项目建设为主。国有资本运营公司侧重改善国有资本的分布结构和质量效益，强调资金的周转循环、追求资本在运动中增值，通过国有资本的运营，重塑科学合理的行业结构与企业运营架构，提高资源配置效率。国有资本投资公司着力培育产业竞争力，重点是要解决国民经济的布局结构调整，通过资本投资而不是行政权力保持对某些产业和企业的控制力，实现政府的特定目标。

（二）经营方式不同

国有资本运营公司的经营方式包括兼并或分立、成立合资公司、公司制改建、培育上市公司、产权转让置换等。国有资本运营公司是纯粹控股企业，不从事具体的产品经营，主要开展股权运营，行使股权管理权利，在资本市场通过资本运作有效组合配置国有资本。国有资本投资公司通过投资事业拥有股权，对持有资产进行经营和管理。国有资本投资公司通过产业资本与金融资本的融合，提高国有资本流动性，开展资本运作、进行企业重组、兼并与收购等。

（三）功能作用不同

国有资本运营公司的功能和作用是推动国有资本合理流动，重塑有效的行业结构和企业运营架构，避免重复建设、恶性竞争，切实提高资源配置效率，促进国家安全、国民经济命脉等混合所有制企业的发展壮大。国有资本投资公司的功能和作用是促进企业技术创新、管理创新、商业模式创新等，提高国有资本流动性，更好地发挥国有资本的带动作用，将若干支柱产业和高科技产业打造成为优强民族产业。

（四）对国有经济的影响不同

国有资本运营和投资公司就好像管理国有经济的两只手，虽然这两种公司的目标是一致的，但国有资本运营公司是侧重于市场配置的无形之手，而国有资本投资公司是侧重于政府调控的有形之手。国有资本运营公司侧重于发挥市场机制的作用，推动国有资产实现形式由实物形态的"企业"，转变为价值形态的资本，包括证券化的资本。促进国有资本在资本市场上的流动，使国有经济布局和功能可以灵活调整，利用市场的力量让资本流动到最能发挥作用的地方，使国有资本发挥更有效的作用。国有资本运营公司意在降低市场中的交易费用，担负着健全国有资本市场体系的职责。国有资本运营公司要将国家所有实物形态的国有资产转换成可以用财务指标清晰界定、计量并具有良好流动性、可进入市场运作的国有资本，从而使"半政府工具，半市场主体"状态的国有企业，成为平等的市场竞争的参与者。

（五）对国民经济的影响不同

国有资本投资公司侧重于市场失灵或市场残缺的纠正和弥补。对于信息不对称和自然垄断的领域，对于市场无力或不愿意投资但对于国民经济又特别重要的领域，以及关系国家安全和国民经济命脉的领域，国有资本的投入都将发挥重要的作用。国有资本投资公司意在实施国家对经济的引导，实现政府特殊的公共目标，如减少社会不公、促进区域协调发展等。国有资本投资公司为了实现政策性目标进行产业类投资，通过资本投资而不是行政权力保持国有经济的控制力和影响力。

三、国有资产管理体制与社会保障制度的创新与协调发展

党的十八届五中全会提出创新发展和协调发展等重要理念。依据创新和协调的理念精神，本书对当前的经济体制改革提出一个创新性的构想，目标是实现国有资产管理体制与社会保障制度的创新和协调发展。

（一）利用国有资本支撑社会保障事业

随着人口老龄化程度的加剧，我国居民养老保险基金的收支压力不断增大，国家财政的负担也在加重，我国养老保险制度的持续运行面临巨大的压力。如果按照目前政策和制度，居民养老保险基金的当期收支将出现缺口。划转部分国有资本充实社保基金，增强国家社保资金储备是当前国有资产管理体制改革的明确任务。党的十五届四中全会首次提出要采取多种措施开拓社会保障基金的筹资渠道，具体包括变现部分国有资产和调整财政支出结构等。2001 年，国务院规定国家出资企业公开首次发行和增发股票时，按融资额的 10% 出售国有股，所得收入用于充实社保基金。十六届三中全会再次提出采取多种方式包括依法划转部分国有资产来充实社保基金。近年来，大量国有资本被充实到社保基金当中，社保基金会对已划转的国有资本也进行了有效的管理运营，取得了较好的投资收益并且积累了比较丰富的管理经验。

社会保险基金作为财务投资者，对划转的国有资本享有收益权和处置权但不干预相关企业的日常经营管理，社保基金可以设置专职部门负责管理国有资产，建立专项投资运营、风险管理和绩效评估体系，与社保基金现有通过财政拨款形成的资产实行分账管理。财政部、人社部等监管部门和审计机关，对划转资产管理运营情况进行检查指导和审计监督。社保基金会在管理运营上，坚持长期投资、价值投资和责任投资的

原则，以确保资金安全和实现保值增值，壮大国家储备能力为目标，对资产配置和投资运营实施科学精细管理。对于收益质量和发展前景较好的国有股权，社保基金应长期持有，以获得长期稳定的收益。根据资本市场变化和持股公司具体情况，社保基金应对划转的资产进行结构性调整，适时进行优化配置，减持处于衰退期行业的股权，增加重要战略性新兴产业的股权。如果涉及国家需要保持控股地位的重要行业和领域，要通过参与定向增发、二级市场配股等方式，积极地发挥国有股东的作用，支持国有经济的发展。

（二）利用社会保障制度改革促进国有资产管理体制改革

国有经济运行实现市场化的一个难点就是国有资本的决策主体偏少，从根本上说只有国家这个唯一的最终决策主体，缺少市场参与主体的数量就难以形成竞争及价格信号从而不能充分利用市场这个有效配置资源的机制。针对这个问题，提出一个大胆的构想：允许个人对其社会保险账户中的资产进行管理，社会保险基金下设多家国有资本运营公司，个人可以根据资本经营业绩从这些公司中选择一家作为自己社保账户的管理机构，并通过该公司选择包括国有企业在内的投资对象。这样就可以产生反映国有资本经营及国有全资企业经营绩效的价格信号，供国有资产管理机构使用。尝试允许个人管理其养老金账户的投资，可能带来社会保险制度改革与国有经济管理体制改革的双赢局面。

从宏观层面看，个人管理账户养老金投资并选择国有资本运营公司能够变国有资产"国家所有、政府代理"为"全民所有、基金代理"，可以克服原有国有资产委托代理链条中前两个层级的弊端。一方面国有企业收益用于养老金的发放，使得参保人直接获得国有企业发展的利益，体现了国有企业全民所有的本质；另一方面养老金有计划、分步骤地投入处于竞争领域的国有企业，有利于实现国有资本的优化配置。从微观层面看，通过个人账户养老金投资国有资本运营公司，可以促进国有资本运营公司治理结构的完善。一方面可以改变国企高管的聘用机制与任命方式，摒除经营者的"官员"身份；另一方面降低内部人控制程度，避免原有的国有企业员工薪酬过高问题。个人养老金账户对国有资本投资运营公司的投资，是广大参保人员的分散决策，即个人决定投资于哪家国有资本投资运营公司以及投资的数量，因为广大人民的信息量更大、更完整，由众多决策者集合决策产生的价格信号能较好地反映出各个国有资本投资运营公司的经营状况，成为国有经济管理部门进行绩效考核的重要参考。众所周知，公司的财务会计数据并不能完全反映出公司的经营状况，如通过承担过高风险带来的相对较高的收益率并不是有利于股东的权益，然而财务会计数据只能观测到收益水平，不能反映出风险的大小，广大投资者分散决策产生的信号则能够反映出更接近于真实的所有者权益水平。

参考文献

［1］爱德华·肖，1973：《经济发展中的金融深化》（中译本），上海三联书店、上海人民出版社1992年版。

［2］宾国强：《实际利率、金融深化与中国的经济增长》，载《经济科学》1999年第3期。

［3］陈昌智：《完善国有资产管理体制 优化国有资本布局》，人民日报，2014-3-19：20。

［4］陈清泰：《国资改革路线图》，载《财经》2014年第6期。

［5］陈少晖、廖添土：《国有企业进一步市场化改革的方向调适与路径选择》，载《浙江学刊》2013年第1期。

［6］陈少晖、朱珍：《省域国有资本经营预算制度的建构》，载《经济纵横》2012年第2期。

［7］迟福林：《以政府转型为主线的行政管理体制改革》，载《经济参考报》2008年第10期。

［8］党的十八届三中全会《中共中央关于经济体制改革的决定》学习辅导百问，党建读物出版社学习出版社2013年版。

［9］高江虹、黄淑和：《股权多元化更大目的是机制改革》，载《21世纪经济报道》，2013-12-31。

［10］谷书堂：《新经济浪潮与中国经济》，载《南开经济研究》2001年第4期。

［11］郭春丽：《国有资产管理体制改革的总体思路和实现路径》，载《宏观经济管理》2014年第10期。

［12］郭砚莉、汤吉军：《英国私有化的经验及对我国国有企业改

革的启示》，载《长白学刊》2011 年第 1 期。

[13] 国务院发展研究中心《国有经济的战略性改组》课题组：《实现国有经济的战略性改组——国有企业改革的一种思路》，载《管理世界》1997 年第 5 期。

[14] 汉森：《经济政策与充分就业》，上海人民出版社 1959 年版。

[15] 郝书辰、蒋震：《国有资本产业分布问题研究述评及其理论含义》，载《山东经济》2010 年第 1 期。

[16] 郝书辰、蒋震：《国有资本产业分布：理论界定及其演变逻辑》，载《经济社会体制比较》2011 年第 3 期。

[17] 何丹、朱建军：《股权分置、控制权私人受益与控股股东融资成本》，载《会计研究》2006 年第 5 期。

[18] 胡洪曙、叶剑明：《国有企业的性质、产权制度及国有企业改革》，载《财政研究》2004 年第 8 期。

[19] 胡家勇：《构建国有资产管理新体制》，载《特区实践与理论》2002 年第 11 期。

[20] 黄海燕：《完善国有资产管理体制的探讨》，载《宏观经济管理》2014 年第 10 期。

[21] 黄浩：《国外国有资产管理模式对我国国有资产管理的启示》，载《生产力研究》2011 年第 10 期。

[22] 黄群慧：《新时期如何积极发展混合所有制经济》，载《行政管理改革》2013 年第 12 期。

[23] 黄群慧：《问路混合所有制》，载《中国经济和信息化》2014 年第 15 期。

[24] 黄速建：《国有企业改革三十年：成就、问题与趋势》，载《首都经济贸易大学学报》2008 年第 6 期。

[25] 吉利、邓博夫、毛洪涛：《会计准则国际趋同、国有股权与股权资本成本》，载《会计与经济研究》2012 年第 5 期。

[26] 加尔布雷思：《经济学和公共目标》，商务印书馆 1980 年版。

[27] 蒋学模：《关于新政治经济学的思考》，载《经济学家》2004

年第 2 期。

[28] 凯恩斯著，高鸿业译：《就业、利息和货币通论（1936）》，商务印书馆 1999 年版。

[29] 科斯：《变革中国》，中信出版社 2013 年版。

[30] 蓝定香、张琦：《新时期大型国企产权多元化改革的难点与对策》，载《经济纵横》2013 年第 3 期。

[31] 黎志刚、尚梦：《利率市场化、实际利率与经济增长的关系研究——基于 ARDL 模型的分析》，载《经济问题》2014 年第 5 期。

[32] 李荣融：《继续调整国有经济布局和结构，推进中国国有企业更多地参与国际竞争与合作》，载《管理世界》2004 年第 2 期。

[33] 李治国、唐国兴：《中国平均资本成本的估算》，载《统计研究》2002 年第 11 期。

[34] 梁法院：《新一轮国企改革中如何发展混合所有制经济》，载《企业研究》2014 年第 2 期。

[35] 梁琪、滕建州：《股票市场、银行与经济增长中国的实证分析》，载《金融研究》2005 年第 10 期。

[36] 廖红伟：《论国有企业战略重组与产权结构优化》，载《学习与探索》2013 年第 2 期。

[37] 廖红伟：《中央企业战略重组模式选择与瓶颈突破》，载《经济管理》2010 年第 12 期。

[38] 林木西：《以经济体制改革为重点推动全面深化改革——学习领会党的十八届三中全会〈决定〉》，载《辽宁大学学报（哲学社会科学版）》2014 年第 1 期。

[39] 林毅夫：《新结构经济学》，北京大学出版社 2014 年版。

[40] 刘恒中：《国有资本雇用制度与国有资产保值增值》，载《经济研究》1995 年第 9 期。

[41] 刘纪鹏：《论国有资产管理体系的建立与完善》，载《中国工业经济》2003 年第 4 期。

[42] 刘纪鹏：《中国国资改革创新模式探索》，载《经济导刊》

2014 年第 5 期。

[43] 刘瑞明、石磊：《国有企业的双重效率损失与经济增长》，载《经济研究》2010 年第 1 期。

[44] 刘元春：《国有企业宏观效率论》，载《中国社会科学》2001 年第 5 期。

[45] 罗纳德·麦金农：《经济发展中的货币与资本（1973）》，上海三联书店 1997 年版。

[46] 罗振：《金融性国有资本运营效率评价研究》，财政部财政科学研究所 2014 年版。

[47] 马克思、恩格斯：《马克思恩格斯全集》第 23 卷，人民出版社 1972 年版。

[48] 马克思：《资本论》，江苏人民出版社 2013 年版。

[49] 马荣敏：《优化国有资产结构，提高国有经济控制力》，人民日报，2011 - 10 - 26。

[50] 毛程连：《公共产品理论与国有资产管理体制改革》，载《当代财经》2002 年第 9 期。

[51] 毛洪涛、邓博夫、吉利：《证券投资基金持股可以降低股权资本成本吗？——来自中国 A 股上市公司的经验证据》，载《投资研究》2013 年第 11 期。

[52] 闵娜、付雯潇：《论我国竞争性国有资本的产业分布特征——基于 11 个主要行业的实证研究》，载《经济师》2011 年第 1 期。

[53] 奈特著，安佳译：《风险、不确定性与利润》，商务印书馆 2010 年版。

[54] 欧文·费雪著，陈彪如译：《利息理论（1930）》，上海人民出版社 1959 年版。

[55] 彭志远：《经济增长和实际利率的关系分析》，载《北京科技大学学报（社会科学版）》2002 年第 3 期。

[56] 齐艺莹：《国有资本效率论》，吉林大学，2005 年。

[57] 荣兆梓：《国有资产管理体制进一步改革的总体思路》，载

《中国工业经济》2012 年第 1 期。

[58] 商德文、王惠平：《关于实际利率对经济增长的正相关作用的分析》，载《当代经济研究》1996 年第 1 期。

[59] 邵平桢：《国有经济战略性调整与深化国有企业改革研讨会观点综述》，载《经济体制改革》2012 年第 6 期。

[60] 沈坤荣、汪建：《实际利率水平与中国经济增长》，载《金融研究》2000 年第 8 期。

[61] 世界银行：《官办企业问题研究——国有企业改革的经济学和政治学》，中国财政经济出版社 1997 年版。

[62] 世界银行国务院发展研究中心联合课题组：《2030 年的中国》，中国财政经济出版社 2013 年版。

[63] 孙志刚：《国有企业改革和发展必须突破就国有论国有的思维定式》，载《中国工业经济》2000 年第 1 期。

[64] 田彩英：《资本成本估算研究的新进展：国外文献综述》，载《经济与管理评论》2013 年第 2 期。

[65] 托马斯·皮凯蒂（Thomas Piketty）［法］，巴曙松译：《21 世纪资本论》，中信出版社 2014 年版。

[66] 汪海波：《中国国有企业改革的实践进程（1979～2003 年)》，载《中国经济史研究》2005 年第 3 期。

[67] 汪平、袁光华、李阳阳：《我国企业资本成本估算及其估算值的合理界域：2000～2009 年》，载《投资研究》2012 年第 11 期。

[68] 汪平：《股权资本成本性质与估算技术分析》，载《财会通讯》2011 年第 10 期。

[69] 王志强、李青川、贺畅达：《利率期限结构与经济增长的非线性关系研究——基于平滑转换模型的实证分析》，载《国际金融研究》2014 年第 4 期。

[70] 卫兴华：《资本论简说》，中国财政经济出版社 2014 年版。

[71] 吴敬琏、张军扩、吕薇等：《实现国有经济的战略性改组：国有企业改革的一种思路》，载《交通企业管理》1997 年第 5 期。

［72］伍戈：《实际利率与宏观经济：中国的若干典型特征》，载《国际经济评论》2010 年第 6 期。

［73］希克斯著，薛蕃康译：《价值与资本》，商务印书馆 1962 年版。

［74］谢光飞、李晓红：《用完善国资体制促进国企改革深化——访国有重点大型企业监事会主席季晓南》，中国经济时报，2014 年 1 月 9 日。

［75］辛迪诚：《中国国有企业改革编年史（1978～2005)》，中国工人出版社 2006 年版。

［76］辛清泉、林斌：《债务杠杆与企业投资：双重预算软约束视角》，载《财经研究》2006 年第 7 期。

［77］徐春立、任伟莲：《我国资本成本理论研究的现状及其未来展望》，载《当代财经》2009 年第 3 期。

［78］徐明东、田素华：《转型经济改革与企业投资的资本成本敏感性——基于中国国有工业企业的微观证据》，载《管理世界》2013 年第 2 期。

［79］徐明东、陈学彬：《货币环境、资本充足率与商业银行风险承担》，载《金融研究》2012 年第 7 期。

［80］许向真：《国有经济布局与调整的若干思考》，载《社会科学辑刊》2006 年第 3 期。

［81］亚当·斯密著，胡长明译：《国富论》，江苏人民出版社 2011 年版。

［82］严汉平、郝文龙：《略论国有经济布局和结构调整的实质》，载《经济问题》2008 年第 1 期。

［83］银温泉：《国有企业改革三种基本思路的理论分析》，载《经济研究》1993 年第 9 期。

［84］于吉：《国企改革回顾与展望》，载《企业管理》2008 年第 9 期。

［85］余斌：《平均利润率趋向下降规律及其争议》，载《经济纵横》2012 年第 9 期。

［86］袁东升：《国有资产管理体制调整探究》，载《社会科学家》

2012 年第 5 期。

[87] 袁境:《国有资产管理中的政府目标与市场目标二重性探讨——"淡马锡"修宪的启示》,载《经济体制改革》2010 年第 5 期。

[88] 袁志刚、邵挺:《国有企业的历史地位、功能及其进一步改革》,载《学术月刊》2010 年第 1 期。

[89] 张春霖:《国有经济布局调整的若干理论和政策问题》,载《经济研究》1999 年第 8 期。

[90] 张晖明、张亮亮:《对国资职能和定位的再认识——从新加坡淡马锡公司的全称说起》,载《东岳论丛》2010 年第 4 期。

[91] 张军华:《权益资本成本的行业特征研究》,载《财经理论与实践》,2014 年第 3 期。

[92] 张维达:《国有经济调整要有新突破》,载《理论学刊》2003 年第 1 期。

[93] 张学勇、宋雪楠:《"私有化"与"国有化"的动机与效果:历史经验与研究进展》,载《经济学动态》2012 年第 5 期。

[94] 张宇燕、何帆:《国有企业的性质(上)》,载《管理世界》1996 年第 5 期。

[95] 张宇燕、何帆:《国有企业的性质(下)》,载《管理世界》1996 年第 6 期。

[96] 张卓元:《中国国有企业改革三十年:重大进展、基本经验和攻坚展望》,载《经济与管理研究》2008 年第 10 期。

[97] 赵昌文:《国企效率是"高"还是"低"?——国企效率问题透析》,载《人民论坛》2012 年第 5 期。

[98] 郑海航、孟领:《中央企业重组的历史沿革及发展研究》,载《财经问题研究》2011 年第 3 期。

[99] 郑海航:《中国国有资产管理体制改革三十年的理论与实践》,载《经济与管理研究》2008 年第 11 期。

[100] 中国社会科学院工业经济研究所课题组,黄群慧、黄速建:《论新时期全面深化国有经济改革重大任务》,载《中国工业经济》

2014 年第 9 期。

　　［101］宗寒：《正确认识国有经济的地位和作用——与袁志刚、邵挺商榷》，载《学术月刊》2010 年第 8 期。

　　［102］邹颖、汪平：《资本成本：概念的演进、困惑与思考》，载《经济与管理研究》2011 年第 11 期。

　　［103］邹颖、汪平：《隐含资本成本估算技术：模型推演、评述与展望》，载《经济与管理研究》2013 年第 2 期。

　　［104］朱红军、何贤杰、陈信元：《金融发展、预算软约束与企业投资》，载《会计研究》2006 年第 10 期。

　　［105］Alchian A A. The Basis of Some Recent Advances in the Theory of Management of the Firm ［J］. Journal of Industrial Economics, 1965, 14 (1): 30.

　　［106］Andrew D. & Trebilcock J. State – owned Enterprises in Less Developed Countries: Privatization and Alternative Reform Strategies ［J］. European Journal of Law and Economics, 2001, 12: 217 – 252.

　　［107］Barro R J. Inflation and Growth ［J］. Federal Reserve Bank of St. Louis Review, 1996, 78: 153 – 169.

　　［108］Barro R. Inequality and Growth in a Panel of Countries ［J］. Journal of Eoconomic Growth, 2000, 5 (1): 5 – 32.

　　［109］Baumol W J. Toward a Theory of Public Enterprise ［J］. Atlantic Economic Journal, 1984, 12 (1): 13 – 20.

　　［110］Bernanke B. Irreversibility, Uncertainty and Cyclical Investment ［J］. Quarterly Journal of Eocnomics, 1983, 98: 85 – 106.

　　［111］Berne M. & Pogorel G. Privatization Experiences in France ［DB］. Working Paper of SSRNE, NO. 1195, 2004, 3 (1): 33 – 40.

　　［112］Bortolotti B. Italian Privatization Process and Its Implications for China ［DB］. Working paper of SSRNE, NO. 8336265, 2005.

　　［113］Brotherson W T, Eades K M, Harris R S et al. "Best Practices" in Estimating the Cost of Capital: An Update ［J］. Journal of Applied

Finance, 2013, 23: 15 – 33.

[114] Broyles J. Cost of Capital [A]. Warner M. International Encyclopedia of Business & Management [C]. Cengage Learning EMEA, 2002: 739 – 747.

[115] Chan H S. Politics over Markets: Integrating State-owned Enterprises into Chinese Socialist Market [J]. Public Administration and Development, 2009, 29: 43 – 54.

[116] Chang H J. State-owned Enterprise Reform [J]. Policy Notes, 2007, 22 (6): 925 – 934.

[117] Cheng W Q. State Assets Management Bureau: A Right Strategy? [J]. Journal of Comparative Asian Development, 2008: 47 – 79.

[118] Chiu B. & Mervyn L. Reforming China's State-owned Enterprises and Banks. 2006: 123 – 124.

[119] Choi J C, Hauser S and Kopecky K J. Does Stock Market Predict Real Activity? Time Series Evidence from the G – 7 Countries [J]. Journal of Banking & Finance, 1999, 23: 1771 – 1792.

[120] Christensen P, Rosa L and Feltham G. Information and the Cost of Equity Capital: An Ex-ante Perspective [J]. The Accounting Review, 2010, 85 (3): 817 – 848.

[121] Christiansen H. Balancing Commercial and Non-commercial Priorities of State-owned Enterprises [J]. Oecd Corporate Governance Working Papers, 2013.

[122] Christiansen H. The Size and Composition of the SOE Sector in OECD Countries [J]. Oecd Corporate Governance Working Papers, 2011.

[123] Christiansen H & Kim Y. State-invested Enterprises in the Global Marketplace: Implications for a Level Playing Field [Z]. OECD Corporate Governance Working Papers, 2014.

[124] Coase R H. The Nature of the Firm [J]. Economica, 1937, 4 (16): 386 – 405.

［125］ Durand D. Costs of Debt and Equity Funds for Business: Trends and Problems of Measurement ［C］. NBER Chapters, in Conference on Research in Business Finance, 1952: 215 – 262.

［126］ Durant R F When Government Regulates Itself: EPA, TVA, and Pollution Control in the 1970s ［M］. Knoxville: University of Tennessee Press, 1985.

［127］ Easley D & O'Hara M. Information and the Cost of Capital ［J］. The Journal of Finance, 2004, 59 (4): 1553 – 1583.

［128］ Easton P. Estimating the Cost of Capital Implied by Market Prices and Accounting Data ［J］. Foundations & Trends in Accounting, 2007, 2 (4): 241 – 364.

［129］ Elton E J. Expected Return, Realized Return, and Asset Pricing Tests ［J］. Journal of Finance, 1999, 54 (4): 119 – 122.

［130］ Fama E F. Stock Returns, Expected Returns, and Real Activity ［J］. Journal of Finance, 1990, 45: 1089 – 1108.

［131］ Fama E F, French K R. The Cross-section of Expected Stock Returns ［J］. The Journal of Finance, 1992, 47 (2): 427 – 465.

［132］ Francis J C. Management of Investments ［M］. McGraw – Hill Inc. , Third Edition 1993.

［133］ Garmaise M & Liu J. Corruption, Firm Governance, and the Cost of Capital ［Z］. UCLA, Working Paper, 2004.

［134］ Gelb, A. Financial Policies, Growth and Efficiency, Policy Research Working Paper, No. 202. The World Bank, Washington, 1989.

［135］ Graham J R, Harvey C R. The Theory and Practice of Corporate Finance: Evidence from the Field ［J］. Journal of Financial Economics, 2001, 60 (2 – 3): 187 – 243.

［136］ Hart O, Shleifer A, Vishny R W. The Proper Scope of Government: Theory and Application to Prisons ［J］. Quarterly Journal of Economics, 1996, 112 (4): 1127 – 1161.

[137] Huizinga H & Nielsen S. Privatization, Public Investment, and Capital Income Taxation [J]. Journal of Public Economics, 2001, 82 (3): 399 – 414.

[138] Jefferson G, Rawski T, Wang L, Zheng Y. Ownership, Productivity Change, and Financial Performance in Chinese Industry [J]. Journal of Comparative Economics, 2000, 28 (4): 786 – 813.

[139] Koppell J. Political Control for China's State-owned Enterprises: Lessons from America's Experience with Hybrid Organizations [J]. Governance: An International Journal of Policy, Administration, and Institutions 2007, 20 (2): 255 – 278.

[140] Koppell J. The Politics of Quasi-government: Hybrid Organizations and the Control of Public Policy [M]. Cambridge and New York: Cambridge University Press, 2003.

[141] Koppell J S. Political Control for China's State-owned Enterprises: Lessons from America's Experience [J]. Governance: An International Journal of Policy, Administration, and Institutions, Vol. 20, No. 2, April 2007 (pp. 255 – 278).

[142] Laffont J J, Martimort D. The theory of incentives: the principal-agent model [M]. Princeton University Press, 2002.

[143] Lawson C. The Theory Of State-owned Enterprises In Market Economies [J]. Journal of Economic Surveys, 1994, 8 (3): 283 – 309.

[144] Levine R, Zervos S. Stock Markets, Banks, and Economic Growth [J]. American Economic Review, 1996, 88 (88): 537 – 558.

[145] Lintner J. The Valuation of Risk Assets and the Selection of Risky Investments in Stock Portfolio and Capital Budgets [J]. Review of Economics and Statistics, 1965, 47 (1): 13 – 37.

[146] MacCarthaigh M. Managing State-owned Enterprises in an Age of Crises: An Analysis of Irish Experience [J]. Policy Studies, 2011, 32 (3): 215 – 230.

［147］ Markowitz H. Portfolio Selection ［J］. The Journal of Finance, 1952, 7 (1): 77 –91.

［148］ Maw J. Partial Privatization in Transition Economics ［J］. Economic Systems, 2002, 26 (3): 271 –282.

［149］ McNally C. China's State-owned Enterprises: Thriving or Crumbling? ［A］. Asia Pacific Issues ［C］. Honolulu: East – West Center, 2002, No. 59.

［150］ Megginson W L, Netter J M. From State to Market: A Survey of Empirical Studies on Privatization ［J］. Journal of Economic Literature, 2001, 39 (2): 321 –389.

［151］ Millward R. Public Enterprise in the Modern Western World: An Historical Analysis ［J］. Annals of Public & Cooperative Economics, 2011, 82 (4): 375 –398.

［152］ Modialiani F & Miller M. The Cost of Capital, Corporation Finance and Theory of Investment ［J］. American Economic Review, 1958, 48 (3): 261 –297.

［153］ Myers C & Majluf N S. Corporate Financing and Investment Decisions When Firms Have Information That Investors Do Not Have ［J］. Journal of Financial Economics, 1984, 13 (2): 187 –221.

［154］ Naughton B. 2006. Top-down Control: SASAC and the Persistence of State Ownership in China. In International Conference on China and the World Economy Leverhulme Centre for Research on Globalisation and Economic Policy (GEP) of the University of Nottingham: Nottingham.

［155］ Noll R G. Telecommunications Reform in Developing Countries ［DB］. SIEPR Discussion Paper, No. 99 –31. 2000.

［156］ Ohlson J A, Juettner – Nauroth B E. Expected EPS and EPS Growth as Determinant of Value ［J］. Review of Accounting Studies, 2005, 10 (2): 349 –365.

［157］ Perl A & Dunn J A. Reinventing Amtrak: The Politics of Survival ［J］. Journal of Policy Analysis and Management 1997, 16 (4): 598 – 614.

［158］ Phillips A Comment on Sappington D and Stiglitz J. Journal of Policy Analysis and Managements, 1987, 6 (4): 585.

［159］ Rajan R and Zingales L. Financial Dependence and Growth ［J］. American Economic Review, 1998, 88, (3): 559 – 586.

［160］ Ramamurti R. Why Haven't Developing Countries Privatized Deeper and Faster? ［J］. World Development, 1999, 27 (1): 137 – 155.

［161］ Rosa J and Pérard E. When to Privatize? When to Nationalize? A Competition for Ownership Approach ［J］. Kyklos, 2010, 63 (1): 110 – 132.

［162］ Sam C. Partial Privatization and the Role of State Owned Holding Companies in China ［J］. Journal of Management and Governance, 2013, 17 (3): 767 – 789.

［163］ Samuelson P A. The Pure Theory of Public Expenditure, Review of Economics and Statistics, 1954, 36: 387 – 389.

［164］ Shapiro C, Willig R D. On the Antitrust Treatment of Production Joint Ventures ［J］. Journal of Economic Perspectives, 1990, 4 (3): 113 – 130.

［165］ Sharpe W. Capital Asset Prices: A Theory of Market Equilibrium under Conditions of Risk ［J］. The Journal of Finance, 1964, 19 (3): 425 – 442.

［166］ Shirley M, Walsh P. The Current State of the Debate ［J］. General Information, 2000.

［167］ Smith D A C , Trebilcock M J. State-owned Enterprises in Less Developed Countries: Privatization and Alternative Reform Strategies European ［J］. Journal of Law and Economics, 2001, 12 (3): 217 – 252.

［168］ Stern E. China Adopts EVA: An Essential Step in the Great Leap Forward ［J］. Journal of Applied Corporate Finance, 2011, 23 (1):

57 – 62.

[169] Stiglitz J E. Markets, Market Failures, and Development [J]. American Economic Review, 1989, 79 (2): 197 – 203.

[170] Stiglitz J. Globalization and the Economic Role of the State in the New Millennium [J]. Industrial & Corporate Change, 2003, 12 (1): 3 – 26.

[171] Taylor D W, Warrack A A. Privatization of State Enterprise: Policy Drivers and Lessons Learned [J]. International Journal of Public Sector Management, 1988, 11 (7): 524.

[172] Tierney J T. Government Corporations and Managing the Public's Business [J]. Political Science Quarterly, 1984, 99 (1): 73 – 92.

[173] Tittenbrun J. Private Versus Public Enterprise: In Search of the Economic Rationale for Privatisation [M]. London: Janus, 1996.

[174] Toninelli P A, Vasta M. Boundaries and Governance of Italian State-owned Enterprise: A Quantitative Approach [J]. Working Papers, 2010.

[175] Vagliasindi M. Governance Arrangements for State-owned Enterprises [J]. Policy Research Working Paper 4542, World Bank, March 2008: 1 – 38 (38).

[176] Vernon Wortzel H, Wortzel L H. Privatization: Not the Only Answer [J]. World Development, 1989, 17 (5): 633 – 641.

[177] Wang J, Guthrie D and Xiao Z. The Rise of SASAC: Asset Management, Ownership Concentration, and Firm Performance in China's Capital Markets [J]. Management & Organization Review, 2012, 8 (2): 253 – 281.

[178] Yarrow G. Privatization in Theory and Practice [J]. Economic Policy, 1986, 1 (2): 324 – 377.